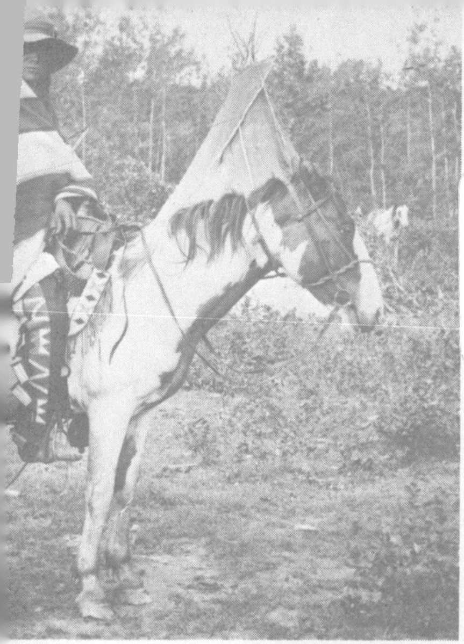

3



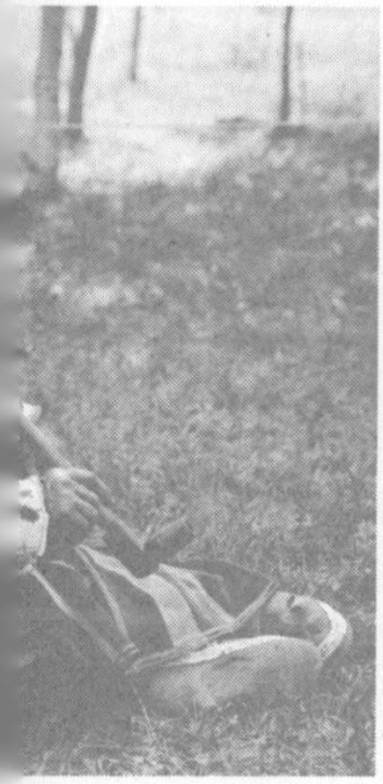

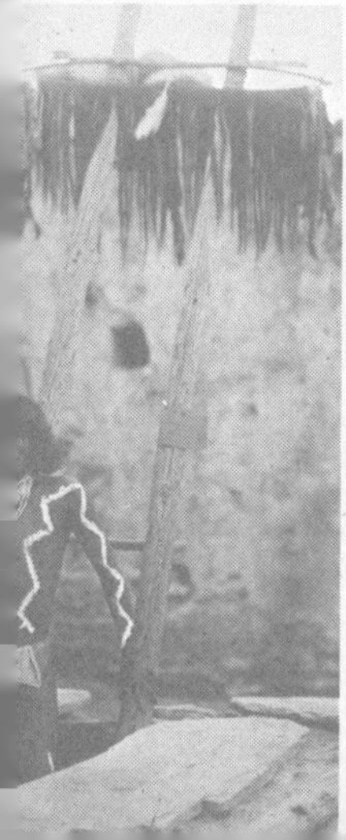

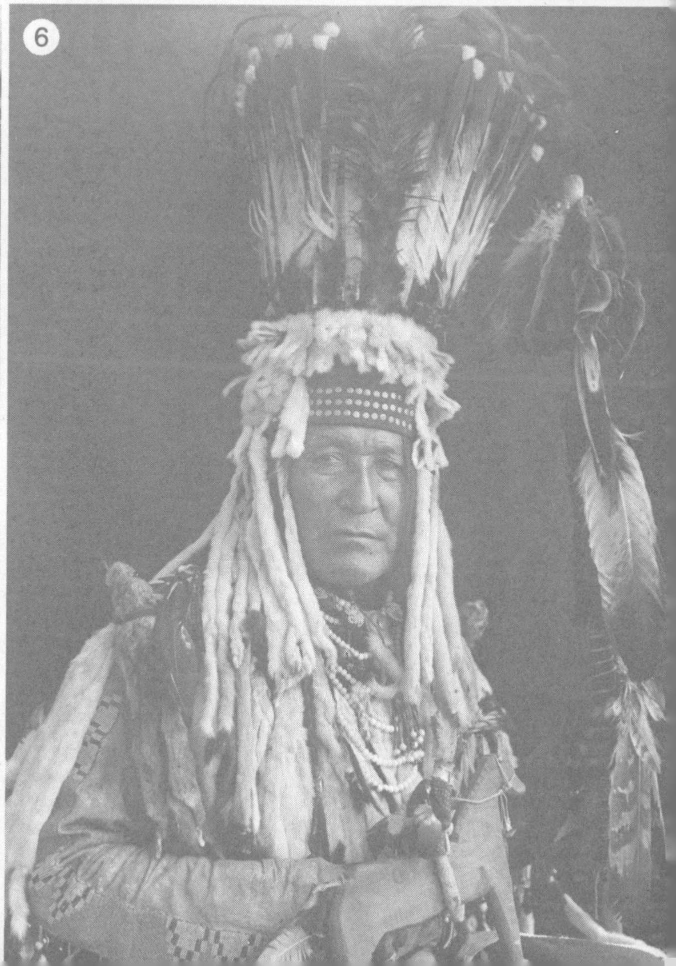

6

# Vater Sonne, Mutter Erde

Adolf Hungry Wolf

# Vater Sonne, Mutter Erde

Zeugnisse
indianischen Lebens
im Einklang
mit der Natur

Scherz Verlag

1. Auflage 1984
Einzig berechtigte Übersetzung aus
dem Amerikanischen von Jochen Eggert.
Titel des Originals: „In Harmony With Nature."
Copyright © 1981 by Adolf Hungry Wolf.
Gesamtdeutsche Rechte beim Scherz Verlag, Bern, München, Wien.
Alle Rechte der Verbreitung, auch durch Funk, Fernsehen,
fotomechanische Wiedergabe, Tonträger jeder Art
und auszugsweisen Nachdruck, sind vorbehalten.
Schutzumschlag von Graupner & Partner unter Verwendung eines
Gemäldes von Marion und Doris Arnemann.

# Inhaltsverzeichnis

Vierter Teil: Die Geschenke der Natur

# Vorwort

Eines möchte ich gleich zu Beginn klarstellen: Ich bin kein Indianer. Meine Frau, meine Kinder und die Verwandten, die ich am häufigsten sehe, sind Indianer, ebenso wie die weisen Älteren, die mein Leben in so vielem bestimmt haben. Ich selbst bin jedoch in Süddeutschland geboren; mein Vater war Schweizer, meine Mutter Ungarin.

Ich betone das, damit du nicht denkst, du liest das Buch eines Indianers. Die meisten Indianer scheren sich nicht allzu viel um Bücher, und es gibt sehr wenige indianischer Autoren. Schon immer geben sie ihre Überlieferungen lieber in Form von erzählten Geschichten, Tänzen und dramatischen Darstellungen weiter als mit Papier und Tinte. Sie halten den *Geist* vergangener Ereignisse wach, nicht so sehr die äußeren Einzelheiten.

Ich möchte mit diesem Buch nicht erreichen, daß du versuchst, ein Indianer zu sein oder indianisches Leben zu imitieren; aber ich würde gern Achtung vor dem indianischen Volk und Verständnis für seine traditionelle Lebensweise in dir wachrufen. Vielleicht empfindest du dann auch mehr Achtung und Verständnis für deine eigenen Vorfahren und die Traditionen, denen sie folgten. Ich möchte dir die Einsicht vermitteln, daß wir alle von der Natur abstammen und daß sie immer noch lebendig ist trotz all der Not, in die wir sie mit unserer technologischen Orientierung gebracht haben.

Vor allem möchte ich dir aber den Gedanken nahebringen, daß die Natur auch heute noch so heilig sein kann, wie sie es für

9

unsere fernen Vorfahren war, gleich welcher Rasse oder welchem Stamm sie angehörten. Viele von uns sind vielleicht zu tief in den von Technik beherrschten Alltag verstrickt, um das noch zu bemerken. Auf den folgenden Seiten findest du Szenen und Geschichten aus dem Leben eines Volkes, das sich von der uralten, heiligen Beziehung zur Natur einiges bewahrt hat. Hoffentlich findest du darin Anregungen, selbst solche Beziehungen zu knüpfen.

# Einführung

Dies ist ein Buch über das Leben in Einklang mit der Natur, über die großen Wälder und die einsamen Berge, und über Menschen, die gemeinsam arbeiteten und ihren Glauben lebten, um den täglichen Herausforderungen ihrer Umwelt gewachsen zu sein.

In mancher Hinsicht ist es ein nostalgisches Buch, denn die Indianer der Vergangenheit gibt es nicht mehr, und ihre schlichte Lebensweise ist heute kaum noch zu verwirklichen. Viele Leute glauben sogar, die ursprünglichen Indianer seien längst ausgestorben und das Leben in der Natur existiere heute nur noch in der Form von Sport oder Urlaub.

Ich weiß jedoch aus eigener Erfahrung, daß auch die heutigen Indianer das alte Wissen noch besitzen und daß es noch lebendig ist. Für viele Menschen könnte diese Überlieferung selbst in unserer Zeit von großer Bedeutung sein. Immer mehr Menschen stellen fest, daß tägliche Berührung mit der Natur ihr Leben mehr bereichert und ihnen mehr Zufriedenheit gibt als irgend etwas anderes. Denn ungeachtet unseres technischen Fortschritts, gehört alles, was unsere Welt ausmacht, nach wie vor dem Reich der Natur an.

Mit diesem Buch möchte ich dich dazu anregen, dir Gedanken zu machen über die Vertiefung deiner Beziehung zu deiner natürlichen Umwelt. Das mag zunächst nur darin bestehen, daß du dich ein paar Minuten lang unter einen Baum setzt, der dir gefällt. Oder du beobachtest still die täglichen Veränderungen bei den Pflanzen und Insekten in deinem Garten. Nur wenige werden den Ruf der Natur so stark empfinden, daß sie sich in die Berge und Wälder zurückziehen, wie ich es getan habe. Das ist auch nicht notwendig, um eine gute Beziehung zur Natur zu bekommen. Man kann auch mitten in einer großen Stadt leben und der Natur nahe sein.

Man muß nicht zu den Indianern gehen, um zur Harmonie mit der Natur zurückzufinden oder einige ihrer alten Lehren nachzuleben. Aber für mich war das der Traum meines Lebens, und so tat ich es. Doch vorher habe ich viele Jahre in Städten gelebt und gearbeitet. Damals ging ich gern in Parks spazieren und hielt mich oft am Meer oder im Gebirge auf. Ich las viele Bücher und erfuhr so manches über die verschiedenen Möglichkeiten, sein Leben zu gestalten. Immer blieb dabei der Wunsch wach, von Indianern zu lernen, und so machte ich mich eines Tages auf, um indianische Lehrer zu suchen. Ich fand sie, und bei einigen von ihnen blieb ich für lange Zeit, bis ich schließlich das Gefühl bekam, wie sie zu werden – *in mancher Hinsicht.*

In erster Linie ging ich deshalb zu den Indianern, weil sie die Ureinwohner des Landes waren, in dem ich mich niedergelassen hatte. Wer konnte besser als sie wissen, wie man in Einklang mit der Natur *dieses* Landes lebt, das meine Heimat werden sollte? Hätte ich in einem anderen Teil der Welt gelebt, so hätte ich *dort* die Älteren nach ihrem alten Wissen gefragt – vielleicht Mönche oder Bergführer in Tibet oder Nepal, vielleicht Buschmänner im tiefsten Afrika, vielleicht sogar die Bauern und Viehhirten in den Alpen, dem Lebensraum meiner Vorfahren.

Dazu möchte ich jedem Leser raten: Versuch etwas über die Natur deines Heimatlandes oder des Landes, in dem du leben willst, zu erfahren. Finde heraus, wie diese Gegend im Naturzustand war und wie die Menschen früherer Zeiten gelebt haben. Wahrscheinlich findest du manches Altbewährte, das heute wieder von großem Nutzen sein kann.

Deine Suche nach der naturverbundenen Vergangenheit wird dich über viele gewundene Pfade vorbei an mächtigen Bäumen und durch wunderschöne Wiesen führen. Du wirst Vögeln und anderen Tieren begegnen und ihre Stimmen kennenlernen. Vielleicht wirst du alte Lagerplätze und heilige Stätten aufsuchen oder sogar alte Lieder und Legenden wiederentdecken. Und du wirst wohl erkennen, daß all das durch die Kräfte unserer Zeit in seinem Bestand gefährdet ist. Könnte es nicht auch sein, daß du Möglichkeiten findest, diese Dinge am Leben zu erhalten?

Vielleicht denkst du jetzt: „Ach, das ist doch was für Träumer – ich habe dazu keine Zeit." Heute wird uns allzuoft beigebracht, die Dinge nach technologischen Gesichtspunkten zu beurteilen und unsere Zeit in Geld umzurechnen. Was in diesem Buch dargestellt ist, wird dir „nichts weiter" einbringen als Freude und spirituelle Kraft. Vielleicht stellst du staunend fest, daß ein schlichtes, hautnahes Naturerlebnis dir Herz und Seele besser wärmt als alle Technik. Ich glaube, daß jeder lernen kann, ein wenig naturbezogene Überlieferung in sein Leben aufzunehmen.

Ich glaube auch, daß die Unruhe und das Unglück in unserer heutigen Welt vor allem auf die mangelnde Harmonie zwischen den Menschen und ihrer natürlichen Umwelt zurückzuführen ist. Überall werden Traditionen zugunsten besserer Möglichkeiten des Gelderwerbs aufgegeben, und doch sind die Arbeitenden der Welt unzufrieden, scheinen ihre Kinder immer auf der Suche nach irgend etwas zu sein. Ich sage, sie suchen ihren verlorenen Platz im überlieferten Rahmen eines naturbezogenen Lebens.

Unsere fernen Vorfahren verbrachten all ihre Zeit in der Natur. Tief in uns allen lebt immer noch dieser Ruf der Wildnis. Wie ein schimmernder Bernstein liegt er in uns und funkelt auf, sobald wir in die Sonne kommen und den frischen Wind vom Meer oder von den Bergen herunter spüren. Bei manchen von uns erstrahlt er schon, wenn sie ein gutes Buch über die Natur lesen oder einen guten Naturfilm sehen.

Wir sind wie Vögel aus der Tierhandlung – wie viele Generationen solcher Vögel auch in Käfigen aufgewachsen und gestorben sind, bei der ersten sich bietenden Gelegenheit fliegen sie in die Freiheit, und zwar mit Begeisterung, auch wenn es ihnen jeden Tag nur für kurze Zeit erlaubt wird.

Hier also ein paar Geschichten über das Leben im Einklang mit der Natur . . .

Erster Teil:

# In Einklang mit der Natur

# Ein alter Indianer erzählt . . .

## Der Ursprung des Lebens

Eine indianische Legende, erzählt von Benjamin Augustin Calf Robe, einem weisen alter Führer des Blackfoot-Stammes

Haio, ihr heiligen Geister. Ich erzähle jetzt eine Geschichte, die vom ersten Volk bis zu mir weitergegeben wurde. Ich werde sie so erzählen, wie sie mir gegeben wurde, und ich werde nichts daran verändern. Wenn ich etwas vergesse, so vergebt uns und laßt kein Leid über uns kommen. Haio, ihr heiligen Geister.

Also, ich werde erzählen, wie am Anfang die Menschen gemacht wurden. Der uns gemacht hat, hat zuerst mal eine Puppe gemacht. Er nahm einen Büffel, um die Puppe zu machen. Er nahm die Knochen des Büffels und setzte sie auf eine bestimmte Weise zusammen. Er benutzte Sehnen, um sie zusammenzubinden. Als das fertig war, bedeckte er die Knochen mit Schlamm. Dann nahm er Blut – Büffelblut – und goß es über die Puppe. Und siehe da, es wurde ein menschlicher Körper. Aber es war noch kein Mensch, es lebte nicht.

Als mir das erzählt wurde, sagte keiner, wer das war, der diese Puppe gemacht hat – sie sagten einfach «der Schöpfer». Als er die Puppe fertig hatte, blies er ihr in den Mund, und sie begann zu atmen. Dann blies er ihr in die Augen, und sie konnte sehen. Dann sagte er ihr, sie solle sich aufsetzen, und sie richtete sich auf. Schließlich befahl er ihr aufzustehen.

Der Schöpfer hatte die Puppe auf einem Lager aus Salbei und Wacholder gemacht, und von diesem Salbei nahm er jetzt ein wenig, um Gesicht und Körper der Puppe zu säubern. Dann legte er vier kleine Büschel von Salbeipflanzen auf den Boden und ließ die Puppe ihre ersten vier Schritte darauf tun. Von da an konnte die Puppe gehen, atmen und sehen. Sie war jetzt eine Person, ein Mann. Auch heute noch nehmen wir Salbei für viele heilige Handlungen, weil er bei dem ersten unserer Art benutzt wurde. Heilige Einweihungen sind wie eine Wiedergeburt, und deshalb machen wir dann unsere ersten vier Schritte wieder auf Salbeibüscheln. Wenn ein naher Verwandter stirbt, wird unser Körper mit Salbei gereinigt, und das ist, als würden wir wiedergeboren.

«Jetzt», sagte der Schöpfer, «ist er lebendig, aber er wird ganz allein sein. Mit wem soll er sprechen, wem Geschichten erzählen?» Also beschloß er, ihm einen Gefährten zu machen, eine Frau. Er nahm kleine Knochen des Büffels, band sie zusammen und bedeckte sie mit Schlamm und Blut. Er blies ihr in den Mund, und sie atmete, dann in die Augen, und sie konnte sehen. Ein Wolf kam des Weges und sagte: «Mein Bruder, kann ich dir behilflich sein?» Der Schöpfer antwortete, das sei in Ordnung, und der Wolf machte in dem Mund der Frau Laute, wie sie Wölfe eben machen. Daher kommt es, daß Frauen kleinere Stimmen haben als Männer. Der Schöpfer sagte: «Ihr werdet viele Nachkommen haben.»

Die Zeit verging, und der Mann wohnte mit seiner Frau an einem Bach. Sie hatten zwei Kinder – beides Jungen –, die schon fast erwachsen waren. Der eine hatte ganz helle Haut, der andere dunkle. Sie kamen ganz gut zurecht. Der Mann ging jeden Tag auf die Jagd, die Frau holte Wasser und Holz.

Einmal, als die Frau unten am Bach war, um Wasser zu holen, kam ihr ein sehr angenehmer Geruch in die Nase. Sie wußte nicht, was das war. Als sie das nächste Mal Wasser holen ging, roch es wieder so, und zu ihrer Verwunderung saß ein junger Mann am Wasser. Er sah sehr gut aus, und die Frau wurde augenblicklich von einem Verlangen nach ihm ergriffen.

Sie nahm sich Zeit beim Füllen der Gefäße, und es dauerte eine ganze Weile, bis sie wieder nach Hause kam. Ihr Mann schöpfte keinen Verdacht.

Schließlich blieb die Frau immer länger unten am Bach, und eines Tages kam ihr Mann vor ihr nach Hause. Er fragte die Kinder: «Wo ist eure Mutter?» Sie sagten, sie sei Wasser holen gegangen, aber er wandte ein, es sei doch schon fast dunkel. Jetzt wurde er doch argwöhnisch und sagte zu seinen Söhnen: «Kinder, es wird Unannehmlichkeiten geben. Hier ist ein besonderer Stein und ein Stück Holz, nehmt sie. Und hier sind noch zwei Arten Wassergras.» Dann sagte er den Jungen, sie müßten um ihr Leben laufen, wenn es brenzlig würde, und erklärte ihnen den Gebrauch der Dinge, die er ihnen gegeben hatte. Gleich darauf kam die Frau mit Holz und Wasser heim. Der Mann sagte nichts.

Am nächsten Morgen machte er sich wieder auf die Jagd. Zu seiner Frau sagte er: «Ich werde viel gutes Fleisch jagen, komme also sicher so bald nicht wieder.» Damit ging er fort, aber nicht sehr weit. Er stieg auf einen Hügel und beobachtete den Bach. Und dann sah er eine Schlange – eine Riesenschlange, die aus dem Wasser kam und sich in einen schönen jungen Mann verwandelte. Jetzt wußte er, was los war und weshalb er mißtrauisch geworden war. Er ging wieder heim und sagte seinen Söhnen, sie sollten sich bereitmachen.

Kurz darauf hörten sie ein seltsames Geräusch näherkommen. Die Jungen rannten los, und da wußte die Frau, daß ihre Liebschaft entdeckt worden war. Sie lief ihnen nach und versuchte sie zu fassen. Als sie sie fast eingeholt hatte, warfen sie den Stein hinter sich, und unter großem Getöse türmten sich hohe Berge auf. Die nennt man jetzt Rocky Mountains. Sie gewannen einen guten Vorsprung, bevor ihre Verfolgerin die Berge überwunden hatte. Inzwischen war sie zu einem Ungeheuer geworden.

Nach einer Weile hatte sie die Jungen wieder fast eingeholt, da warfen sie das Holzstück hinter sich. Sofort überzog ein großer, dichter Wald die Prärie. Er steht heute noch im Osten.

Das Ungeheuer hatte Mühe hindurchzukommen, aber dann war es ihnen doch wieder dicht auf den Fersen, und sie warfen eines der Wassergräser hinter sich. Sofort bildete sich ein riesiges Wasser – viele große Seen kamen aus der Erde hoch, um das Ungeheuer aufzuhalten. Es heißt, das seien die großen Seen im Osten. Aber nicht lange, da war die Verfolgerin wieder dicht hinter ihnen, und sie warfen ihr letztes Mittel hinter sich, das andere Wassergras. Diesmal bildete sich hinter ihnen ein so ungeheuer weites Gewässer, daß das Ungeheuer es nicht überqueren konnte – sie waren in Sicherheit. Dieses Wasser war der Ozean, und sie waren jetzt auf dem Ufer, das man Europa nennt.

Die beiden Brüder wanderten auf dieser Seite des Ozeans lange Zeit umher. Eines Tages stiegen sie auf einen großen Hügel, und der Dunkelhäutige sagte zu dem Hellhäutigen: «Mein Bruder, ich fühle mich sehr einsam hier drüben. Du magst bleiben und die Menschen hier alle möglichen Dinge lehren, aber ich muß, glaube ich, dahin zurück, woher ich kam.»

So ist die Ursprungsgeschichte mir erzählt worden. Und daher weiß ich, daß unser aller Leben auf die gleiche Weise begann. Wir alle sind seit dieser frühen Zeit miteinander verwandt.

### Ben Calf Robes Lebensgeschichte

Ben Calf Robe war fast neunzig, als er mir diese Geschichte vom Ursprung des Lebens erzählte. Er war ein herausragendes Mitglied seines Volkes und mit vielen Menschen aller Rassen und Stämme befreundet. Er war das letzte Kind eines alten Häuptlings und Kriegers der Blackfoot, der mit seinen zahlreichen Frauen viele Kinder gezeugt hatte. Ben starb 1979. Er war einer der letzten, die sowohl unsere heutige Welt als auch die versunkene Welt der Büffeljagd erlebt hatten. Er verstand beide Welten sehr gut, und das machte ihn so außergewöhnlich.

Als er zu Besuch in unserer Berghütte war, zeichnete ich

einige seiner alten Geschichten und Legenden auf, aber auch viel von seiner Lebensweisheit und seinen Beobachtungen über das heutige Leben. Schon seit Jahren hatte er mich gebeten, ihm bei der Aufzeichnung seines Wissens zu helfen. Und das sagte er darüber:

«Daß ich meine Geschichten aufgeschrieben wissen will, hat folgenden Grund: Ich weiß viel über die Geschichte, über die Legenden und heiligen Zeremonien meines alten Volkes. Ich habe mein ganzes Leben mit ihm gelebt, und jetzt bin ich ein alter Mann. Wenn ich den Löffel weglege, kann ich über diese Sachen nichts mehr sagen. Weshalb sollte ich meine alten Geschichten behalten, nur um mit ihnen zu sterben?

Unsere indianische Kultur und Religion ist fast verloren. Heute bringen die Leute die Dinge oft durcheinander oder biegen sie sich für ihre eigenen Zwecke zurecht. Ich möchte, daß künftige Generationen unsere Geschichte so kennenlernen, wie ich sie erfahren habe.»

Seine Worte drücken die Empfindungen der Älteren auf der ganzen Welt aus. Mit Sorge verfolgen sie, wie die jüngeren Generationen sich Hals über Kopf in die technologische Zukunft stürzen und das überlieferte Wissen ihrer Kultur hinter sich lassen – um es vielleicht für immer zu verlieren. Die meisten dieser Älteren glauben, daß der moderne, allem Neuen zugewandte Lebensstil eines Tages zusammenbrechen wird und die Menschen, die überleben wollen, wieder Zuflucht in der Natur suchen und nach einfachen, bewährten Regeln werden leben müssen. Wenn wir es nicht schaffen, dieses Wissen von Generation zu Generation weiterzugeben, so fürchten sie, dann werden wir gezwungen sein, es durch schmerzhafte Erfahrungen wieder ganz neu zu lernen. In einigen Gesellschaften ist das schon eingetreten. Vielleicht lebst du unter Menschen, die kein solches altes Wissen mehr besitzen. Und vielleicht liest du gerade deswegen dieses Buch: um eine alte Lebensweise kennenzulernen und darin vielleicht den Schlüssel zu deinem eigenen kulturellen Erbe zu finden. Ben Calf Robe sagte dazu:

«Wir alle haben ganz unterschiedliche Lebensweisen, aber ich glaube, die Zeit ist gekommen, wo wir einander das Beste von unserem Wissen über das Leben mitteilen müssen. Die unterschiedlichsten Menschen haben Rat bei mir gesucht, und ich helfe ihnen, so gut ich kann. Ich habe gegenüber keinem Menschen Vorurteile, solange nur sein Herz gut ist. Mir scheint, daß überall die junge Generation ihre Traditionen und die Achtung vor dem Leben aufgibt, aber das kann mich nicht davon abhalten, ihr meine Hilfe anzubieten.

Manchmal werde ich gefragt: ‹Werden wir es jemals schaffen . . .?› Ich glaube, die Zeit kommt. Sie wird da sein, wenn wir alle die gleiche Hautfarbe haben, und wir sind auf dem Weg dazu. Menschen aus allen Teilen der Welt vermischen sich, aber das mag vielleicht noch viele Generationen dauern.

Als ich das letzte Mal im Osten war, stellten mir auch einige Indianer diese Frage. Ich sagte ihnen: ‹Ihr seid schon nah dran – seht nur eure Haut an – keiner von euch hat so dunkle Haut wie ich.› Deswegen erzähle ich meine Geschichten, denn eines Tages wird es keine richtigen Indianer mehr geben. Alle Menschen werden gleich sein.»

Tatsächlich war sogar der alte Ben ein gutes Beispiel für die Vermischung der Rassen und Kulturen. Er war zwar ein Vollblutindianer mit traditioneller Gesinnung, aber meist lief er in einem tadellosen Anzug herum und trug Cowboyhüte der besten Qualität. Seine letzte Frau hatte ebenso viele europäische wie indianische Vorfahren, und so waren auch die Kinder aus dieser Ehe nicht mehr Kinder eines einzigen Stammes, so wie er. Außerdem verband er die Religion seiner Vorväter mit der christlichen Tradition; als Junge hatte er sogar geholfen, katholische Hymnen und Verse in seine schriftlose Blackfoot-Sprache zu übersetzen.

Ben Calf Robe las gern in der Bibel, aber mit ebenso großer Freude rief er bei seinen häufigen Gebeten im Freien Sonne,

Mond und die Naturkräfte an. Für ihn bedeutete es keinen Widerspruch, Jesus und Mutter Erde in einem Atemzug anzubeten. Er glaubte, daß wir alle gleich erschaffen sind und nur *eine* Macht über uns steht, ob man sie nun Großer Geist, Kosmisches Mysterium oder Gott nennt. Ben ist nie jemandem begegnet, der behaupten konnte, er habe diese höhere Macht gesehen; also glaubte er auch niemandem, der sagte, sein Gott sei der einzige und seine Religion die einzig richtige. In seinen Augen waren alle Religionen gleich gut, solange sie niemandem Schaden zufügten.

Ben Calf Robe wurde 1890 in einem indianischen Tipi geboren. Weniger als zehn Jahre zuvor hatte sein Stamm die letzten Büffel erlegt. Das Tipi, in dem er geboren wurde, war aus gekauftem Tuch und nicht mehr aus handgegerbten Häuten. Als der letzte Büffel erschossen war, herrschte sein Volk über eine weite, verödete Prärie. Sein Vater war weise genug zu erkennen, daß sein Volk nur überleben konnte, wenn es das Land bebauen lernte wie die europäischen Einwanderer. Andernfalls würden sie langsam verhungern und vom starken Wind der Prärie verweht werden.

Ben wurde deshalb auf die Missionsschule geschickt, zuerst auf die Schule des Reservats, später ins nahegelegene Calgary, das damals noch eine kleine Frontierstadt aus hölzernen Forts und Häusern war.

Als Ben in die Schule kam, hatte er den Namen Medicine Pipe Rider. Diesen Namen hatte er von seinem alten Vater Calf Robe zum Gedenken an die Zeit, wo er die Medizinpfeife als Glücksbringer auf dem Rücken getragen hatte, wenn er auf dem Kriegspfad war. Als Ben die Schule abschloß, war von der Regierung und den Missionaren eine andere Namensgebung eingeführt worden – jedes Kind des Stammes bekam einen christlichen Vornamen, gefolgt vom indianischen Namen des Vaters. So wurde aus Medicine Pipe Rider Benjamin Calf Robe. Nach indianischem Brauch waren im Verlauf eines Lebens ohnehin mehrere Namensänderungen vorgesehen – so machte also die neue Namensgebung keine Probleme. Später war Ben bei allen, die die Blackfootsprache beherrschten, unter dem alten Namen Red-Old-Man bekannt. Die meisten aber nannten ihn nach wie vor Ben.

Über seine Kindheit erzählt Ben:

«Wenn wir nicht Schulaufgaben machten, dann spielten wir meistens. Die Missionare hatten nicht viel Geld, also mußten wir uns die meisten Spielsachen selber machen. Im Winter zeigten sie uns, wie man Hockeyschläger bastelt. Wir haben viel Hockey gespielt, gleich neben der Schule. Sie gaben uns solche Schlittschuhe, die man an die Schuhe schnallt. Wir hatten alle Lederschuhe, die kriegte man in der Schule. Vorher hatte ich nur Mokassins getragen.

In der Gegend des Blackfootreservats gab es damals kaum Straßen, meist nur Fahrwege. Eine Straße ging da vorbei, wo der alte Eagle Ribs wohnte und die Sippe, die man Skunks nennt. Es gab eine Quelle, und da gingen wir immer hin, weil man aus dem Schlamm so schön Figuren formen konnte ... wir machten Lehmmenschen und Pferde und berittene Krieger.

Tanzen war auch etwas, was wir Schuljungen in der Freizeit gern taten. Erstmal sammelten wir alles Brauchbare, womit wir uns als richtige indianische Tänzer ausstaffieren konnten. Wir zerschnitten alte Konservendosen zu Armbändern. Wir schlachteten alte Uhren aus und bastelten Schmuck aus den Innereien. Wir sammelten ein bestimmtes Gras, das wir Erdhörnchenschwanz nannten, klebten es auf dickes Papier und banden es uns als Kopfputz um. Wir füllten kleine Dosen mit Steinen, Ersatz für die Tanzrasseln, die man am Fußgelenk trägt. Wir schnitten weißes Tuch in Streifen und nähten es zu Brustpanzern und Halsbändern zusammen.

Damals tanzten noch viele indianische Tänzer unbekleidet, trugen dabei nur ihren Schmuck. Wir ließen unsere Unterwäsche an und behängten uns mit allem, was wir gefunden hatten. Als Trommel benutzten wir einen Waschzuber, über den wir ein Stück schweres Tuch spannten. Einige trugen selbstgemachte Kriegskeulen. Wenn wir spielten oder umherstreiften, hielten wir immer nach Federn und solchen Dingen Ausschau. In der Schule gab es Hühner und Puten, und da holten wir uns auch die Federn. Am Fluß holten wir uns weißen Ton, um die Gesichter zu bemalen.

Einmal waren wir mitten in einem tollen Tanz, als die Schulglocke bimmelte; wir hörten nichts. Wir hatten einen Heidenspaß beim Tanzen. Unser Lehrer kam rüber zu uns, aber wir sahen ihn nicht. Er sagte kein Wort, sammelte nur unsere ganzen Klamotten ein und ging wieder nach drinnen. Irgendwer entdeckte ihn dann, und wir wollten alle schnell unsere Sachen wieder anziehen, aber sie waren weg. Ein anderer Lehrer kam und sagte uns, wir sollten in die Schule gehen, unsere Tanzsachen anlassen und vor den anderen Schülern und allen Lehrern tanzen. Erst wollten wir uns weigern, aber als er sagte, daß der Direktor uns allen den Hintern strammziehen würde, entschlossen wir uns zu tanzen. Sie ließen uns tanzen, bis wir fix und fertig waren, und sie machten sogar Bilder von uns.»

Ben lernte den Schulstoff ohne Schwierigkeiten, und zu Hause wurde er dann noch in der Tradition seines Volkes unterwiesen. Einmal kam er nach den Ferien in die Schule zurück und hatte noch die prächtige traditionelle Kleidung an, die man bei einer wichtigen Einweihungszeremonie trägt. Perlenbestickte Leggins und ein Hemd, das mit Fransen und Stücken von Tierfell besetzt war. Sein langes Haar war noch so frisiert, wie es für die Zeremonie üblich war, und sein Gesicht noch mit roter Erde, der heiligen Farbe, bemalt. Die Missionare schickten ihn heim, damit er sich wieder ein «zivilisiertes» Aussehen geben konnte, und danach trug er immer Schulkleidung und kurzes Haar.

Obwohl Ben einer der führenden Älteren seines Volkes war, der für sein Stammeswissen bekannt war, hat er sich doch immer dafür eingesetzt, den Kindern eine normale Schulausbildung zu geben, wie er sie selbst in der Calgary Industrial School genossen hatte und die er so beschreibt:

«Das Lernen in der Klasse war da nur ein Teil der Ausbildung. Sie brachten uns auch allerlei Handwerkliches bei, und jede Woche was anderes, damit es nicht langweilig wurde. Eine Woche gingen wir in die Schreinerei und lernten, wie man Tische, Stühle, Kommoden und Fensterrahmen macht. Die nächste Woche konnte zum Beispiel Landwirtschaft dran sein, und da zeigten sie uns, wie man einen Gemüsegarten ansät und pflegt, wie man ein kleines Feld pflügt und so was. Ein andermal war Küchendienst, und da lernten wir kleine Mahlzeiten zubereiten, den Tisch decken und Geschirr abwaschen.

Das war eine andere Art von Schule als heute, wo sie die ganze Zeit nur noch in Bücher starren oder spielen. Wir lernten, uns selbst zu versorgen, und nicht nur, wie man Bücher studiert.»

1908 schloß Ben die Schule ab und kehrte heim ins Reservat, um für sein Volk zu arbeiten. Zuerst wußte der Regierungsvertreter im Reservat nichts mit einem gebildeten Indianer anzufangen. Er legte Ben nahe, doch einfach wieder zu seinen Leuten ins Tipi zu gehen, und als er sich nicht abwimmeln ließ, gab er ihm einen Job in der Agentur: Er durfte die Kühe melken und die Scheune sauberhalten. Irgendwann wurde Ben dann als Scout bei der berittenen Polizei eingestellt.

Zehn Jahre lang half Ben, Viehdiebe und andere Gesetzesbrecher zu fangen, dann gab er Dienstmarke und Revolver zurück und ging zu seiner Familie, um eine Landwirtschaft aufzubauen. Mit dem, was er in der Schule gelernt hatte, fuhr er bald reiche Ernten von Heu, Getreide und Gemüse ein und hielt nebenbei etwas Vieh. Als Sohn eines berühmten Häuptlings und Kriegers stellte er ein Beispiel dar, dem bald viele folgten. Obwohl die Menschen sehr darauf bedacht waren, nichts von ihrem angestammten Land zu verlieren, konnte Ben sie doch überreden, einiges zu verkaufen, um die notwendigen Geräte für eine effektive Landwirtschaft zu beschaffen.

In seinen mittleren Jahren wurde Ben zu einem der Unterhäuptlinge des alten und geachteten Führers Duck Chief gewählt. Er betrieb seinen beispielhaften Farmbetrieb weiterhin und vertrat sein Volk bei Verhandlungen im ganzen Land. So reiste er zwar viel, besaß sogar ein eigenes Auto und den ersten Traktor seines Stammes, gab aber nichts von seinem Glauben an die Naturkräfte auf und hielt an den alten Zeremonien fest, die sicherstellen, daß die Natur ein vertrauter Freund und Verbündeter bleibt. Ihm wurden wichtige Kultgegenstände anvertraut, und er lernte ihre Bedeutung kennen und die Rituale, die mit ihnen verbunden waren. Fünfmal leitete er den Sonnentanz, das heiligste und wichtigste von allen alten Ritualen.

Ben erzählte mir, wie das Ritual des Tabaksäens ablief, das auch als sehr heilig galt. Ich gebe es hier wieder, damit du einen Eindruck gewinnst, wie solche naturbezogenen Tätigkeiten bis in die jüngste Zeit hinein abgelaufen sind. Die Saatzeremonie für den Tabak wurde in der kanadischen Prärie bis in die späten vierziger Jahre jedes Jahr abgehalten; danach ging es nicht mehr, weil die Teilnehmer zu alt wurden und die jüngere Generation zu wenig Interesse hatte.

## Die Zeremonie des Tabaksäens
### Ben Calf Robe berichtet

Mit dieser Zeremonie ist es aus und vorbei, deshalb will ich dir davon erzählen. Das heilige Tabaksäen wurde immer von den gleichen Leuten ausgeführt, von den Hütern des Biberbündels. Mein Vater war ein solcher Hüter, und ich bin einer. Hier bei den Siksikai oder Blackfoot hat es immer mindestens zwei Biberbündel gegeben. Zu jedem Bündel werden außer dem Halter, seiner Frau und seinen Kindern oft auch noch acht oder zehn weitere Leute eingeweiht. Diese Leute dürfen mit dem Inhalt des Bündels umgehen und an seinen Zeremonien teilnehmen. Die Bündel bestehen aus Vogelbälgen, Tierfellen und anderen Dingen, die dem Stamm heilig sind.

Die Leute vom Biberbündel bereiteten sich lange auf die

Saatzeremonie im Frühling vor. Sie gingen zum Schlachthaus, um sich die Pansen von Kühen zu besorgen. Sie machten sie sauber und trockneten sie. Sie begannen Fleisch zu trocknen und verstauten es in Taschen aus ungegerbtem Leder. All das stellten sie für die Saatzeremonie bereit.

Wenn die Saatzeit kam, versammelten sich alle. Die ganzen Leute vom Biberbündel. Und sie fingen an, ihre heiligen Lieder zu singen. Es waren ganz besondere Lieder – wir hatten damals über vierhundert verschiedene. Wenn sie mit den Liedern fertig waren, schlugen sie für die Nacht ein Lager auf. Das war noch nicht beim Tabakgarten, sondern irgendwo unterwegs.

Die Männer vom Biberbündel nahmen außerdem ein Schwitzbad. Die jungen Männer im Lager schlugen Holz und schnitten Weidengerten und bauten daraus die Schwitzhütte. Wer hineingeht, hat nur eine Decke um, die er nach draußen reicht, bevor die Tür zugemacht wird. Drinnen beten und singen sie und schwitzen im Dampf, der von den heißen Steinen steigt. Für dieses Schwitzbad gibt es besondere Biberbündel-Lieder.

Am nächsten Morgen wurde das Lager abgebaut und neben der Pflanzung wieder aufgebaut. Dieser alte Lagerplatz ist unten in der Niederung vom Bow River, im Reservat. Es gibt da eine ebene Stelle, und da bauten sie ihre Tipis und Zelte auf. Das Herz des Lagers bilden zwei Tipis, die mit der offenen Seite aneinanderstoßen. Drinnen ist in der Mitte ein Graben gezogen, in dem ein Feuer gemacht wird, um die verschiedenen Speisen zu kochen.

In der Nacht, nachdem sie das Lager aufgebaut haben, fangen in der Doppelhütte die Gesänge an. Sie singen Lieder über alle möglichen Vögel und Tiere und die Lieder, zu denen gesät wird. Sie singen auch Lieder für die Pflanze – wir nennen sie Manistsi, das, was die ersten Menschen rauchten. In dieser Nacht fertigen sie auch einen großen Behälter, in dem die Beeren für die Zeremonie eingeweicht werden. Dazu zieht man Rohleder über gebogene Weidengerten und läßt es trocknen, bis es eine richtige Schüssel ist.

Am nächsten Tag kommen alle Biberleute zu einem großen heiligen Tanz zusammen – sie wenden sich beim Tanz der Stelle zu, wo sie den Tabak säen wollen. Wenn die Sonne ihren Höchststand erreicht hat, stehen sie vor der großen Hütte und singen wieder Lieder. Dann stellen sie sich in einer Reihe auf, Seite an Seite, und jeder trägt das, was ihm aus dem Bündel gehört – die unterschiedlichsten Vogel- und Tierbälge. Als ich jung war, standen viele Menschen in dieser Reihe. Später waren es nur noch ein paar.

Zusammen gehen sie singend zum Tabakgarten. Die Frauen tragen die Tabaksamenmischung und die Grabstöcke. Viermal halten sie unterwegs an, um zu tanzen und zu singen. Der vierte Halt ist an der Stelle, wo gesät werden soll.

Das Feld ist schon gesäubert. Am Morgen haben die jungen Männer das Gras abgebrannt und das Gestrüpp ausgeholzt. Beim vierten Singen betreten sie das gesäuberte Feld und beginnen mit der Zeremonie der Aussaat.

Zuerst machen sie Weihrauch. Dazu werden süß duftende Kräuter auf glühenden Kohlen abgebrannt. Sie nehmen den besonderen Grabstock aus dem Biberbündel, um das erste Saatloch zu stechen.

Dann lassen sie Samen hineinfallen und etwas von der heiligen Mischung, die das Wachstum fördert. Danach nehmen sie einen besonderen Vogelflügel mit gestreifter Zeichnung und fegen Erde über das Loch. Sie lassen wieder Weihrauch aufsteigen und zeigen mit dem Flügel darauf. Beim vierten Mal wird das Loch ganz zugedeckt. Und so geht es immer weiter. Als ich damals zuschaute, waren die Felder nicht sehr groß. Das eigentliche Aussäen wurde manchmal nur von zehn besonders wichtigen Leuten gemacht, die übrigen sind nur dabei, um zu helfen. Schließlich werden die Samen befeuchtet, und damit ist die Aussaat abgeschlossen. Zum Angießen nehmen sie eine besondere Schüssel aus Rohleder. Sie ist mit Wasser gefüllt, in dem einige Tage lang besondere Beeren eingeweicht waren. Das ist unsere heilige Mixtur für gutes Gedeihen. Das Lied, das dazu gesungen wird, heißt «Bevor wir das Wasser ausleeren».

Dazu wird von den Anführern eine Zeremonie ausgeführt.

Zurück im Lager, folgt wieder ein großer Tanz mit dem Biberbündel. Der Anführer tanzt mit seiner heiligen Pfeife. Das ist eine besondere Pfeife, die nur Bibermänner benutzen. Sie ist über und über mit Adlerfedern besetzt und sehr lang. Sie hat große mystische Kraft. Die Frauen tanzen mit den Grabstökken, denn die sind auch sehr mächtig. Die anderen Eingeweihten tanzen mit ihren Tierbälgen. So habe ich es gesehen, als ich jung war.

Nach vier Tagen im Saatlager ziehen sie weiter zu einer anderen Stelle in der Nähe. Hier nehmen sie ein letztes Schwitzbad, und dann wird ein großes Fest veranstaltet. Die Jungen haben lange Stöcke mit gespitzten Enden. Mit diesen Stöcken stehen sie um das Doppelzelt herum. Wenn der Leiter der Zeremonie ein bestimmtes Lied singt, halten die Jungen ihre Stöcke ins Tipi. Die Worte des Liedes lauten: «Die Menschen, und wie ich ihnen Nahrung gebe». Alle Anwesenden bekommen zu essen. Auf die Stöcke werden Stücke von gekochtem Fleisch, indianischer Wurst und geröstetes Brot gespießt.

Wenn dann der Sommer schon fortgeschritten ist – die Zeit, in der Beeren und andere Früchte reif werden –, kommen sie wieder zusammen, die Leute vom Biberbündel. Sie sagen: «Jetzt gehen wir und holen uns, was wir gesät haben.» Sie bilden eine Gruppe und gehen zum Tabakgarten. Singend betreten sie den Garten, und der Anführer brennt Weihrauch ab. Und dann ernten sie gemeinsam, was da ist. Die Pflanzen sind nicht allzu groß – vielleicht kniehoch. Jeder hat seinen Rohlederbeutel, der zu seinem Bündel gehört, und da hinein tun sie den Tabak. In der Nacht darauf halten sie wieder eine Biberbündel-Zeremonie ab. Sie verlesen den Tabak und verteilen ihn so, daß jeder den gleichen Anteil bekommt. Sie sind es, die das Jahr über diesen Tabak verwalten. Die anderen kommen zu ihnen, wenn sie Tabak brauchen. Nach dem Sortieren singen sie und rauchen ein wenig Tabak in der Großen Pfeife, und sie tragen nur einen Ohrring. All das hat einen besonderen

Namen, denn es ist ein sehr heiliger Vorgang, der aus längst vergangenen Zeiten auf uns gekommen ist. Nur wer teilnimmt, erfährt den genauen Sinn der Dinge.

So habe ich damals die Zeremonie des Biberbündels gesehen. Ich selbst bin vor langer Zeit eingeweiht worden, aber als ich dann mein eigenes Biberbündel hatte und etwas damit anfangen wollte, war das alles schon fast vorbei. Kaum einer machte sich noch die Mühe, die Zeremonie auszuführen. Die Leute, die es für eine großartige Sache hielten, als ich eingeweiht wurde – zum Beispiel mein Vater und meine Mutter –, waren schon tot, als ich mein Bündel bekam. Die meisten aus meiner Generation machten sich nichts daraus, und schließlich waren wir einfach nicht mehr genug Leute, und das war das Ende.

# Frieden in der Natur

## Der Glaube an das Große Mysterium

Die wahre Bedeutung vieler Dinge des Lebens erfährst du nur in der Natur. Setz dich unter einen Baum und sieh den Käfern und Schmetterlingen im Sonnenschein zu, beobachte den Aufgang des Mondes und die Sterne. Du stehst mit all diesen Dingen in Verbindung, denn du bist ein Teil der Natur, genau wie sie.

Der Gedanke der Verbundenheit aller Dinge wird dir vielleicht zuerst befremdlich erscheinen, denn für die meisten von uns ist davon in der Schule nie die Rede gewesen. Ich selbst bin trotz alledem dahin gelangt, daß ich sehr stark an die Natur glaube – so stark, daß dieser Glaube meine Religion geworden ist. Es ist ein persönlicher Glaube, etwas, das ich in meinem Herzen wohl kenne, aber kaum sehr gut mit Worten beschreiben könnte. Es ist mein Glaube an das Große Mysterium des Universums.

Ich kam zu diesem Glauben, weil ich sehr oft in die Natur hinausging und mir von dieser Welt mein Herz und meine Gefühle erwärmen ließ. Später erlernte ich von einigen alten Indianern, wie ich diesen Gefühlen in meinem täglichen Leben Ausdruck geben kann. Jeder dieser Indianer lehrte mich etwas auf seine ganz eigene Weise, so wie jeder Gang in die Natur ein anderes Erlebnis ist. Ich hörte Lieder und Geschichten, erlernte praktische Fähigkeiten und heilige Zeremonien . . . ich hätte noch viel mehr erfahren können, wenn ich noch viele andere

Ältere aufgesucht hätte, vor allem wenn ich auch zu den Älteren anderer Rassen und Nationalitäten gegangen wäre. Wo immer es solche Alten gibt, die an die Natur glauben, da sind auch überlieferte Wege, diesen Gefühlen Ausdruck zu geben, noch lebendig, und du wirst etwas lernen können, wenn du es nur versuchst.

Vielleicht erwiderst du: «Ich habe nicht die Zeit, in die Natur zu gehen und über solche simple Dinge zu meditieren, wenn ich doch so viel Wichtiges zu tun habe.» Nein, überlaß ruhig etwas von deiner Zeit der Natur, jetzt, und erfahre jetzt diese guten Gefühle, denn früher oder später wird deine ganze Zeit ohnehin der Natur gehören. Mit dem Tod gehen wir alle zur Natur zurück.

Der Glaube der Indianer an die Kräfte der Natur wird oft «Medizin» genannt. Die Franzosen gebrauchten diese Bezeichnung vor einigen hundert Jahren als erste, als sie sahen, wie indianische Heiler die Kräfte der Natur anriefen, während sie Kranke mit Kräutern behandelten. Die Indianer selbst haben keinen Namen für ihren Glauben, denn er ist bei ihnen kein eigenes System, sondern mit allen Bereichen des Lebens verflochten. Ihre Kirche ist die freie Natur, und ihre Gebete kommen aus dem Herzen, ohne je gelernt worden zu sein.

Heute benutzen aber auch die meisten Indianer den Ausdruck «Medizin», wenn sie von ihrer überlieferten Religion sprechen. Er bedeutet soviel wie: «Die mystischen, übernatürlichen Kräfte und Geister, die das ganze Universum ausmachen.» In früherer Zeit strebten die Indianer danach, in Harmonie mit diesen Kräften zu leben – nie verloren sie die Ehrfurcht und Achtung vor ihnen. Auch heute noch haben viele Indianer etwas von dem Glauben an die Medizin, auch wenn sie sie nicht mehr regelmäßig in der traditionellen Weise praktizieren.

## Religiöse Ausdrucksformen

Es fällt nicht schwer, Achtung vor dem religiösen Leben der Indianer zu haben. Dieses Leben im Freien, das gelebt wird wie eine Religion, ist von einer Schönheit, die uns einfach für sich einnimmt. Dies vermitteln uns alte Stammesbräuche wie auch individuelle Ausdrucksformen – vor allem Lieder, Gebete und Zeremonien.

Aber gerade diese religiösen Ausdrucksformen werden oft eifersüchtig gehütet und nur unter Eingeweihten weitergegeben. Manchmal sind Forscher aus den Städten gekommen und haben irgendwie Informationen ausgeschnüffelt, die eigentlich einem ganz engen Personenkreis vorbehalten bleiben sollten. Sie verarbeiteten dieses Material sofort zu Büchern, um anderen zu zeigen, was sie herausgefunden hatten – diese anderen sollten sich damit auseinandersetzen und ihre Schlußfolgerungen ziehen.

Ich möchte dir nur empfehlen, von den indianischen Beispielen für das Leben in der Natur zu lernen – gelehrtes Zergliedern der Einzelheiten von religiösen Bräuchen anderer Völker mag den Gelehrten überlassen bleiben. Es gibt aber etwas, das noch weniger mit wahrem Streben nach einem Leben in Harmonie mit der Natur zu tun hat, und das ist die gedankenlose Nachahmung religiöser Zeremonien anhand irgendwelcher Darstellungen in ethnologischen Berichten.

Die Älteren der Indianer sehen es nicht gern, wenn Fremde die Stammeszeremonien nachahmen. Sie räumen jedoch gern ein, daß der Glaube und die Prinzipien, die hinter diesen Dingen stehen, jedermann gehören können. Diese Grundsubstanz ist die «Medizin», von der wir sprachen – die religiöse Grundhaltung gegenüber dem Leben. Die Alten sagen, daß jeder, der einen starken Glauben an die Unantastbarkeit der Natur hat, diese Haltung lebt. Du praktizierst die «Medizin», wenn du die Macht und die Gegenwart des Großen Mysteriums kennst und sie fühlst, wenn du draußen in der Natur bist. Vielleicht nennst du das nicht «Medizin». Vielleicht ist es nur ein vager Glaube in dir. Nenn es, wie du willst – aber achte darauf und laß dir davon helfen, deinen Platz in der Natur zu finden.

Schon allein der Glaube an das Vorhandensein eines Großen Mysteriums im Universum genügt, um das Leben um eine Dimension reicher zu machen. Wenn du aber auch noch antwortest, so gewinnst du eine eher persönliche Beziehung, eine Religion des Lebens. Wenn du das «Gott» nennen willst, dann tu es ruhig. Aber hüte dich vor dem Gedanken, daß wir übrigen unrecht haben, solange wir nicht auch diesen Ausdruck gebrauchen oder uns einen ganz bestimmten Glauben zu eigen machen.

Da du dieses Buch liest, möchtest du vermutlich aus der Lebensweise der Indianer etwas über Natur und Glauben lernen. Manche der Geschichten, die hier aufgeschrieben sind, geben dir vielleicht Antworten. Du kennst meine Mahnung, indianisches Leben nicht einfach äußerlich nachzuahmen oder zu papiernen Theorien zu verarbeiten. Manche Indianer wenden sich heute sogar grundsätzlich dagegen, daß Nicht-Indianer Einblick in das indianische Leben erhalten. Sie finden, daß Menschen anderer Kulturen, die sich das Wissen der Indianer aneignen wollen, «die indianische Religion stehlen». Das habe ich mehrmals gehört, allerdings nie von den Älteren.

Alle alten Indianer, die ich befragt habe, sagten mir dies: «Was ein Mensch glaubt und wie er betet, ist nur eine Sache zwischen ihm und dem Schöpfer – dem Großen Mysterium. Jeder Weg, der einen Menschen glücklich macht, ist ein guter Weg – solange niemand anderer darunter leiden muß.»

Eine Ausdrucksform für den Glauben an die Natur, deren sich alle indianischen Älteren bedienten, ist das Gebet. Jeder hatte seine eigenen Worte, mit denen er im Gebet ausdrückte, was ihn bewegte. Niemand schrieb Gebete auf oder lernte sie auswendig, denn jedes Gebet geht spontan aus den besonderen Gefühlen des Augenblicks hervor. Gemeinsam ist ihnen, daß sie Freude und Hoffnung ausdrücken. Einem Herzenswunsch gibt man Ausdruck, indem man die guten Dinge des Lebens nennt und für sie Dank sagt. Persönliche Kraft und Mut gewinnt man durch Nennen der Herausforderungen des Lebens – Tod, Krankheit und anderes Unglück; man bittet um Erbarmen und um die Hilfe des Großen Mysteriums, das auch alles Unglück beherrscht.

Die indianischen Älteren beten oft. Es ist, als würden die guten Dinge des Lebens durch häufige Erwähnung besser und die schlechten weniger schädlich. In ihren Gebeten nennen sie auch die Kinder, Enkel, Freunde und Verwandten, außerdem sichere, warme Wohnungen, genug Nahrung und Kleidung und Kraft, um Krankheiten zu überwinden. Das sind für sie seit urväterlicher Zeit die wichtigsten Dinge des Lebens.

In der Natur zu beten, ist gar nicht schwer, selbst wenn du wie ich nicht sehr religiös aufgewachsen bist. Vielleicht ist es dadurch sogar noch leichter, weil dir keine Glaubenssätze und Lehren im Weg stehen.

Viele Menschen, die nicht in Einklang mit der Natur leben, können sich nicht vorstellen, daß es uns ein gutes Gefühl vermitteln kann, zum Beispiel zu einem Baum zu beten. Sie halten Bäume für Dinge, sehen nicht, daß sie ebenso am großen Mysterium teilhaben wie wir.

Die indianischen Älteren haben darüber hinaus einen starken Glauben an die Macht und die Bedeutung von Träumen und Visionen. In Träumen, so sagen sie, kann die Seele frei umherstreifen und so Einsichten gewinnen, die das Wachbewußtsein unterdrückt oder gar nicht wahrnimmt. Träume werden stets danach befragt, welche Bedeutung sie für das tägliche Leben haben könnten. Die Indianer glauben daran, daß ihre Träume in Erfüllung gehen, während moderne Menschen solch eine Idee für reinen Unsinn halten: Sie wollen sich von Träumen nicht ihre Absichten und Pläne durcheinanderbringen lassen. Es kann allerdings möglich sein, daß die Indianer der Vergangenheit Träume hatten, die leichter zu erfüllen und in Leben umzumünzen waren als die Träume, zu denen unsere moderne Welt anregt.

Diese längst vergangenen Träume drehten sich um die Natur

und hatten die natürliche Lebensweise jener Zeit zur Grundlage. Heute lebt wohl keiner mehr so, daß er ausschließlich den Kräften der freien Natur ausgesetzt ist. Wer wäre auch zu einem solch primitiven Leben bereit – ohne Geschäfte, Kleider und andere Gebrauchsgegenstände ... und vor allem, wo will man heute noch ein Stück unberührte Natur finden?

Heute müssen wir uns mit ein paar Tagen Camping oder Wandern zufriedengeben. Wenn du das nächstemal Gelegenheit dazu hast, dann versuch es mal ganz allein und verbring deine Zeit mit Meditation und Naturbeobachtung. Die Indianer der Vergangenheit unterwarfen sich bei solchen Gelegenheiten einer strengen Disziplin – manchmal aßen und tranken sie tagelang nichts.

Die meisten Menschen bringen gern irgendwelche Dinge mit, die sie unterwegs gefunden haben – Steine, Tannenzapfen, Federn und ähnliches. Auch das zeigt noch eine Verbindung zur früheren Lebenweise der Indianer. Die Sucher der Vergangenheit hatten sogar mystische Erlebnisse mit diesen natürlichen Objekten und Symbolen. Sie bewahrten sie auf, damit sie sie an das erinnerten, was sie gelernt hatten. Hier als Beispiel der «Meditationstraum» von Brave Buffalo, einem Medizinmann der Sioux. Er sprach darüber kurz vor seinem Tod zu Anfang dieses Jahrhunderts.

### Brave Buffalos Traum

«Als ich zehn Jahre alt war, betrachtete ich das Land und die Flüsse, sah den Himmel und die Tiere um mich her, und mir blieb nicht verborgen, daß all das von einer höheren Macht geschaffen worden war. Ich wünschte mir so sehr, diese Macht zu verstehen, daß ich die Bäume und Büsche fragte. Mir war, als starrten die Blumen mich an, und ich wollte sie fragen: ‹Wer hat euch gemacht?› Ich betrachtete moosbedeckte Steine; manche hatten die Umrisse eines Menschen, aber sie konnten mir nicht antworten. Dann hatte ich einen Traum, und in meinem

Traum erschien mir einer dieser kleinen runden Steine und sagte mir, der Schöpfer von allen sei *Wakan Tanka* (der Große Geist der Sioux) und Ihn könnte ich nur ehren, wenn ich Seine Werke in der Natur ehre. Dann sagte der Stein, durch mein Streben habe ich mich übernatürlicher Hilfe würdig erwiesen, und er werde mir diese Hilfe zukommen lassen.»

Brave Buffalo erzählte, er habe dann gesucht und einen Stein gefunden, der dem in seinem Traum glich. Zum Zeichen seiner heiligen Ehrfurcht bedeckte er ihn mit einer kleinen weichen Adlerfeder und schlug ihn in ein Stück Leder ein. Seine Gegenwart erinnerte ihn stets an den mystischen Traum und gab ihm sein Leben lang innere Kraft.

## Das Ritual des Schwitzbades

Schwitzbäder sind ein weltweit verbreitetes Ritual, das in vielen verschiedenen Formen als natürliches Reinigungsmittel für Körper und Seele angewendet wird. Freilebende Völker wie die Indianer verbinden ihre Zeremonien mit dem Schwitzbad in einfachen Hütten aus Weidenruten, die mit Erde oder Tierhäuten und Decken bedeckt werden. Unsere moderne Sauna ist aufwendiger, und ihr fehlt alle religiöse Symbolik.

Ich habe beides ausprobiert, die älteste und die modernste Form des Schwitzbades, und ich finde, daß die elektrisch beheizte Sauna die ursprüngliche Form des Schwitzbades um keinen Deut verbessert hat. Die Sauna mag für die Stadt am besten geeignet sein, während man die Schwitzhütte wohl eher zwischen Bäumen an einem Bach aufschlägt. Ich weiß, daß die holzgetäfelte Sauna mit Elektroheizer meine Gebete und spirituellen Gedanken weniger beflügelt als der Gesang der Vögel vor der kleinen Hütte im Gebüsch.

Die indianische Schwitzhütte funktioniert nach dem Prinzip des Zusammentreffens von heiß und kalt, von Feuer und Wasser. Du legst einige Steine in ein offenes Feuer, bis sie glühend heiß sind. Neben dem Feuer hast du eine kleine, etwa hüfthohe Hütte errichtet, die aussieht wie ein umgekippter ovaler Korb. Du gehst mit den heißen Steinen und einem Kübel Wasser hinein, verschließt den Eingang und träufelst etwas Wasser auf die Steine. Dann schwitzt du und spürst, wie du gereinigt wirst.

Zum Bau der Schwitzhütte sammelst du zuerst Weidenruten – etwa zweimal so lang wie du selbst. Schneide ein Dutzend solcher Ruten und steck sie im Kreis fest in die Erde; der Kreis soll so groß sein, daß du darin liegen kannst. Jetzt biege die Rutenenden paarweise zusammen und verbinde sie mit Schnüren zu Bögen. Deren höchster Punkt sollte so hoch sein, daß gerade noch etwas Kopfraum für einen sitzenden Menschen bleibt.

An einer Stelle muß zwischen den Ruten genügend Raum für den Eingang bleiben. Diese Stelle sollte – wie der Eingang der Tipis – nach Osten liegen, damit man die Sonne begrüßen kann. Die Feuerstelle, in der man die Steine erhitzt, liegt ein paar Schritte vor dem Eingang. Das Feuer symbolisiert die Sonne.

Wenn die Weidenbögen zu einem stabilen Skelett verbunden sind, bedeckt man sie mit Fellen, Decken, Planen, Schlafsäcken oder Überzelten – es soll ein lichtundurchlässiger und luftdichter Überzug sein, denn darin liegt das Erfolgsgeheimnis dieser Art von Schwitzbad.

In der Mitte der Hütte wird eine kleine Grube für die heißen Steine ausgehoben, die man mit einem starken gegabelten Stock hereinträgt. Du wirst etwa zehn bis zwanzig Steine für ein Schwitzbad benötigen, je nachdem, wie groß sie sind und wie heiß dein Ritual werden soll. Aber gib acht! Wenn die Hütte sehr dicht ist, kann man ohne weiteres einen Backofen aus ihr machen. Manche halten das für eine großartige Kraft- und Mutprobe. Den meisten ist jedoch klar, daß es gefährlich ist und außerdem von dem spirituellen Erlebnis beim Schwitzbad ablenkt.

Die Teilnehmer sitzen im Kreis um die Steine herum. Wenn die Hütte richtig gebaut ist, kann jeder mit gekreuzten Beinen und einigermaßen geradem Rücken sitzen. Wenn es heiß und stickig wird, legen manche sich gern hin (falls der Platz ausreicht). Ansonsten kann man auch ab und zu den Eingang kurz öffnen. Das Schwitzbad ist zur Freude gedacht, macht also keine Zerreißprobe daraus.

Wer ganz hinten gegenüber dem Eingang sitzt, übernimmt das Besprenkeln der Steine. Für viele mag sich darin der rituelle Charakter des Schwitzbades schon erschöpfen. Die Indianer hatten viele Zeremonien, die mit dem Schwitzbad verbunden waren und ihm einen viel tieferen Sinn gaben als das rein körperliche Vergnügen.

Aber selbst wenn dein ganzes Ritual nur aus Wasser auf heißen Steinen besteht, wirst du vermutlich angeregt werden, dir die Naturkräfte zu vergegenwärtigen, die dabei anwesend sind. Vielleicht spürst du sogar den Wunsch, in Gebeten mit ihnen zu sprechen. Dort im Dunkeln kann dich nichts davon ablenken, die starke, feuchte Hitze als die Gegenwart unsichtbarer Kräfte aus dem Großen Mysterium zu empfinden.

## Mein erstes Schwitzbad

Viele Sommer sind vergangen, seit ich mein erstes Schwitzbad nahm, doch ich erinnere mich noch deutlich an die Einzelheiten und an meine Gefühle. Ich besuchte Verwandte beim Flathead-Stamm in West-Montana. Zu jener Zeit war das Schwitzbad für manche von ihnen noch ein tägliches Ritual.

Die Schwitzhütte stand im offenen Gelände mitten in einem wunderschönen, von schneebedeckten Gipfeln umgebenen Tal. Als ich zum Schwitzbad ging, verfärbten sich eben die weißen Gipfel im beginnenden Abendrot.

Vor dem Eingang zur Schwitzhütte prasselte ein großes Feuer. Hinter dem Feuer standen sechs riesige alte Bäume wie Wächter. Diese Bäume schirmten den Platz der Schwitzhütte gegen eine kleine Gruppe von Wohnhäusern und anderen Gebäuden ab.

Dort wohnte mein Freund Pascal, Urenkel des berühmtesten

Häuptlings dieses Stammes. Der alte Häuptling war längst tot, doch an der Tradition des Schwitzbades hatte er zeit seines Lebens festgehalten. So auch sein Urenkel, den sonst vielleicht nichts von anderen modernen Indianern unterschieden hätte. Er trug Westernkleidung und eine Stoffkappe auf dem kurzgeschnittenen Haar. Anders als seine Vorfahren besaß er keine Pferdeherde. Er fuhr mit einem Kombiwagen in die Stadt.

Aber fast jeden Abend ging er zu der kleinen Gruppe hoher Bäume hinunter und machte ein Feuer, um seine «Schwitzsteine» aufzuheizen. Weithin über das ganze Tal waren dann kleine Rauchwölkchen zu sehen. «Aha, Pascal macht sein Schwitzbad», sagten die Nachbarn dann. Stets nach dem gleichen Ritual erhitzte er Steine, schleppte Wasser heran, zog sich aus und saß dann schwitzend in der Hütte. Das lief so selbstverständlich ab wie das tägliche Duschbad. Hätte er aber ein gewöhnliches Bad nehmen wollen, dann hätte er sich im Haus in die Wanne legen können und wäre in zehn Minuten damit fertig gewesen. Mit dem Schwitzen war er meist erst fertig, wenn es schon längst dunkel war.

Pascal, der gern Gesellschaft hatte, lud mich ein, mein erstes Schwitzbad mit ihm zu nehmen. Als ich am Abend erschien, saß er bei den Bäumen auf einer niedrigen, selbstgebauten Bank. Das Feuer knisterte und knackte. Die Steine lagen bereits in der brausenden Glut. Hier und da erkannte ich einen als dunklen Fleck zwischen den Flammen. Hinter uns gurgelte ein kleiner Bach durch die Wiesen. Sein kaltes Wasser war genau richtig, um sich nach dem Schwitzbad abzuspülen.

Schließlich sagte Pascal, die Steine seien bereit. Mit einer Astgabel stocherte er in dem heruntergebrannten Feuer, bis er einige Steine herausgerollt hatte. Dann trug er sie nacheinander auf der Astgabel in die Hütte und ließ sie in die Kuhle fallen. Bei vielen Stämmen sind all diese einzelnen Schritte ein ernstes Ritual. Hatte Pascal irgendein Ritual, so behielt er es für sich. Er verrichtete alles schweigend – ich hörte nichts als das rinnende Wasser, das Knistern des Feuers und manchmal Vogelzwitschern über der Wiese.

Während Pascal noch die Steine in die Hütte trug, kam ein dritter Mann still den Weg herunter und setzte sich neben mich. Es war der alte Jerome, Pascals Onkel, einer der Indianer des Stammes, die noch die alte Zeit erlebt hatten. Er trug das Haar in langen Zöpfen, die fast bis zur Hüfte reichten, und manchmal erzählte er Geschichten aus seiner Jugend, als Pascals Urgroßvater noch Häuptling war.

Traurig erinnerte sich Jerome an jenen Morgen des Jahres 1891, als der alte Häuptling sein Volk für immer aus der uralten Heimat des Stammes im Bitterroot Valley (Montana) wegführte. Regierungsvertreter hatten seine Unterschrift unter einem Vertrag gefälscht, der ihn verpflichtete, in ein zugewiesenes Reservat zu ziehen und dort mit anderen Indianern zusammenzuleben. Kavallerieeinheiten sorgten dafür, daß der ganze Stamm seinem Häuptling folgte. Jahre später gaben die Verantwortlichen ihren Betrug zu und nannten als Grund, das Land habe einfach für Einwanderer und Siedler frei werden müssen. Jerome erlebte als Junge, wie dieses friedliche, naturverbundene Volk weggetrieben wurde, als sei es eine Viehherde.

Jerome lächelte einen Gruß, schüttelte mir die Hand, setzte sich und löste sein Haar; ich tat es ihm nach. Ich nahm die große Ehre, von zwei so erfahrenen Männern in das Schwitzbad-Ritual eingeweiht zu werden, bescheiden an.

Pascal trug inzwischen weiter Steine in die Schwitzhütte, und wir hörten sie jedesmal aufzischen, wenn sie mit der kühlen, feuchten Erde in Berührung kamen. Pascal sagte, daß er sich dunkle, glatte Steine außerhalb des Flußbettes suchte; sie mußten etwa faustgroß sein. Als er ungefähr zwei Dutzend Steine in die Hütte getragen hatte, zogen wir uns aus und krochen hinein.

Der Boden der Schwitzhütte war mit Tüchern ausgelegt, die sich vom häufigen Gebrauch feucht und weich anfühlten. Doppelt so viele Personen wie wir hätten drinnen bequem Platz gefunden. Manchmal ist das Schwitzbad ein richtiges Familienfest.

Einer ließ die Eingangsklappe herunter, und es wurde ganz

dunkel. Die Steine zischten jetzt nicht mehr so heftig, sondern ließen die Feuchtigkeit mit einem hauchenden Geräusch in Dampf aufgehen. Meine Haut prickelte von der Hitze, und ich begann in der feuchten Luft zu schwitzen.

Dann sprenkelte Pascal Wasser aus einem kleinen Eimer auf die Steine, und die Tropfen verdampften mit einem Geräusch wie fernes Gewehrfeuer. In der Dunkelheit sah man die Hitze der Steine als schwache rote Glut. Der Dampf wurde so dicht, daß ich zu ersticken glaubte. Nach einiger Zeit verlor ich das Gefühl für meinen Körper, es war, als triebe mein Geist langsam fort. Pascal und Jerome lobten abwechselnd die Wohltat des «guten Schweißes», wie sie es nannten. Sie rubbelten sich ordentlich ab, daß die Schweißtropfen nur so auf die Steine sprühten. Falls noch etwas Rituelles damit verbunden war, so behielten sie es wiederum für sich. Manchmal redeten sie in ihrer Muttersprache, die ich nicht verstand.

Nach einer Zeit, die mir sehr lang vorkam, kehrte mein Bewußtsein wieder dahin zurück, wo ich saß. Pascal hatte die Türklappe geöffnet und fragte mich, ob ich nach draußen wollte. Einerseits wollte ich ganz gern wieder dünne frische Luft atmen, aber irgendwo wünschte ich mir auch, diese sonderbare Empfindung noch einmal zu haben. Außerdem war ich zu stolz, um zuzugeben, daß der Dampf mich fast umbrachte – meine indianischen Verwandten hatten vorausgesagt, daß ich es nicht lange in der Schwitzhütte aushalten würde, und jetzt wollte ich ihnen das Gegenteil beweisen.

Seit damals habe ich viele Schwitzbäder mit Pascal genommen, auch ganz allein oder mit anderen Leuten. Weil Pascal fast täglich schwitzt, hält er mehr aus als die meisten anderen. Ich hatte jedoch nie wieder ein so überwältigendes Erlebnis wie bei diesem ersten Mal.

Als Pascal und Jerome schließlich sagten, sie hätten genug, hatte ich wohl schon mehr als genug. Selbst draußen, als ich mich mit einem Eimer kaltem Wasser abgoß, war ich noch ganz benommen. Tatsächlich raubte mir die frische Luft zusammen mit dem kalten Wasser sogar das restliche Bewußtsein. Erst als ich mich schon abgetrocknet und angezogen hatte, kam ich wieder ganz zu mir und wußte, wo ich war. Ich fühlte mich frisch und hungrig, als hätte ich die ganze Nacht geschlafen.


## Der Ursprung der Schwitzhütte
### Eine Legende des Nez Percé Stammes

Vor langer, langer Zeit, in den Tagen der Tiere, war Schwitzhütte ein Mann. Er wußte, daß Menschen kommen würden, die wahren Bewohner der Erde. Eines Tages rief er alle Tiere zusammen, um jedem einen Mann zu geben und es über seine Pflichten aufzuklären.

Bei der Beratung stand Schwitzhütte auf und hielt eine Rede: «Wir leben schon eine lange Zeit auf der Erde, aber der gegenwärtige Zustand wird nicht mehr lange bleiben. Ein anderes Volk wird kommen, um hier zu leben. Wir müssen uns trennen und zu verschiedenen Orten gehen. Jeder von euch muß sich jetzt entscheiden, ob er ein laufendes, ein fliegendes, ein kriechendes oder ein schwimmendes Tier sein will. Ihr könnt jetzt eure Wahl treffen.»

Schwitzhütte wandte sich an Wapitihirsch: «Komm du zuerst hierher, Wapiti. Was willst du sein?»

«Ich will sein, was ich bin – ein Wapiti.»

«Zeig uns, wie du rennst oder galoppierst», sagte Schwitzhütte.

Wapiti galoppierte anmutig davon und kam zurück.

«Du bist richtig dafür», sagte Schwitzhütte, «du wirst ein Wapiti sein.»

Wapiti galoppierte davon, und man sah ihn nicht wieder.

Schwitzhütte rief den Adler zu sich und fragte: «Was willst du sein, Adler?»

«Ich will sein, was ich bin – ein Adler.»

«Dann laß uns sehen, wie du fliegst», sagte Schwitzhütte.

Adler flog, er stieg höher und höher, und man sah kaum eine Bewegung an seinen ausgebreiteten Schwingen.

Schwitzhütte rief ihn zurück und sagte: «Du bist ein Adler. Du wirst König der Vögel in den Lüften sein. Du wirst den Himmel durchmessen. Du wirst auf den felsigen Gipfeln der höchsten Berge leben. Die Menschenwesen werden dich bewundern.»

Glücklich über diese Entscheidung flog der Adler davon. Alle sahen ihm nach, bis er am Himmel verschwunden war.

«Ich will wie Adler sein», sagte Blauhäher zu Schwitzhütte. Schwitzhütte wollte jedem seine Chance geben und sagte: «Dann laß uns sehen, wie du fliegst.»

Blauhäher erhob sich in die Luft und versuchte den leichten, anmutigen Flug des Adlers nachzuahmen, aber er konnte das Gleichgewicht nicht so gut halten und fing bald an zu flattern.

Schwitzhütte sah seine Ungeschicklichkeit, rief ihn zurück und sagte: «Ein Häher ist halt ein Häher. Du wirst dich mit dem zufriedengeben müssen, was du bist.»

Als Bär vortrat, sagte Schwitzhütte zu ihm: «Du wirst den Menschen als sehr grimmiges Tier bekannt sein. Du wirst Menschen töten und freilassen, und sie werden dich fürchten.»

Bär ging in die Wälder und ist seither als sehr grimmiges Tier bekannt.

Dann gab Schwitzhütte allen laufenden und allen fliegenden Lebewesen, allen Tieren, Vögeln, Schlangen, Schildkröten und Fischen Namen, und sie zerstreuten sich – alle außer Kojote.

Als alle gegangen waren, rief Schwitzhütte Kojote zu sich und sagte: «Du bist weise und listig. Ein Mann, den man fürchten muß, bist du. Diese Erde wird werden wie die Luft, leer, doch dein Name wird ewig bestehen bleiben. Die neuen Menschenwesen, die bald kommen, werden deinen Namen hören und sagen: ‹Ja, Kojote war groß zu seiner Zeit.› Nun, was möchtest du sein?»

«Ich lebe schon lange als Kojote», antwortete er, «und ich möchte edel sein wie Adler oder Wapiti oder Puma.»

Schwitzhütte ließ ihn zeigen, was er konnte. Zuerst mühte Kojote sich, zu fliegen wie Adler, aber er konnte nur herumhopsen. Er konnte nicht fliegen, der arme Kerl. Dann versuchte er, Wapiti in seinem anmutigen Galopp nachzuahmen. Eine kurze Strecke weit ging das auch, aber dann fiel er in seinen eigenen Trott zurück. Er lief ein kurzes Stück, blieb plötzlich stehen und sah sich um.

«Du bist einfach nur dir selbst ähnlich, Kojote», lachte Schwitzhütte. «Du wirst ein Kojote sein.»

Kojote rannte jaulend zu einem unbekannten Ort davon. Bevor er außer Sichtweite war, blieb er plötzlich stehen und sah sich um – genau wie ein Kojote.

Schwitzhütte, jetzt ganz allein, sagte zu sich: «Jetzt sind alle weg, und die neuen Menschen werden bald kommen. Wenn sie ankommen, sollten sie etwas vorfinden, das ihnen Stärke und Macht gibt.

Ich werde mich selbst hier auf die Erde stellen, damit die Menschen mich benutzen können, wenn sie kommen. Wer mich immer wieder mal besucht, dem werde ich Macht schenken. Er wird im Krieg und im Frieden groß sein. Er wird beim Fischen und auf der Jagd Erfolg haben. Allen, die Schutz bei mir suchen, werde ich Stärke und Macht geben.»

Schwitzhütte sprach in vollem Ernst. Dann ließ er sich auf Hände und Knie herunter und wartete auf die ersten Menschen. Seitdem kniet er immer so da und gibt jedem Macht, der sie bei ihm sucht.

## Die Friedenspfeife

Auch das Pfeiferauchen ist ein Ritual, das man bei Menschen aller Rassen findet. Die Indianer rauchten die Pfeife zum Vergnügen und bei wichtigen Anlässen, vor allem bei religiösen Zeremonien. Zwischen feindlichen Indianern entstanden starke Bande des Friedens, sobald sie die Pfeife rauchten. Deshalb wird die Pfeife der Indianer oft «Friedenspfeife» genannt. Meist diente das Pfeiferauchen allerdings einfach dem inneren Frieden.

Die Pfeife hat bei den einzelnen Stämmen verschiedene Bedeutung. Das gilt auch für die Machart der Pfeife, die Rauchmixtur und die zugehörigen Rituale. Manche Stämme rauchten nur Tabak, der in besonderen heiligen Gärten gewachsen war; andere sammelten verschiedene Wildpflanzen und Kräuter, deren wohltuende mentale Wirkung bekannt war. Viele Stämme bevorzugten den Tabak, den die europäischen Einwanderer ihnen brachten, und sie gaben Felle und andere wertvolle Dinge für kleine Mengen dieses Tabaks.

Im Freien ist das Pfeiferauchen oft eine Form der Meditation. Du sitzt auf einem Hügel oder unter einem alten Baum, entspannst dich und läßt die Gedanken des Tages hinter dir. Stopfe eine Pfeife mit Kräutern oder mit gekauftem Tabak, zünde sie an und nimm einige Züge. Schau den Rauchwölkchen nach, die sich in die Luft erheben. Mit diesem Rauch, der durch deinen Körper gegangen ist, fliegt ein kleiner Teil von dir selbst. Er nimmt einen kleinen Teil deines Bewußtseins mit sich.

Der Rauch, der aus deiner Pfeife aufsteigt, verfliegt in der geheimnisvollen Weite des Universums. Die Indianer sagen, das sei eine Art spirituelle Botschaft – ein Gebet ohne Worte – an den Großen Geist oder das Große Mysterium der Schöpfung. Manchmal sehen sie es auch als ein Opfer für die himmlischen Mächte.

Das Pfeiferauchen war ein vor allem unter Männern üblicher Brauch, zu dem sich die Indianer der Wälder, der Prärien und der Steppen in ihren Hütten trafen. Oft füllte der Gastgeber die Pfeife so lange immer wieder nach und hielt sie in Brand, wie seine Gäste blieben. Ging die Versammlung ihrem Ende zu, so wurde die Pfeife unter den Worten «Sie ist zu Ende» mit großer Gebärde ausgeklopft.

Die Handhabung der Pfeife hing von den Gebräuchen des Stammes und vom sozialen Status und den persönlichen Vorlieben des einzelnen ab. Manchmal durften nur die Männer rauchen, manchmal nur die Frauen. Manche Arten von Pfeifen konnte jeder besitzen und rauchen, andere waren heilige Symbole des Stammes, die in der Obhut großer Führer standen und nur bei ganz feierlichen Anlässen gebraucht wurden. Es gab auch besondere Pfeifen für Kinder, die aber meist von älteren Männern gestopft und angezündet wurden.

Die Pfeife wird meist in einem Kreis von Menschen geraucht (der Kreis ist bei den Indianern ohnehin die übliche Versammlungsart). Der Führer der Gruppe, im allgemeinen der Vorstand des Haushalts, stellt die Pfeife und die Rauchmixtur zur Verfügung und übernimmt oft auch das Stopfen und Anzünden der Pfeife. Bei besonderen Versammlungen wird einem der Teilnehmer, der zu diesem Zweck in der Mitte des Kreises sitzt, die Bedienung der Pfeife anvertraut.

Pfeiferauchende Völker haben oft besonderes Zubehör für ihre Pfeifen. Vielfach werden diese Dinge zusammen mit der Pfeife in einem Stück Fell oder einem farbigen Tuch aufbewahrt. Das wichtigste Teil dieses Zubehörs ist das Tabak-Schneidbrett – rund oder rechteckig und auf der Oberseite mit Linien und Kreisen verziert –, auf dem man den Tabak schneidet und mischt. Dazu gehören ein scharfes Messer und einige Beutel für die fertige Mischung und schließlich noch einige trockene Stöckchen mit einem stumpfen und einem spitzen Ende: Mit dem stumpfen wird die Pfeife gestopft, und das spitze hält man ins Feuer, bis es glüht, um damit die Pfeife anzuzünden. Heutzutage hat man noch ein Stück Draht dabei, mit dem der lange hölzerne Stiel der Pfeife ausgeputzt wird.

Die Pfeifenköpfe wurden aus Ton, Hartholz oder den kleinen knotigen Auswüchsen an Baumstämmen gemacht. Hohle Stengel und Zweige mancher Pflanzenarten konnten als Pfeifenstiel benutzt werden. Stabilere Pfeifen wurden aus Stein oder Geweihsprossen angefertigt; als Bohrer diente ein schlanker Stab, auf den vorn ein angespitzter harter Stein gesetzt war.

Die Metallwerkzeuge haben viele zum Teil künstlerisch ausgefeilte Varianten möglich gemacht. Die am weitesten verbreitete Form der Friedenspfeife wird aus weichem, rotem Gestein geschnitten, heute noch ein florierendes Handwerk bei den heiligen Steinbrüchen in Pipestone, Minnesota.

Manche Stämme fertigten graue oder grünliche Pfeifen aus Schieferbrocken, die sie in Bachbetten oder an Flußufern fanden. Ähnliche Farben ergibt auch der weiche und leicht zu bearbeitende Speckstein. Die Pfeifenköpfe sind gewöhnlich L-förmig. Der Stein wird von zwei Seiten angebohrt, bis die Bohrlöcher sich treffen. Das kürzere Loch ist meist für den Tabak, während in das längere der hölzerne Stiel gesteckt wird. Man benutzt Bohrer von der Dicke eines Kinderfingers, und das Bohrloch, das den Tabak aufnehmen soll, wird danach so erweitert, daß die Kuppe eines Daumens hineinpaßt; dazu kann man beispielsweise einen Schraubenzieher benutzen.

Danach wird der Kopf mit einer kleinen Handsäge grob in die gewünschte Form gebracht. Man folgt dabei möglichst der natürlichen Maserung des Steins. Schließlich arbeitet man die endgültige Form mit einer Feile heraus und glättet den Stein mit Sandpapier. Diese Arbeit ist die ideale Beschäftigung, wenn du gemütlich in der Sonne sitzt.

Pfeifenstiele kann man aus den verschiedensten Hölzern herstellen. Zweige von Obstbäumen und Beerensträuchern sind besonders geeignet, weil sie außen recht hart und innen weich sind. Auch Weidenzweige sind brauchbar und sogar Weichholz, von dem man zwei Stücke zunächst aushöhlt und dann zusammenleimt und zu einem Stiel zurechtschnitzt. Es kommt vor allem auf einen geraden Zugkanal ohne Verengungen an, damit man den Rauch leicht hindurchziehen kann.

Um einen Zweig auszuhöhlen, nimmt man ein angespitztes Stück starken Draht, das über Feuer zum Glühen gebracht wird. Diese Arbeit dauert lange, und man muß achtgeben, daß der Draht nicht die Wandung des Stiels durchstößt. Ein Ende wird so zurechtgeschnitten, daß es in den Pfeifenkopf paßt, das andere abgerundet und so geformt, daß es sich gut zwischen den Lippen halten läßt.

Die gerade, lange Bohrung durch den Pfeifenstiel hat symbolische Bedeutung: Pfeifenraucher sagen, sie erinnere daran, daß ihr Lebensweg auch gerade und lang sein sollte. Manche dieser Pfeifenstiele bleiben fast unbearbeitet und wirken allein durch die Schönheit des Holzes; nur die Rinde wird abgeschabt und das Holz geglättet und poliert. Andere Pfeifenstiele werden verziert, meist mit Mustern, die ihre Besitzer in einem mystischen Traum geschaut haben.

Viele Pfeifenraucher tragen ihre Pfeife auf allen Reisen bei sich – vielleicht so, wie andere Leute ihre Bibel im Koffer haben. Die Pfeifenbeutel, die alle Rauchutensilien aufnehmen, haben viele verschiedene Formen. Manchmal waren es kunstvoll bestickte und mit Perlen verzierte Futterale, in denen auch mancherlei andere Gegenstände untergebracht waren, da Indianerkleidung früher keine Taschen hatte. Der Besitzer hängte seinen Pfeifenbeutel da auf, wo er schlief.

Die Cheyenne machen ihre Pfeifen schon immer aus dem Wadenbein eines Hirsches (obwohl man das eines Schafes oder einer Ziege sicher auch nehmen könnte). Die Gelenkkugeln an den Enden werden abgesägt und der Knochen mit einem starken, glühenden Draht ausgehöhlt. Die Sägekanten werden mit einer Feile und Sandpapier abgerundet. Das dickere Ende wird der Kopf der Pfeife, das dünnere das Mundstück. Die Stelle am Stiel, wo man die Pfeife hält, wird mit einem schmalen Lederstreifen umwickelt, damit man sich beim Rauchen nicht die Finger verbrennt.

Normalerweise wird die Pfeife mit einem Holzspan oder Streichholz angezündet, nur bei bestimmten Zeremonien mit einem schlanken Zweig, dessen Ende im Feuer zum Glühen gebracht wird. Befindet sich ein Mann von besonders hohem Rang im Kreis, so wird er die Pfeife anzünden und ein kurzes Gebet sprechen. Stets bläst der erste Raucher die ersten Züge in verschiedene Richtungen – ein symbolischer Gruß an unsichtbare Mächte und spirituelle Verbündete. Oft wird dann auch das Mundstück der Pfeife gleichzeitig in diese Richtungen gehalten, damit die angerufenen Geister mitrauchen können. Gegrüßt werden auf diese Art die Sonne, die Erde und die vier Himmelsrichtungen.

Der erste Raucher gibt die Pfeife an die Person zu seiner Linken weiter, die dem gleichen Ritual folgt. So macht die

Pfeife die Runde. Bei manchen Stämmen wird sie nur bis zum Eingang weitergereicht und dann (ohne daß jemand an ihr zieht) in der Gegenrichtung zum Anfang des Kreises zurückgegeben, von wo aus sie dann wieder links herum die Runde macht. Diese Richtung – der Sonnenbahn entsprechend – ist bei den Indianern und anderen im Freien lebenden Völkern eine heilige Richtung.

### Worte und Gedanken über die Natur

Dieses fließende Wasser!
Dieses fließende Wasser!
    Mein Geist wandert darüber hin.
Dieses breite Wasser!
Dieses breite Wasser!
    Mein Geist wandert darüber hin.
Dieses uralte Wasser!
Dieses fließende Wasser!
    Mein Geist wandert darüber hin.

Navajolied vom Uralten Fluß

Lieder wie dieses sind von Generation zu Generation überliefert worden. Sie sprechen vom Grundgefühl eines Lebens in Einklang mit der Natur, wie es die Indianer früherer Zeiten lebten. Sie haben kein Schrifttum entwickelt, worin ihre Vergangenheit aufgezeichnet ist. Sie überlieferten alles in Liedern, Tänzen und erzählten Legenden, mit denen jedes Stammesmitglied aufwuchs und die es auf seine persönliche Weise kennen- und verstehen lernte.

Heute steht eine Unmenge von Literatur zu unserer Verfügung. Viel davon dient nur der Unterhaltung, vieles zur Belehrung, und manches enthält Worte der Weisheit. Viele Publikationen enthalten wenig, was man im täglichen Leben gebrauchen kann. Wer aufmerksam sucht, kann jedoch manches finden, was ihm Kraft gibt, denn die Weisen vieler Kulturen haben uns ihr Wissen hinterlassen. Wir sollen aus diesem Wissen lernen und es anwenden. Ihre Worte sind für unsere Ohren bestimmt.

Großvater:
    Eine Stimme werde ich aussenden!
Höre mich
Im ganzen Universum:
    Eine Stimme werde ich aussenden!
Höre mich,
Großvater:
    Ich werde leben!
Ich habe gesprochen.
                  Eröffnungsgebet der Sioux für den Sonnentanz

Der Gedanke, daß alles, was wir tun, eine Reaktion auslöst, kann erschreckend sein. Und jede Reaktion hallt vielleicht unmerklich für unvorstellbare Zeit im Universum wider. Was wäre, wenn jeder einmal anhielte und sich klarmachte, daß er mit allem, was er sagt oder tut, beständig Reaktionen auslöst? Das menschliche Bewußtsein könnte dann zu einem geeinten Ganzen werden und uns alle zu einer großen menschlichen Familie machen. Zumindest würden wir dann weniger Gefahr laufen, unserer Welt und anderen Menschen Schaden zuzufügen.

Hört meine Stimme, ihr mächtigen Berge,
Hört meine Stimme, ihr grünen Wälder,
Hört, ihr klaren, rauschenden Flüsse:
Ihr seid das Herrlichste, was ich gesehen.
Hört mich, ihr Narren und Machtanbeter,
Hört die Weisheit der Alten,
Ihr, die ihr im Silberturm lebt
Und euer Knie dem Golde beugt.
Ihr wißt nicht, was wahren Wert besitzt,
Ihr seid wie kleine Kinder,

Denn um eure nichtige Gier zu stillen,
Besudelt ihr die Welt.
Werft dieses törichte Leben ab,
Bringt euer Denken zurück auf den Boden,
Laßt die Schuppen von euren Augen fallen,
Und ihr werdet sehen, was das Leben wert ist.
Was wahren Wert hat,
Ist für jedermann da.
Lies die ersten Zeilen noch einmal, Freund,
Das wird deinem Leben mehr Freude geben.

> Richard Sings Alone, Huronsee

Es wäre töricht zu sagen, jeder solle seine Werkzeuge weglegen und die Maschinen verlassen und wieder in die Wildnis gehen. Das war vor ein paar Jahren das romantische Ideal vieler Menschen. Wir müssen unsere Welt *innerhalb* der modernen Gesellschaft verbessern – indem wir unsere Verbindung zur Natur festigen und unseren Lebensstil so weit wie möglich vereinfachen. Die Auswirkungen solcher freiwilligen sozialen Veränderungen sind unbekannt, und die Menschen fürchten das Unbekannte. Wir sprechen zwar über den Wandel, aber wenige machen wirklich Ernst damit.

Die Alten sagen: Nur die Erde dauert.
Ihr sprecht wahr. Ihr habt recht.

> Lied der Sioux zur Überwindung der Angst

Immer mehr Menschen unserer modernen Gesellschaft spüren, daß der Fort-Schritt weg von der Natur jetzt weit genug gegangen ist. Damit setzt die Rückbesinnung auf unsere Beziehung zur Natur ein, und immer mehr Menschen wollen zelten oder segeln oder einfach ihre Kleider ausziehen und in der Sonne liegen. Bei manchen äußert sich dieses Bedürfnis auch in dem Wunsch nach einem Garten. Das ist ein sinnvoller Schritt zu einem Leben in Einklang mit der Natur, gleichgültig, ob dieser Garten auf dem Land oder in der Stadt liegt oder gar auf dem Dach eines Hauses. Erde, die durch die Finger rieselt, und die Wärme des Sonnenlichts – das sind Grundempfindungen des Lebens. Im Garten kommt dazu noch das Vergnügen, die eigene Nahrung wachsen zu sehen.

Fußstapfen mache ich! Mit begieriger Eile gehe ich zu meinem Feld.
Fußstapfen mache ich! Unter raschelnden Blättern stehe ich.
Fußstapfen mache ich! Ich stehe in freudigem Stolz.
Fußstapfen mache ich! Ich eile heim mit einer Last von Freude.
Fußstapfen mache ich! In meinem Heim ist Freude und Wonne.
Fußstapfen mache ich! Ich stehe in einem Tag voller Zufriedenheit.

Maiserntelied der Osage

Die meisten Menschen stimmen heute darin überein, daß man der Natur so viel geben sollte, wie man nimmt – oder sogar noch mehr, um das gestörte Gleichgewicht wiederherzustellen. Nur wenige Menschen sind anderer Ansicht, und sie sähen es gern, wenn wir übrigen gar nicht darüber nachdächten. Leider haben diese Wenigen sehr viel mehr Einfluß auf die ganze Sache als alle anderen zusammen. Gegen diesen Einfluß hat sich in den letzten Jahren ein wachsender und fast weltweiter Widerstand gebildet, der sich manchmal zu mild äußert, manchmal aber auch so radikal, daß es die meisten von uns nur erschreckte, natürlich auch die Herrschenden, denen es ganz gut tut, erschreckt zu werden. Wir haben alle aus dieser weltweiten gesellschaftlichen Revolution gelernt. Diese Gedanken scheinen einfach in uns zu wachsen, und wir dürfen nicht aufgeben. Wir müssen uns weiterhin bemühen, den wenigen Mächtigen die Gewalt über die Natur zu entwinden und sie zum Wohl aller an die vielen zu übergeben.

Mir fällt dazu ein trauriges Beispiel ein, das beweist, daß es heute nicht mehr genügt, sich einen sicheren Platz in der freien Natur zu suchen und der Zivilisation einfach aus dem Weg zu gehen. Die Geschichte erzählt vom Schicksal einiger Familien des Navajostammes, der in den Wüstengegenden im Südwesten der Vereinigten Staaten lebt. In abgelegenen Teilen des riesigen Reservats versuchten einige Familien, ihren einfachen überlieferten Lebensstil beizubehalten. Straßen und Städte waren weit weg, und selbst eine Reise zu dem alten Handelsposten wurde zu einem richtigen Abenteuer. Sie versorgten sich deshalb so gut es ging mit allem Notwendigen selbst. Das war das Leben, das sie ihre Kinder lehrten.

Im täglichen Leben zurechtzukommen und zufrieden zu sein war diesen Menschen das wichtigste. Sie bauten ihre einfachen, nur aus einem Raum bestehenden Häuser aus Baumstämmen und Erde. Sie hielten Schafe und Ziegen und hatten genug Wolle, Fleisch, Milch und Leder. Die Kinder lernten jeden Tag, wie man mit all diesen Dingen umgeht. Von ihren Großeltern hörten sie die alten Lieder und Legenden.

Aber natürlich gab es andere Menschen, denen diese Art zu leben ein Dorn im Auge war. Die Kinder brauchten eine moderne Erziehung und fanden sie. Gegen das Naturgesetz, daß Eltern ihre Kinder aufziehen sollen, stellten sie ihre eigenen Gesetze und ließen den Eltern die Kinder wegnehmen. Sie flogen mit Hubschraubern zu den abgelegenen Häusern, und die wehrlosen Eltern mußten hilflos zusehen.

Manche dieser Kinder starben bald an Krankheiten, die es bei ihrem Stamm nicht gegeben hatte. Andere wurden kränklich und schwach vor Schmerz und Einsamkeit. Manche gaben sich Mühe, in der neuen Umgebung zurechtzukommen. Die meisten endeten schließlich beim Alkohol und anderen Mitteln, mit denen sie die Verwirrung, in der zu leben sie gezwungen waren, betäubten. Nicht eines dieser Kinder fand das einfache Glück wieder, das es in seinem früheren Leben erfahren hatte.

Zweiter Teil:

# Die indianische Tradition

# Geschichten und Legenden am Lagerfeuer

Die modernen Formen der Unterhaltung mögen auch Spaß machen und einen gewissen Wert haben, aber sie können nicht jene direkte Kommunikation ersetzen, die das Erzählen von Geschichten mit sich bringt.

Die Indianer waren besonders gute Geschichtenerzähler. In ihrem Leben gab es nicht einmal die geschriebene Sprache, in der sie ihre Geschichten hätten fixieren können. Die einzige Art, ihre Überlieferung weiterzugeben, war das mündliche Erzählen. Es gab besondere Geschichten von Männern für Männer und andere für die Frauen. Da die Männer oft auf der Jagd waren und die Frauen mit dem Haushalt zu tun hatten, hörten die Kinder die Geschichten von den Älteren.

Die Geschichten auf den folgenden Seiten sind nur eine kleine Auswahl, die in dir vielleicht den Wunsch weckt, mehr über dieses natürliche Leben zu erfahren, von dem sie erzählen. Unzählige Bände ließen sich mit all den Geschichten und Legenden der Indianer füllen – ganz zu schweigen von den Überlieferungen anderer Naturvölker auf der ganzen Welt.

Viele indianische Geschichten sind heute niedergeschrieben – zum Glück, denn die einzigen, die sie noch erzählen konnten, sind längst gestorben. Andere Geschichten sind noch lebendig und werden auch heute noch erzählt.

Also, leg noch einen Scheit in deinen Ofen, lösch alles Licht bis auf deine Leselampe und laß deine Familie näherrücken. Lest euch diese Geschichten laut vor und erzählt euch andere und beobachtet, wie es euch einander näher bringt.

## Die Geschichte von Ishi, dem letzten wilden Indianer

Es wird dich vielleicht überraschen, daß der letzte wilde Indianer Nordamerikas sein vollkommen naturverbundenes Leben erst 1911 aufgab. Er war der letzte amerikanische «Steinzeitmensch». Als er vierzig war, hielt er die Einsamkeit nicht mehr aus und ging in eine große Stadt in Kalifornien. Er ließ die Pfade seiner Vorfahren hinter sich, lernte Schuhe zu tragen und mit Messer und Gabel zu essen. Er erzählte alles, was er wußte, damit es aufgezeichnet werden konnte. Leider verkraftete sein Körper das neue Leben nicht, und er starb schon wenige Jahre später.

«Er betrachtete uns alle als große Kinder – schlau, aber nicht weise.» Das war der Eindruck, den der letzte wilde Indianer von seinen Freunden und Nachbarn gewonnen hatte, nachdem er eine Weile unter ihnen gelebt hatte. Unter seinen Freunden war ein Anthropologe, der sich jahrelang bemühte, Ishi in ein Leben einzuführen, von dem er nichts wußte. Zugleich notierte er die Reaktionen des wilden Mannes und schrieb die Geschichten auf, die er zu erzählen wußte.

Jahre bevor Ishi die Wildnis verließ, um das Jahr 1900, war eine abgelegene Gegend in Nordkalifornien seine Heimat. Er war einer von fünf Überlebenden eines Stammes, der viele Jahre lang erbarmungslos von den neuen Einwanderern gehetzt wurde und zudem in blutige Fehden mit einem anderen Stamm verwickelt war.

Außer Ishi überlebten nur seine alte Mutter, seine jüngere Schwester und zwei andere Männer, ein alter und ein junger. Zusammen lebten sie auf einem unzugänglichen Sims in einem abgelegenen Canyon. Hier, so hofften sie, würde das übrige, schnell wachsende Kalifornien keine Notiz von ihnen nehmen. Der Canyon lag in einer ganz unwegsamen Gegend am Deer Creek. Hier fanden sie frisches Wasser und genügend Fische. Im Canyon gab es Hirsche und Kaninchen, die sie jagten oder in Fallen fingen. Verschiedene Pflanzen versorgten sie mit Wurzeln und Beeren, mit Heilmitteln und anderen nützlichen

Dingen. Ihre Grundnahrung waren Eicheln, die es dort überreichlich gab.

Sie waren nicht die ersten, die auf diesem versteckten Felsensims lebten. Es gab dort eine Höhle, in der einmal ein großer Grislybär gewohnt hatte. Auch der Grisly wurde von der Woge der Einwanderer fortgespült. Ishi und seine Leute nannten ihre Heimat nach dem früheren Monarchen: «Wowonupo Mu Tetna» oder «Versteck des Grislybären».

Um die Jahrhundertwende wurden selbst abgelegene Gebiete wie Deer Creek schon von Prospektoren, Ranchern und anderen nach erschließbaren Rohstoffquellen abgesucht. Dennoch gelang es der kleinen Gruppe, zehn Jahre lang praktisch unbemerkt zu bleiben.

Das Felsensims, auf dem sie wohnten, lag über 150 Meter hoch in der fast senkrechten Felswand über dem Deer Creek. Sie benutzten den alten Bärenpfad, um herauf- und hinunterzusteigen. Unten mündete der Weg in eine Furt, an der man das Wasser leicht durchqueren konnte. Am anderen Ufer hatte Ishi eine Stelle, wo er gern saß, um mit seiner selbstgemachten Harpune Lachse und Forellen zu fangen. Ishi versteckte sein Fischgerät gleich da unten, um es nicht immer hin- und hertragen zu müssen.

Auf ihrem Sims wuchsen hohe Bäume. Dahinter erhob sich die Felswand noch einmal sechzig Meter bis zum oberen Rand des Canyon. Das kleine Dorf war von dichtem Gestrüpp umwuchert. Es hieß, man hätte wenige Meter am Dorf vorbeigehen können, ohne irgend etwas zu bemerken. Diese Menschen waren aufgewachsen in dem Wissen, das sie sich lautlos bewegen mußten – Kinder eines gejagten Volkes. Ihre wenigen Pfade waren schmal und wurden nur barfüßig begangen.

Wenn man vom Creek heraufkam, ging man zwischen zwei hohen Fichten hindurch, bevor man ins Dorf kam. Im Schatten eines dieser Bäume hatten sie ein Loch von gut einem Meter Tiefe und einem Meter Breite gegraben. Im Winter füllten sie es mit Schnee als Wasserspeicher, damit sie nicht so oft den gefährlichen Weg hinunter zum Creek machen mußten.

An diesem Wasserspeicher gabelte sich der Weg. Von hier aus führte ein kurzer Weg zu einer Blockhütte mit A-förmigem Grundriß, die so mit Ästen und Zweigen bedeckt war, daß man sie von weitem für einen Baum halten konnte. Der größte Teil dieser Hütte wurde benutzt, um Nahrungsmittel zu lagern und Geräte aufzubewahren.

Der längere Weg führte zu drei weiteren Hütten. Die erste war aus Treibholz gebaut und mit alter Zeltleinwand bedeckt, die die Indianer bei einer Siedlung der Weißen stibitzt hatten. Hier wurden Hirschfleisch und Forellen gedörrt und geräuchert. Das Tuchdach war dunkelbraun vom Rauch. Daneben stand die Kochhütte, in deren Boden sie ein Loch für die Feuerstelle gegraben hatten. Diese Hütte war mit Zweigen gedeckt, die den Rauch von der Feuerstelle so verteilten, daß er von weitem nicht gesehen werden konnte. Die Feuerstelle in der Mitte des Raums war von Kochsteinen, Mahlsteinen, Körben und verschiedenen Kochlöffeln umgeben.

Von hier aus führte der Weg zur rückwärtigen Wand des Felsensimses und endete bei der alten Bärenhöhle. In den Höhleneingang hatten die Indianer eine Blockhütte mit A-förmigem Grundriß hineingebaut. Die Balken waren sauber verfugt und das Ganze dicht mit Zweigen abgedeckt. Innen blieb es immer warm und trocken, auch wenn es draußen stürmte. Hier hatten sie ihre Decken aus Kaninchen- und Hirschfellen und ihre Umhänge aus Waschbären- und Bärenfell.

In der Nähe dieser Schlafhütte hatte Ishi einen geschützten, schattigen Platz, an dem er gern arbeitete. Hier schlug er Pfeil- und Speerspitzen zurecht. Die Steinsplitter, die man von seiner Arbeit in zehn Jahren dort fand, füllten einen großen Korb. Ein Stück weit flußabwärts war die Stelle, die sie als Toilette benutzten.

Man sollte annehmen, daß ein solches Versteck in der Wildnis in jenen Pioniertagen unbemerkt blieb – vielleicht sogar heute unbemerkt bleiben würde. Aber eines Tages fanden die Siedler die Wilden doch.

Einige Farmer und Rancher, die ein paar Kilometer flußabwärts wohnten, kamen irgendwann auf die Idee, einen Damm
über den Deer Creek zu bauen, um das Wasser zu regulieren.
Eine Gruppe von Landvermessern sollte sich zunächst den
Canyon ansehen. Eines Morgens marschierte diese Gruppe
unversehens mitten in das kleine Dorf. Die Landvermesser
waren weit mehr überrascht als die Wilden, die ihr Kommen
natürlich gehört hatten. Sie verschwanden im dichten Gestrüpp
wie eine Handvoll Moorhühner, kaum daß man ihrer ansichtig
geworden war. Die Vorräte und kümmerlichen Besitztümer der
Indianer wurden davongeschleppt wie Trophäen.

Ishi und seine Leute verloren praktisch alle Gerätschaften,
die sie brauchten, um in der Wildnis überleben zu können.
Aber was das schlimmste war, sie verloren einander. Ishis
Schwester verschwand mit dem alten Mann, und niemand hat je
wieder etwas von ihnen gehört. Der junge Mann war schon
einige Zeit zuvor gestorben. Ishi ging zurück zu seinem Dorf
und brachte seine alte Mutter in Sicherheit, doch sie hielt dieses
Leben in völliger Schutzlosigkeit nicht mehr lange aus und
starb bald. Ishi war allein, der letzte Wilde.

In den nächsten beiden Jahren sah ihn niemand, und niemand wußte, ob er noch lebte. Er mied sein Dorf, als sei es
vergiftet. Allerdings fand er sein Fischgerät und einige andere
Dinge unten am Creek wieder. Er holte sich das Tuchdach von
der Räucherhütte und machte sich einen Mantel daraus. Er war
nicht sehr warm, aber der Rauch hatte ihn wenigstens wasserdicht gemacht. Er schlug sich weiterhin ganz gut durch, aber er
konnte sein Leben mit niemandem mehr teilen, und das über-
stieg seine Kräfte.

Seine innere Stimme sagte ihm schließlich, er müsse seine
Heimat verlassen, um der modernen Welt zu begegnen – anstatt
darauf zu warten, daß sie ihn da draußen fand. Etwas trieb ihn,
den Geist seines wilden Lebens und sein Wissen weiterzugeben.

Ishi wanderte im Sommer des Jahres 1911 in die Stadt
Oroville in Kalifornien. Der Sheriff wußte nicht, was er mit

diesem wild aussehenden Mann anfangen sollte, der keine der Sprachen, mit denen man ihn anzureden versuchte, sprach oder verstand. Ishi stand nur da und zitterte in Erwartung des Schlimmsten. In der Stadt wohnten Weiße, Mexikaner und Indianer, und alle drängten sich neugierig um Ishi. Aus Sicherheitsgründen sperrte der Sheriff Ishi ein.

Ishi machte bald auf der ganzen Welt Schlagzeilen. Von weither kamen die Menschen nach Oroville, um den wilden Mann zu sehen. Manche waren nur neugierig, andere wollten sehen, ob sich Ishi irgendwie kommerziell verwerten ließ. Einige Zoos und Zirkusse wollten ihn als Hauptattraktion.

Schließlich kam ein Anthropologe namens Waterman, der die Lebensweise der Ureinwohner von Ishis Land erforschte. Waterman las ein paar Worte von einem Stück Papier ab, und Ishi verstand sie. Sie freundeten sich sehr schnell an.

Waterman hatte einen alten Indianer namens Batwi mitgebracht. Er sollte versuchen, mit Ishi zu sprechen, und es stellte sich heraus, daß die Sprachen der beiden sich so ähnlich waren, daß man sich verständigen konnte. Batwi sprach auch gut englisch und war fortan der Dolmetscher. Waterman trug ihm auf, Ishi zu fragen, was er am liebsten möchte: in sein eigenes Land zurückgehen; sich einem Nachbarstamm im Reservat anschließen; oder mit seinem neuen Freund Waterman in die große Stadt gehen.

Ishi konnte kaum glauben, daß er tatsächlich selbst wählen durfte. Eher hatte er damit gerechnet, daß die Leute ihn umbringen würden. Er sagte, in seinem eigenen Land sei nichts mehr, wohin er zurückkehren könne. Er fürchtete die Cleverness der Weißen, aber sie faszinierte ihn auch. Er verabscheute die Reservatsindianer, weil sie ein Nichts waren – sie hatten ihr wahres Leben in der Natur aufgegeben, aber kaum etwas von den neuen Menschen gelernt. Wenn er schon sein wahres Leben in der Natur aufgab, so sagte er, dann wollte er auch bis zum Gegenteil gehen und sich die Cleverness aneignen, die er immer gefürchtet hatte. Er ging mit Waterman nach San Francisco.

Die Geschichte von Ishi ist sehr bewegend. Ich habe seinen Canyon nie gesehen, war aber nahe genug, um ihn mir vorstellen zu können. Manche sind hingegangen, um seinen Geist zu finden. Andere gehen zu seiner letzten Heimat, die er auf dem Campus der Universität von Berkeley, Kalifornien, bekam. Hier gibt es eine «Ishi-Sammlung», in der sich auch viele der Gegenstände finden, die damals aus seinem kleinen Dorf im Canyon geschleppt wurden. Ich bin immer tief bewegt, wenn ich solche Dinge sehe und dann spüre, was sie repräsentieren.

In der Geschichte seines Lebens wird erzählt, wie er sich dem Leben an einer Universität anpaßte. Zum Entzücken seiner vielen Freunde und Besucher zeigte er immer wieder, wie er Bogen und Pfeile und primitive Werkzeuge herstellte. Und sie zeigten ihm wiederum, wie man Anzug und Krawatte trägt, auf einem Herd kocht und einkauft. Schließlich trug er sogar Schuhe und lernte mit dem Bus und der Bahn zu fahren.

Dann ließ er sich eines Tages überreden, seine Anthropologenfreunde in seine Heimat zu führen und ihnen zu zeigen, wo und wie er gelebt hatte. Er zögerte lange, und als er dann im Canyon stand, überwältigten ihn seine Gefühle. Er war sehr erleichtert, als man sich wieder auf den Rückweg in die Stadt machte. Der Anthropologe A. L. Kroeber, der Ishi gut kannte, sagte über ihn:

«Er war der geduldigste Mensch, den ich je kennenlernte. Er lebte die Philosophie der Geduld, ohne daß eine Spur von Selbstmitleid oder Bitterkeit seine fröhliche Unbeirrbarkeit hätte trüben können.»*

### Ein Besuch bei den Hopi

«Hopi» bedeutet «friedliches Volk». Solange die Hopi ihre Wüstenheimat bewohnten, haben sie praktisch in Frieden

* In allen Einzelheiten ist Ishis Leben dargestellt in: Theodora Kroeber: *Ishi – Last of his Tribe*, Berkeley, Calif., (Parnassus) 1964; New York (Bantam) 1973.

gelebt, und das ist eine lange Zeit, denn Wissenschaftler haben bestätigt, daß ihre Pueblos an die tausend Jahre alt sind. Nach der Überlieferung der Hopi entstanden die Dörfer, nachdem die ersten Hopi auf die Erde gekommen waren, die – wie die Legende sagt – zuvor unter der Erdoberfläche gelebt hatten.

Die Hopi sollen der einzige Stamm sein, der nie den «weißen Mann» angegriffen hat. Vielleicht wurden sie deshalb von der neuen Zivilisation weniger beeinflußt als andere Stämme. Viele Hopi leben heute noch weitgehend im Geist ihrer Vorväter – selbst wenn sie sich nach außen hin in vielem der modernen Zeit angepaßt haben.

Jeder, der die uralten Dörfer der Hopi betritt, spürt die mystische Kraft, die hier lebt. Diese Dörfer sind die Monumente eines Volkes, das trotz ungeheuren Drucks von außen überlebt hat. Wegen ihrer langen friedfertigen Geschichte waren die Hopi für die Friedenssucher der sechziger Jahre Symbolgestalten einer kommenden «New-Age-Zivilisation». Galten die Hopi einem Teil der Gesellschaft nur als arme, heruntergekommene Rasse, so blickten andere, vom modernen Amerika enttäuschte Menschen mit Bewunderung und Neid auf ihr spirituelles Erbe.

Heute leben etwa 10 000 Hopi in Amerika, viele davon fern von ihrem Reservat in den Städten. Ihnen allen scheint es innere Kraft und Wärme zu geben, wenn sie an ihre uralten Dörfer denken, die sich hoch über der endlosen Wüstenebene im Südwesten der Vereinigten Staaten auf drei schmale Mesas verteilen.

Auch von den Reservatsbewohnern wohnen nur noch wenige in den alten Gebäuden. Deren Erdmauern, die niemand mehr ausbessert, stürzen unter der Last ihres Alters ein. Manche alten Hütten werden aber nach wie vor benutzt, und die Menschen, die hier leben, können ihre Vorfahren viele Generationen zurück aufzählen, und all diese Menschen sind in eben diesen Mauern geboren und gestorben.

Die Mesas der Hopi sieht man schon von weitem. Es scheint ein sehr unwirtliches Land zu sein – nicht gerade der Ort, wo man die älteste ständig bewohnte Siedlung Amerikas vermutet. Doch gerade der abweisende Charakter dieses Landes scheint den Hopi einen so starken Glauben an ihre alte spirituelle Lebensweise gegeben zu haben.

Endlos weit ist die Welt rund um die Hütten der Hopi. Nirgendwo sieht man Bäume oder Anzeichen von Wasser. Für den Hopi ist überall Wüste, und lange Zeit war die Wüste ihm die ganze Welt. Noch heute erscheint den Hopi alles in ihrer Umgebung von mystischer und spiritueller Kraft durchdrungen. Wie sonst sollte irgendein Wesen in diesem wüsten Land überleben? Geheimnisvolle Kräfte haben kleine Wasserlöcher in der wegelosen Einöde entstehen lassen. Dort kann man in halbversteckten Rinnen zwischen den kahlen Plateaus sogar Obstbäume pflanzen und kleine Gemüsegärten anlegen. Und dieselben Kräfte haben die kleinen, bröckligen Lehmkatakomben in den sonnendurchglühten Mesas gestützt, seit sie von den mutigen Vorfahren gebaut wurden.

Die Grundnahrungsmittel der Hopi sind Mais, eine Kürbisart, Bohnen, Pfirsiche, Melonen und Sonnenblumen, und sie bauen sie unter größten Schwierigkeiten selbst an. Außerdem sind sie für ihre Webarbeiten berühmt, die sie bei anderen Indianern gegen Lebensmittel eintauschen, wenn der Ertrag ihrer Felder mal nicht ausreicht.

Die meisten Tage sind im Hopiland heiße Sonnentage, vor allem während der Vegetationszeit. Die Hopi beten sehr inbrünstig um das bißchen Regen, das ab und zu kommt. Und wenn es regnet, dann oft so heftig, daß die Saaten und jungen Pflanzen weggespült werden. Manchmal wird der Regen zu Hagel, der kurz vor der Ernte noch alles zerstört. An trockenen Tagen werden die Pflanzen oft von heftigen Stürmen entwurzelt oder unter knietiefem Sand begraben. Unkraut gedeiht hier prächtig; es verbraucht die kostbare Feuchtigkeit und erdrückt die Kulturpflanzen. Überleben die Pflanzen die Launen des Wetters, so müssen die Hopi sie immer noch mit Insekten und anderen Tieren teilen, die sich genauso verzweifelt wie die Menschen auf alles Eßbare stürzen.

Unter vielen Gebeten beginnen die Hopi im April mit der Aussaat. Zuckermais macht den Anfang. Mäuse, Ratten und Würmer finden meist leicht ihren Weg durch die schlichten Schutzzäune, und es ist nicht ungewöhnlich, daß ein ganzes Feld neu angesät werden muß. Zum Schutz gegen den Wind werden kleine Schirme aus Zweigen und Gestrüpp vor den jungen Pflanzen aufgestellt. Heute nimmt man gern alte Konservendosen, von denen Deckel und Boden entfernt wurden; das schützt die Pflanzen gleichzeitig vor Wind und Mäusefraß.

Da Wasser so knapp ist, müssen die Hopi sich mit der Aussaat ganz nach dem Wetter richten. Sie halten Zeremonien ab, in denen sie um Regen und gute Ernten bitten. Mais steht überall im Mittelpunkt, bei der Ernährung und in den Zeremonien. Manche Hopi benutzen heute noch den traditionellen angespitzten Holzpflock, mit dem sie die Löcher für die Saatkörner stechen. Für den Mais werden diese Löcher fünfzehn bis zwanzig Zentimeter tief und in ziemlich weitem Abstand gestochen. In jedes Loch kommen fünfzehn bis zwanzig Körner.

Später sind dann die kleinen Büschel von Maispflanzen leichter zu schützen und feucht zu halten, als wenn die Pflanzen einzeln stünden. Die Aussaat geschieht meist gemeinschaftlich. Später versorgt jede Familie ihre eigenen Felder. Die jungen Pflanzen werden gedüngt – dazu nimmt man eine überlieferte Mixtur aus getrockneten Wurzeln, Jauche und zerriebenen Teilen von Tieren. Diese Flüssigkeit wird sorgsam über die Pflanzen gesprüht.

Die Pflanzen werden in den Wüstengärten mit langen Stäben markiert, weil der Sandsturm sie regelmäßig zuweht. Um die Stiele wird Erde angehäuft und festgeklopft, um die Würmer von den Wurzeln fernzuhalten. In Gebeten rufen die Hopi die «Maismädchen-Geister» dazu auf, ihre Feldfrüchte zu schützen. Um diese mystischen Helfer nicht zu verärgern, dürfen Mann und Frau niemals im Maisfeld miteinander schlafen.

Der reife Mais wird geerntet und in die Häuser gebracht. Dort entfernt man die Hülsen und legt die Kolben zum Trocknen auf die flachen Dächer. Später werden sie drinnen in

Holzkästen gelagert. Die Hopi versuchen stets einen so großen Vorrat an Mais zu halten, daß sie notfalls auch einen vollkommenen Ausfall der nächsten Ernte überstehen können.

Die Familiengärten liegen oft meilenweit von den Dörfern entfernt. Das dauernde Hin- und Herlaufen, so heißt es, macht die Hopi zäh und ausdauernd. Zu Beginn der Saatzeit werden außer Mais auch Bohnen, Melonen und Kürbisse gesät. Einige Wochen später folgen andere Melonen- und Bohnenarten. Für die Melonen werden im Abstand von etwa fünf Schritten kleine Hügel aus sandiger Erde geformt. Etwa Mitte Juni geht die traditionelle Saatzeit mit einer letzten Aussaat von Mais zu Ende. Heute werden natürlich auch andere Gemüse angebaut, doch der Mais steht nach wie vor im Mittelpunkt.

Der getrocknete Mais wird je nach Bedarf zu Mehl von unterschiedlicher Feinheit zerstoßen. Daraus stellen sie Maisbrei, Maisbrot und ein dünnes, knuspriges Gebäck namens Piki her. Die Maishülsen werden gebraucht, um bestimmte Speisen darin einzuwickeln und zu kochen. Die Stiele schneidet man klein und verfüttert sie an die Tiere.

Die vielen spirituellen Tänze und Zeremonien der Hopi gelten der Fruchtbarkeit der Erde und der lebenspendenden Kraft von Sonne und Regen. Eingeschlossen sind auch alle anderen Wesen, die diese Geschenke mit den Hopi teilen, die Vögel, Säugetiere, Schlangen und alles, was zur Natur gehört.

Dieses zeremonielle Leben macht auch heute noch die Lebendigkeit der alten Dörfer aus – sie sind die Bühne, auf der sich eine Vielzahl religiöser Dramen abspielt. In den unterirdischen heiligen Kammern, den Kivas, und oben auf der Plaza spürt man die dichte spirituelle Atmosphäre, die von Abertausenden dieser heiligen Zeremonien geschaffen wurde. Immer noch singen die Hopi die Lieder und sprechen die Gebete, die ihr mystisches Lebensgefühl widerspiegeln.

Dennoch kann man die Hopi heute nicht mehr als einen geschlossenen Stamm friedfertiger und einem gemeinsamen Lebensstil folgender Menschen bezeichnen. Wie bei anderen Stämmen wird die Jugend seit Generationen gezwungen, öffentliche oder Missionsschulen zu besuchen, in denen sie das Gegenteil von ihrer alten Lebensweise lernen müssen. Oft kehren sie dann mit wirren Gedanken über das Leben in ihre Dörfer zurück. Manche entscheiden sich für den modernen Lebensstil und geraten in Konflikt mit den traditionell ausgerichteten Stammesmitgliedern.

Vertieft wird diese innere Spaltung dadurch, daß die Regierung sich bei Diskussionen über juristische und politische Themen, die den Stamm betreffen, meist an die modernen Hopi wendet, weil sie viel leichter von der Notwendigkeit moderner Methoden zu überzeugen sind. So konnte sogar ein modernes Wahlsystem durchgesetzt werden, das dem traditionellen System gänzlich widerspricht. Die traditionell eingestellten Hopi sagen, nur die in der überlieferten Form gewählten Führer könnten Entscheidungen über die Angelegenheiten des Stammes fällen. Andere zucken darüber nur die Schultern und unterschreiben bereitwillig Dokumente, die tiefgreifende Veränderungen im Leben der Menschen nach sich ziehen.

Die meisten Bewohner des Reservats wohnen heute nicht mehr in den alten Dörfern, sondern in moderneren Wohnungen mit Elektrizität. Sie besitzen auch Autos und leben ein ähnlich zerrissenes Leben wie andere in der heutigen Zivilisation. Wichtige Teile des Stammesgebietes, selbst heilige Orte, sind für die Rohstoffsuche freigegeben worden und werden durchwühlt und zerstört.

Doch die traditionellen Hopi haben schon immer vorausgesagt, daß diese Prüfungen über das Reich der Natur kommen würden. Seit urdenklichen Zeiten bewahren sie Prophezeiungen, die sich bemerkenswert genau mit historischen Ereignissen decken, zum Beispiel den beiden Weltkriegen. Diese Prophezeiungen sind in symbolischer Darstellung auf uralten Steintafeln festgehalten, die sich noch heute in den Händen der traditionellen Führer befinden.

Unter diesen traditionellen Führern befinden sich zwei Männer, die oft weite Reisen antreten, um über den Hintergrund der alten Prophezeiungen zu sprechen. Einer von ihnen ist

Thomas Banyacyen, ein kleiner älterer Mann aus dem verhältnismäßig jungen Dorf Hotevilla. Auf der Schule zum Sprachunterricht gezwungen, spricht er heute fließend Englisch. Er hat öfter bei internationalen Konferenzen gesprochen oder vor Vertretern der Vereinten Nationen. Er ist überzeugt, daß eine «Reinigung» der Welt bevorsteht – das heißt eine weitere Reinigung, denn die Prophezeiungen der Hopi stammen noch von der letzten Reinigung, bei der ihre Vorväter zur Erdoberfläche zogen, nachdem sie zuvor an einem mystischen unterirdischen Ort gelebt hatten.

Mit ihm reiste oft ein weiser alter Mann namens David Monongye – ein bei allen beliebter religiöser Führer, der über hundert Jahre alt sein soll. Dieser zartgliedrige alte Mann trägt stets Ledermokassins und ein Kopfband, das sein langes weißes Haar zurückhält. Spirituelle Sucher aller Rassen haben ihn aufgesucht und nennen ihn liebevoll «Großvater David».

Wo immer sie sind, drängen diese beiden weisen Männer ihre Zuhörer, sich durch Läuterung ihres eigenen Lebens auf die kommende große Reinigung vorzubereiten. Sie rufen alle Menschen zu Achtung und Verständnis auf – für alle anderen Menschen und für die Erde. Die Prophezeiungen drehen sich vor allem um die Zerstörung der Erde und der Natur, wie wir sie heute überall verfolgen können. Da der Geist eines Lebens in Einklang mit der Natur bei den traditionellen Hopi heute noch lebendig ist, sind sie für viele Zuhörer besonders glaubwürdige Sprecher, deren Worte oft einen sehr machtvollen Einfluß ausüben.

Die Hopi sagen, das Universum existiere in einem sehr fein abgestimmten und daher leicht zu zerstörenden Gleichgewichtszustand. Was die Menschen tun, beeinflußt dieses kosmische Gleichgewicht. Das Tun der Menschen, so sagen die Prophezeiungen, wird die Harmonie des Kosmos immer stärker beeinträchtigen, und dann wird die nächste Reinigung kommen. Nur wer bis dahin eine harmonische Beziehung zur Erde und den Kräften der Natur hergestellt hat, wird überleben können.

Die Lage spitzt sich entscheidend zu, sobald die Menschen anfangen, «den Mond und die Sterne zu stören». Man muß sich vor Augen halten, daß dies schon lange vor Anbruch des Raumfahrtzeitalters gesagt wurde. Alle Warnungen der Hopi laufen darauf hinaus, daß der Mensch sich selbst und die Natur durch seine Gier und Überheblichkeit zerstört.

Die Sprecher der Hopi sagen, es sei ihnen nicht mitgeteilt worden, von wo diese Reinigung ausgehen würde. Angekündigt würde sie jedenfalls durch «zwei große Erschütterungen der Welt». Das, so sagen sie, seien die beiden Weltkriege gewesen.

Als nächstes wird die Reinigung selbst kommen. Und wenn es soweit ist, wird alles sehr schnell gehen, wie eine weltweite Katastrophe. Alle Probleme der heutigen Welt sind nichts als Warnungen vor dem bevorstehenden Hauptereignis. Die Hopi sagen, dieses Ereignis könne in nur einem Tag eintreten und binnen weniger Tage abgeschlossen sein.

Die traditionellen Hopi behaupten nicht, die einzigen zu sein, die solche prophetischen Informationen besitzen. Alle Menschenrassen, so sagen sie, kommen aus einem geheimnisvollen früheren Leben, aber die meisten haben sich von ihren alten Lehren abgewandt. Selbst viele der heutigen Hopi, so räumen die Älteren ein, glauben nicht mehr an das überlieferte Wissen des Stammes. Eine Zeitlang habe man sich sogar gesorgt, die alten Prophezeiungen könnten verlorengehen; deswegen hätten sie jede Gelegenheit wahrgenommen, um darüber zu sprechen. In den letzten Jahren wenden sich jedoch viele jüngere Hopi wieder den Älteren zu und suchen Rat und Orientierung bei ihnen. Das Datum der kommenden Reinigung ist nicht festgesetzt, und wir können jetzt noch daran arbeiten, ihre Auswirkungen zu mildern. Aber «bald» wird es sein, so viel wissen die Älteren.

Auch die alten Legenden der Hopi drehen sich um ähnliche Themen wie die Prophezeiungen. Die meisten dieser Legenden werden immer noch mündlich von Generation zu Generation weitergegeben. Eine Reihe sehr alter Geschichten sammelte um

die Jahrhundertwende der Missionar H. R. Voth, und er fotografierte einige der heiligsten religiösen Praktiken jener Zeit.*

Voths Aufzeichnungen sind für uns heute sehr aufschlußreich und inspirierend. Es muß aber auch gesagt werden, daß
einige Hopi-Ältere strikt gegen die Aufzeichnung dieser Dinge
waren. Voth ging mit seiner Kamera sogar in die heiligen
unterirdischen Kivas, wo sich eigentlich nur eingeweihte Mitglieder der Gemeinschaft aufhalten durften. Voths Aufnahmen
sollen die einzigen Fotos von Kivas überhaupt sein. Vielleicht
war seine Arbeit für die zornigen Älteren nur ein Teil jener
Ereignisse, die zu den schlechten Zeiten vor der nächsten
Reinigung führen würden.

Die erste dieser uralten Geschichten erzählt von den Wande-
rungen der früheren Hopi in diese jetzige Welt. Erzählt wurde
sie von einem alten Mann namens Yukioma, der einer der
größten religiösen Führer der Hopi gewesen sein soll.

Yukioma beharrte stets darauf, sein Volk solle seiner Überlieferung treu bleiben und sich nicht von anderen, auch nicht von
den europäischen Einwanderern, ablenken lassen. Bei der
Regierung und bei den progressiven Hopi war er deswegen alles
andere als beliebt. Seine unnachgiebige Haltung führte zu
einem inneren Zwist im alten Oraibi, wo er wohnte. Ein Jahr,
nachdem er Reverend Voth die folgende Geschichte erzählt
hatte, ging er deshalb für immer ins Exil.

Yukioma verließ mit seinen Anhängern das alte Oraibi und
gründete ein neues Dorf – Hotevilla –, das bald zum spirituellen Zentrum der überlieferten Lebensweise wurde. Bald darauf
wurde er von Regierungsbeamten eingesperrt; man wollte nicht
länger dulden, daß er die jungen Hopi davon abhielt, sich dem
weißen Amerika anzupassen. Mehrmals wurde er freigelassen
und wieder inhaftiert. Ein Agent des Büros für Indianerangele-
genheiten hielt ihn mehrere Jahre fest, obgleich er ihn als den
«amerikanischen Dalai Lama» betrachtete. Hören wir, was

* 1905 veröffentlichte das Chicago-Field-Museum diese Erzählungen in
einem heute kaum noch aufzutreibenden Buch mit dem Titel *The Traditions
of the Hopi*.

Yukioma über die ganz frühe Zeit seines Volkes auf dieser Erde zu erzählen hat.

## Die Wanderung des Hopi-Volkes
### Erzählt von Yukioma

Vor langer, langer Zeit lebten sie tief unten in der Unterwelt. Zu jener Zeit war dort alles sehr gut. Diese Lebensweise dort unten war gut. Alles war gut, alles gedieh prächtig; es regnete immer, und alles blühte. So war das, aber allmählich wurde es anders. Die Häuptlinge fingen an, Böses zu tun. Da hörte es auf zu regnen, und sie hatten nur noch karge Ernten, und der Wind begann zu wehen. Die Menschen wurden krank. Langsam wurde es so, wie es heute ist, und da fingen auch die übrigen Menschen an, schlecht zu sprechen und schlecht zu handeln. Und dann wurden die, die nicht nur *ein* Herz haben (die Hopi benutzen den Ausdruck «zwei Herzen» für Menschen, die offenbar von bösen Geistern besessen sind), die Zauberer, die sehr böse sind, immer mehr. Die Menschen begannen so zu leben, wie wir jetzt leben, in ständiger Zwietracht. So lebten sie. Keiner hörte mehr zu.

Da wurden die Häuptlinge böse, und sie faßten den Plan, sich am Volk zu rächen. Sie machten sich Gedanken über ihre Flucht. Einmal trafen sich einige Häuptlinge und dachten gemeinsam über diese Sache nach. Sie hatten über sich Geräusche wie Schritte gehört, so als ginge jemand da oben, und darüber dachten sie jetzt nach. Dann sagte der, der die Geräusche gehört hatte, man solle mal nachsehen, und wenn die da oben sie haben wollten, könne man versuchen hinauszugelangen. Die anderen wollten auch, daß man herausfand, was es damit auf sich hatte, und wenn man es ihnen erlaubte, wollten sie auch da oben hingehen. Dann dachten sie darüber nach, wie sie es herausfinden könnten. Sie machten einen Pawaokaya (eine Vogelart), sangen über ihm und brachten ihn so zum Leben. «Wozu braucht ihr mich?» fragte der Vogel. «Nun», sagten die Häuptlinge, «uns geht es hier nicht gut, unsere Herzen sind nicht leicht, und sie stellen uns hier nach, und jetzt habe ich über meine Kinder hier nachgedacht, und wir wollen sehen, ob wir nicht eine andere Möglichkeit zu leben finden können. Da oben scheint jemand zu gehen, und jetzt haben wir uns gedacht, du könntest für uns vielleicht mal nachsehen, was da los ist, und deshalb brauchen wir dich.» – «In Ordnung», sagte der Pawaokaya, «in Ordnung, ich werde rauffliegen und mal nachsehen». Daraufhin pflanzte der Häuptling einen hohen Baum, aber er reichte nicht bis oben hin, denn seine Spitze bog sich nach unten. Da pflanzte er ein Riedgras neben den Baum, und das reichte ganz hinauf. Jetzt sagten sie dem Pawaokaya, er solle hinaufgehen und dem, der oben war, Bescheid sagen, und wenn er zustimmte, dann wollten sie hinaufkommen.

Der Pawaokaya stieg auf, indem er diese beiden Leitern in Kreisen umflog. Als er oben ankam, fand er eine Öffnung, durch die er hinausflog. Dann flog er überall herum, fand aber niemanden und kehrte schließlich zu der Öffnung zurück, um wieder hinunterzufliegen. Er war so erschöpft, daß er vor den Häuptlingen auf die Erde plumpste. Als er wieder zu Atem kam, fragten sie ihn: «Na, was hast du herausgefunden?» – «Ja», sagte er, «ich bin durch eine Öffnung geflogen und fand ein weites Land, habe aber niemanden getroffen. Ich wurde hungrig und durstig und sehr müde, und deshalb kam ich zurück.» – «Ishohi! (Oh!)» sagten sie. «Nun gut, aber wer wird jetzt gehen?» Und wieder dachten sie nach. «Irgendwer muß gehen», sagten sie und dachten lange nach.

Sie machten noch einen Vogel, aber diesmal einen ganz kleinen, und als sie wieder über ihm sangen, erwachte er zum Leben. Als er lebte, sahen sie, daß es ein Kolibri war, der sehr klein, aber auch schnell und stark ist. «Wozu braucht ihr mich?» fragte der Vogel. «Nun», sagten sie, «unsere Kinder hier haben keine guten Herzen. Wir leben hier nicht gut; wir sind hier in Bedrängnis. Deshalb möchten wir, daß du da hochfliegst und zusiehst, was du findest, und wenn du da oben jemanden findest, der freundlich und gut ist, dann würden wir vielleicht selbst ganz gern raufgehen, und deshalb brauchen wir dich.» Also flog der Vogel, die beiden Pflanzen umrundend, nach oben und durch die Öffnung hinaus. Er flog herum, fand aber auch niemanden, wurde müde und kam wieder zurück. Vor den Häuptlingen ließ er sich erschöpft auf einem Ast nieder. Als er wieder einigermaßen bei Kräften war, fragten sie ihn: «Nun, was hast du gehört, was hast du herausgefunden?» – «Ja», sagte er, «ich bin da so herumgeflogen, wurde müde und kam zurück.» – «Ishohi!» sagten sie wieder. «Nun gut, schikken wir also einen anderen.»

(Diesmal schickten sie einen Falken, aber es passierte wieder das gleiche. Als der Falke erfolglos zurückkam, beschlossen sie einen vierten und letzten Versuch.)

Also machten sie noch einen Vogel und sangen über ihm. Während sie über ihm sangen, wurde er lebendig, und er wurde ein Motsni. «Wozu braucht ihr mich?» fragte er. «Nun», sagten sie, «unsere Kinder hier hören nicht auf uns, sie haben harte Herzen, und wir leben hier in Bedrängnis. Deshalb wollen wir hier weg, aber diese anderen haben oben niemanden gefunden, deshalb sollst du gehen und noch einmal suchen. Und wenn du dort jemanden findest, der freundlich ist und ein gutes Herz hat, dann sagst du es uns, und wir gehen nach oben.» Er flog also nach oben, passierte die Öffnung, flog überallhin, um sich umzusehen, denn er war sehr stark. Schließlich fand er den Ort, wo jetzt Oraibi ist, aber damals war da noch kein Haus. Es saß aber einer da mit gebeugtem Kopf, und den bewegte er ein wenig zur Seite, als der Motsni kam. Dann sagte er: «Setz dich, du, der du hier herumsuchst, setz dich. Sicher bist du nicht ohne Grund hier. Niemand hat mich hier bis jetzt gesehen.» – «Ja», sagte der Motsni, «da unten geht es uns nicht gut, und die Häuptlinge haben mich heraufgeschickt, damit ich mich umsehe; jetzt habe ich dich gefunden, und wenn du freundlich bist, würden wir gern heraufkommen. Jetzt sag du, sag mir, ob du bereit bist, und dann werde ich berichten, und wir werden hier heraufkommen.» Der, den Motsni gefunden hatte, war Skelett (*Masauwuu*). «Ja», sagte Skelett, «so lebe ich hier. Ich lebe in Armut. Ich habe nichts, so lebe ich hier. Wenn ihr hier auch so leben möchtet und dieses Leben mit mir teilen wollt, nun, dann kommt ruhig, ihr seid willkommen.» – «Gut», sagte der Motsni, «kommt ganz darauf an, was die da unten sagen. Also, ich gehe jetzt.» – «In Ordnung», sagte Skelett, worauf der Motsni wegflog.

Er flog wieder hinunter, dahin, wo die Häuptlinge saßen, aber er plumpste nicht hin, denn er war sehr stark, und er flog zu ihnen hin. «Was hast du herausgefunden?» fragten sie den Vogel. «Ja», sagte er, «ich war da oben und habe ihn weit weg gefunden. Aber es liegt jetzt an euch; er lebt da sehr armselig, er hat nicht viel. Aber wenn ihr mit dieser Art von Leben zufrieden sein wollt, seid ihr ihm willkommen.» – «Gut», sagten sie und waren glücklich. «So hat er also gesprochen. Dann ist er freundlich, wir sind willkommen, und wir werden gehen.»

Zu jener Zeit lebten viele Völker da unten, der Weiße Mann, der Paiute, der Pueblo; eigentlich waren es alle außer den Zuni und den Kohonino, die von einem anderen Ort kommen. Von all diesen Menschen hatten einige, deren Herzen nicht ganz so schlecht waren, von der Sache gehört und versammelten sich jetzt um den Häuptling; aber die meisten Menschen, die mit den ganz schlechten Herzen, waren nicht da. Jetzt beschlossen sie, daß sie gehen würden. In den nächsten vier Tagen erzählten die, die davon wußten, ihren Freunden, die nicht gar so schlechte Herzen hatten, daß man in vier Tagen aufbrechen würde. Also versammelten sich am vierten Tag nach der Morgenmahlzeit die Häuptlinge der verschiedenen Völker mit ihrem kleinen Gefolge. Sie trafen sich an der verabredeten Stelle, und es war eine ordentliche Menge Leute. «Wir sind ganz schön viele», sagte der Häuptling. «Vielleicht sind einige unter uns, deren Herz nicht eines ist. Jetzt sollen aber keine mehr kommen, es reicht.» Sie begannen an dem Schilfrohr hochzuklettern, zuerst die verschiedenen Häuptlinge, der Dorfhäuptling, der Flötenhäuptling, der Hornhäuptling, der Agavehäuptling, der Sängerhäuptling, der Wuwuchimhäuptling, der Klapperschlangenhäuptling, der Antilopenhäuptling, der Marauhäuptling, der Lagonhäuptling und der Kriegshäuptling. Dann folgte das Volk, sehr viele machten sich auf. Inzwischen hatten die Menschen der Unterwelt davon erfahren und drängten sich von allen Seiten heran. Als der Dorfhäuptling oben sah, daß so viele kamen, rief er: «Halt! Einige von diesen *Popwaktu* wollen wohl auch herauf, aber es ist genug. Schluß jetzt!» Dann fing er an, das Schilfrohr heraufzuziehen, so daß viele Menschen, die schon darauf waren, hinunterpurzelten.

Jetzt gingen sie alle zum Rand der Öffnung und versammelten sich, und es waren sehr viele. Der Dorfhäuptling sprach zu ihnen und sagte: «Viele sind wir, die wir herausgekommen sind. Jetzt wollen wir dorthin gehen, aber wir wollen mit einem einzigen Herz leben. Bis jetzt haben wir mit schlechten Herzen gelebt. Das muß aufhören. Wir werden auf das hören, was der da (er wies auf den Motsni) sagt, und wie er sagt, so wollen wir leben.» Diese Anweisung gab er ihnen.

Nach kurzer Zeit wurde das Kind des Häuptlings, ein kleiner Junge, krank und starb. «Ishohi!» sagte der Häuptling. «Ein *Powaka* (Hexe oder Zauberer) ist mit uns heraufgekommen.» Und sie machten sich Gedanken darüber. Dann formte er einen Ball aus feinem Mehl, warf ihn hoch, und er landete auf dem Kopf eines Mädchens. Er ging hin, ergriff sie und sagte: «Also du bist es. Wegen dir ist mein Kind gestorben. Ich werde dich wieder hinunterwerfen.» Er trug sie zu der Öffnung. «Ich werfe dich hinunter», sagte er. «Du bist mit uns heraufgekommen, und jetzt sollen wir hier wieder genauso leben.» Aber sie wollte nicht. «Nein», sagte sie, «du darfst mich nicht hinunterwerfen. Ich möchte bei euch bleiben, und wenn ihr mal kämpfen müßt, werde ich immer für euch sprechen. Schau nur hinunter, und du wirst unten dein Kind herumlaufen sehen.» Er blickte hinunter und sah tatsächlich unten sein Kind mit den anderen herumlaufen. «So wird es von jetzt an sein», sagte das Mädchen zum Häuptling. «Wenn jemand stirbt, wird er da hinuntergehen, und er wird nur vier Tage bleiben, und nach vier Tagen wird er zurückkehren und wieder bei seinem Volk leben.» Darauf war der Häuptling mit ihrem Bleiben einverstanden und warf sie nicht in das Loch, aber er sagte ihr, sie könne nicht gleich mit ihnen gehen; wenn sie alle geschlafen hätten und aufbrächen, dann dürfe sie ihnen erst nach einem Tag folgen. Also blieb sie bei der Öffnung zurück.

Darauf sah sich der Kriegshäuptling in der Gegend um und stellte fest, daß es nach einer Seite hin immer kalt war. In dieser Zeit war noch alles dunkel, deshalb nahm die Spinnenfrau ein Stück weißes Tuch und schnitt ein großes rundes Stück heraus, auf das sie etwas zeichnete. Der Flötenpriester half ihr dabei. Sie sangen einige Lieder darüber, und dann nahm die Spinnenfrau die Scheibe und trug sie nach Osten. Bald sahen sie dort etwas aufsteigen, aber es wurde immer noch nicht sehr hell, und es war der Mond. Deshalb sagten sie, sie müßten noch etwas anderes machen. Spinnenfrau und der Flötenpriester nahmen ein Stück Leder, schnitten ein kreisförmiges Stück heraus und zeichneten darauf das Sonnensymbol, wie es heute noch vom Flötenpriester benutzt wird. Sie sangen wieder darüber, und dann trug Spinnenfrau es weg, und bald darauf sahen sie wieder etwas aufgehen, und jetzt wurde es sehr hell und sehr warm. Sie hatten Eigelb über das Sonnensymbol gerieben, und deswegen ist die Sonne so hell, und deswegen wissen die Hühner immer, wann es hell wird morgens, und krähen die Hähne bei Sonnenaufgang und mittags und am Abend und wissen alles über die Zeit. Und jetzt waren der Häuptling und das ganze Volk sehr froh, denn es war hell und warm.

Die Häuptlinge machten jetzt alle möglichen Blüten und Pflanzen und alles andere. Und dann faßten sie den Gedanken, aufzubrechen und sich zu zerstreuen. Ihre Sprache war damals die Hopisprache. Diese Sprache war dem Hopihäuptling heilig und teuer, und er wollte sie allein für sich und die Hopi. Die Leute sollten nicht ausschwärmen und seine Sprache mitnehmen, deshalb bat er die Spottdrossel, die alle Sprachen spricht, den verschiedenen Völkern verschiedene Sprachen zu geben. Das tat die Spottdrossel, sie gab jeder Gruppe eine eigene Sprache, die sie fortan sprechen sollte.

Danach setzten sie sich zu einem gemeinsamen Mahl, und

der Häuptling breitete viele, viele Maiskolben verschiedener Länge aus, die sie aus der Unterwelt mitgebracht hatten. «So», sagte er, «sucht euch einen dieser Maiskolben aus, bevor ihr aufbrecht». Es entstand ein Gerangel um diese Maiskolben, denn alle wollten die längsten, und Völker wie die Navajo, die Ute und die Apachen (die feindseligen Nachbarn späterer Jahre) erkämpften sich die längsten und ließen die kleinen den Hopi. Der Häuptling nahm sie und sagte: «Danke, daß ihr die für mich gelassen habt. Davon werden wir leben. Und ihr, die ihr die langen Kolben habt, werdet davon leben, aber es ist kein Mais, sondern Gräser, die Samen tragen.» Und deshalb müssen diese Völker jetzt die Ähren dieser Gräser ausreiben und davon leben; die Hopi haben jetzt den Mais, denn die kleinen Kolben waren der richtige Mais.

Sie waren bereit zum Aufbruch. Der Häuptling hatte einen älteren Bruder, und mit dem besprach er, daß der ältere mit einer Gruppe in Richtung Sonnenaufgang aufbrechen sollte, und wenn er ankam, so sollte er die Sonne mit der Stirn berühren und dann dort bleiben und leben, wo die Sonne aufgeht. Aber sie sollten einander nicht vergessen und immer in die Richtung schauen, wo sich die anderen niedergelassen hatten. Mit jeder Abteilung ging eine *Sowutih* (alte Frau, Großmutter). Und jede Abteilung nahm eine Steintafel mit, auf der etwas eingeritzt war, und die beiden Stücke paßten zusammen. Für den Fall, daß die Hopi wieder in Schwierigkeiten kämen und wieder so lebten wie in der Unterwelt, verabredeten sie, daß der ältere Bruder zurückkommen, die *Powakas* ausfindig machen und enthaupten sollte.

Der ältere Bruder und seine Abteilung brachen zuerst auf, und sie wurden bei ihrer Reise in den Osten die weißen Menschen. Der Häuptling machte sich dann mit seiner Gruppe nach Süden auf den Weg. Das Mädchen, das als Powaka entlarvt worden war, folgte dieser Gruppe in einigem Abstand.

Die Menschen bildeten jetzt verschiedene Abteilungen, alle von einem Häuptling geführt, und wanderten ostwärts. An manchen Orten blieben sie für kürzere oder längere Zeit, um dann wieder weiterzuziehen. Deshalb sieht man im ganzen Land so viele verlassene Ruinen. Die Puebloleute sind auch hier durchgekommen, wo die Hopi jetzt leben. Die Weißen waren geschickter als die übrigen und kamen besser zurecht. Spinnenfrau, die bei ihnen war, machte ihnen Pferde und Esel, auf denen sie ritten, wenn sie müde waren, und deshalb kamen sie viel schneller vorwärts. Die Abteilung, bei der Powak-mana (das böse Mädchen) war, ließ sich bei Palatkwapi nieder und lebte dort eine ganze Weile; diese Leute hatten noch keinen besonderen Klan-Namen.

Die anderen Abteilungen schlugen verschiedene Wege ein und verstreuten sich über das ganze Land. Manchmal blieben sie ein, zwei, drei oder vier Jahre an einer Stelle, wo sie gute Felder und Quellen fanden. Sie legten sich Vorräte für die weitere Reise an und zogen dann weiter. Manchmal fanden sie auch gute Felder und kein Wasser, und dann machten sie sich selber Quellen mit einem *Bauyupi*. Das ist ein kleines gelochtes Gefäß, in das sie bestimmte Kräuter, Steine, Schalen und andere Dinge hineinlegten und dann begruben. Nach einem Jahr entstand an dieser Stelle eine Quelle. Bis dahin benutzten sie Regenwasser, denn Regen konnten sie auch machen. Wenn sie dann wieder aufbrachen, gruben sie meist solch ein *Bauyupi* aus und nahmen es mit.

Bevor irgendeine der Abteilungen den Ort erreichte, wo die Hopi jetzt leben, waren sie wieder schlecht geworden. Streit brach unter ihnen aus, und sie führten Krieg gegeneinander. Besaß eine Abteilung etwas, so wurde sie deshalb von anderen angegriffen, und die Menschen wurden getötet. Deswegen bauten manche ihre Dörfer auf unzugängliche Felsklippen und Mesas, denn sie hatten Angst vor den anderen Abteilungen. Einige von ihnen erreichten schließlich den Muenkapi (heute Moencopi – ein kleiner Fluß, etwa fünfzig Meilen nordwestlich von Oraibi). Es waren der Bärenklan, der Spinnenklan, der Riemenklan, der Blauvogelklan und der Fettaugenhöhlenklan; sie alle leiteten ihren Namen von einem toten Bären ab, auf den sie während ihrer Wanderung gestoßen waren.

Während diese Abteilungen für eine Weile am Muenkapi lebten, war eine andere am Little Colorado River entlanggezogen, hatte die Gegend der Großen Seen durchquert und schließlich Shongopavi erreicht. Dort bauten sie ein Dorf, dessen Ruinen man östlich vom heutigen Shongopavi sehen kann. Auch diese Abteilung nannte sich Bärenklan, aber es war ein anderer Bärenklan. Shongopavi war das erste Dorf. Als diese Menschen Shongopavi erreichten, lebte Skelett da, wo heute Oraibi ist und wo er immer gelebt hatte. Der Klan, der am Muenkapi haltgemacht hatte, ging bald dahin, wo Muenkapi jetzt ist, blieb dort aber nicht lange. Der Bärenklan, der Riemenklan und der Blauvogelklan zogen bald nach Oraibi weiter. Als der Spinnenklan Muenkapi erreichte, schrieben die Leute etwas auf eine bestimmte Klippe östlich von Muenkapi: Dieser Ort sollte immer den Hopi gehören, und niemand sollte ihn den Hopi wegnehmen, denn es gab dort so viel Wasser. Hier sollten immer die Hopi ihre Felder anbauen.

Bald nachdem der Spinnenklan nach Oraibi weitergezogen war, kam der Schlangenklan an. Als die Leute sahen, was da geschrieben stand, sagten sie: «Jemand hat hier hingeschrieben, daß er das hier besitzen möchte. Laßt uns auch hinschreiben, daß wir es besitzen möchten.» Also schrieben sie das gleiche auf die Klippe. Aber sie hatten alle gehört, daß Skelett da lebt, wo Oraibi jetzt ist, und so wanderten sie weiter nach Oraibi. Als der Bärenklan Natuwanpika erreichte, einen Ort, der nur wenig westlich von Kuiwanva liegt ( eine Meile nordwestlich von Oraibi), kam ihnen Skelett entgegen. «Wir sind angekommen», sagten die Hon-wungwa, «wir möchten gern hier leben, und du sollst unser Häuptling sein. Was hältst du davon? Gibst du uns ein wenig Land?» Aber Skelett sagte: «Nein, ich werde nicht Häuptling sein. Ihr werdet hier Häuptling sein, ihr habt euer altes Leben wieder aufgenommen. Ihr werdet hier so sein, wie ihr schon in der Unterwelt wart. Ein *Powaka* ist mit euch heraufgekommen, und es wird hier genauso sein wie da unten, wenn er hierherkommt. Aber wenn der Weiße Mann, euer älterer Bruder, hierher zurückkommt und die Köpfe der Bösen abschlägt, dann werde ich selbst wieder Besitzer von diesem meinem Land sein. Bis dahin werdet ihr Häuptling sein. Ich werde euch ein Stück Land geben, und ihr werdet hier leben.»

Daraufhin schritt er ein großes Stück Land ab. Er ging zuerst nach Osten, stieg dann die Mesa von Koqochmowi hinunter, dann auf den heutigen Weg nach Oraibi zu, den Weg hinauf und am heutigen Dorf vorbei, stieg im Westen von der Mesa hinunter und ging den Weg entlang nach Momoshavai, schloß die Quelle mit ein und kam zurück auf die Mesa. Dieses Stück Land sprach er dem Bärenklan zu. Der Anführer des Bärenklans fragte ihn, wo er wohne. Er sagte, er lebe an der Felskante von Oraibi, und dort sollten sie auch wohnen. Deshalb baute der Bärenklan seine Hütten gleich westlich der Felskante von Oraibi, wo man jetzt die Ruinen sieht.

Bald kamen auch andere Klane an. Wenn das geschah, dann ging einer aus dem neu angekommenen Klan ins Dorf und bat den Häuptling um die Erlaubnis, sich im Dorf niederzulassen. Der Häuptling pflegte sie dann zu fragen, ob sie irgendwie Regen machen konnten, und wenn sie einen Kult zu diesem Zweck hatten, dann sagten sie: «Ja, wir haben etwas, und wenn wir uns zu dieser Zeremonie oder diesem Tanz versammeln, dann wird es regnen. Damit sind wir gewandert, und damit haben wir für unsere Kinder gesorgt.» Dann sagte der Häuptling: «Sehr gut, ihr könnt in unserem Dorf leben.» So kamen die verschiedenen Klane an. Zugleich erreichten andere Klane Walpi und Mishongnovi und bauten diese Dörfer auf. Kam ein neuer Klan an, dann sagte der Häuptling: «Gut, nehmt an unserem Kult teil und helft uns mit den Zeremonien.» Und dann gab er ihnen Felder. Und so wurden alle Felder verteilt.

Als einer der ersten kam so der Bogenklan an; er kam von Südwesten. Als der Dorfhäuptling den Anführer dieses Klans fragte, was er mitbringe, um Regen zu machen, sagte er: «Ja, wir haben hier die *Shaalako*-Kachinas, die *Tangik*-Kachinas, den *Tukwunang*-Kachina und den *Shawiki*-Kachina. Wenn die tanzen, dann regnet es für gewöhnlich.» «Sehr gut», sagte der Dorfhäuptling, «versucht es». Also rüsteten die Aoatwungwa zu einem Tanz. Am Tag vor dem Tanz regnete es ein wenig, aber an dem Tag, an dem sie tanzten, regnete es fürchterlich. Alle Senken standen voll Wasser. Der Dorfhäuptling lud sie ein, im Dorf zu bleiben, und gab ihnen ein großes Stück Land. Er sagte ihnen, sie sollten zuerst ihre Zeremonien abhalten. Das war die *Wuwuchim*-Zeremonie, deren Leiter der Häuptling des Bogenklans ist. Diese Zeremonie war die erste, die stattfand (die erste Zeremonie im Jahreskreis).

Danach folgte die *Soyal*-Zeremonie (Zeremonie der Wintersonnenwende), die der Dorfhäuptling leitet. Danach im *Baho*-Monat die Schlangen- und Flötenzeremonie, die etwa alle zwei Jahre wechseln. Der Schlangenkult wurde vom Schlangenklan gebracht, der Antilopenkult vom Blauvogelklan und der Flötenkult vom Spinnenklan. Später kamen noch weitere Klane. Kleine Gruppen, die im ganzen Land verstreut lebten, hörten manchmal von den Menschen in Oraibi, und manchmal kamen sie und baten, auch im Dorf leben zu dürfen. Auf diese Art wurden die Dörfer langsam aufgebaut.

Zu der Zeit war noch alles gut. Es lebten noch keine bösen Menschen da. Wenn die Kachinas tanzten, regnete es, und wenn es nicht während des Tanzes regnete, dann hinterher, und wenn die Menschen ihre Kiva-Zeremonien abhielten, regnete es auch. Aber zu jener Zeit hatten sie noch nicht so viele Kachinas (zu der Zeit, als diese Geschichte erzählt wurde, waren es um die 250). Es gab nur die Hopi-Kachinas, die die Hopi aus der Unterwelt mitgebracht hatten. Sie waren sehr einfach und sehr gut. Die Menschen lebten glücklich zu dieser Zeit, aber in Palatkwapi vermehrten sich die Bösen. Das Powakamädchen, das mit aus der Unterwelt heraufgekommen war, hatte die anderen ihre bösen Künste gelehrt. Die Bösen wurden so viele, daß Palatkwapi schließlich von einem großen Wasser verschlungen wurde. Fast alle Menschen wurden vernichtet, aber einige erreichten trockenen Boden und wurden gerettet.

Sie wanderten nordostwärts und kamen nach Matovi und dann nach Walpi. Von da aus verteilten sie sich über die verschiedenen Dörfer und lehrten dort ihre bösen Künste. Sie verbreiteten Krankheiten unter den Menschen, so daß sie starben. Auch verwandelten sie die Ute und die Apachen, anfangs Freunde der Hopi, in Feinde, die gegen die Hopi Krieg führten. Und schließlich stifteten sie auch Streit unter den Hopi. Auch die Navajo waren einst Freunde der Hopi, aber die *Popwaktu* veranlaßten auch sie immer wieder, die Hopi zu überfallen, und dann kamen die weißen Männer und richteten Forderungen an die Hopi. Die Weißen sind auch von den *Popwaktu* hierhergerufen worden, und jetzt bedrängen auch die Weißen die Hopi.

Aber die Hopi warten immer noch auf ihren älteren Bruder, der zum Sonnenaufgang gewandert war, und er schaut von da aus hierher zu den Hopi und beobachtet, wie sie zurechtkommen. Unsere alten Männer und Vorfahren haben gesagt, daß weiße Männer kommen würden, aber sie seien nicht wie unser älterer Bruder und würden uns nur Kummer machen. Sie würden unsere Kinder fordern. Sie würden verlangen, daß wir uns den Kopf waschen (Taufe), und wenn wir das nicht täten, würden sie uns schlagen und quälen und vielleicht sogar töten. Aber wir sollten nicht auf sie hören, sondern wie Hopi weiterleben. Wir sollten weiter die Nahrung der Hopi essen und die Kleidung der Hopi tragen. Aber diese *Popwaktu* würden dem Weißen Mann helfen, denn sie wollten genau dasselbe wie die Weißen. Und jetzt ist das eingetroffen, was unsere Vorfahren geweissagt haben. Jetzt geht es uns schlecht. Unsere Kinder werden uns weggenommen, und wir werden verfolgt und mißhandelt.

### Der Ursprung einer Hopi-Zeremonie
Erzählt von Wikvaya aus Alt-Oraibi

Ishyaoi! In Oraibi lebten sie. In der Heimat des Schilfklans lebten die *Yayaa-mongwi*. Diese Bruderschaft existiert nicht mehr, aber ihr Altar und die heiligen Gegenstände ihres Kults werden noch im Haus aufbewahrt (1905). Vor langer Zeit hatten ein Mann und eine Frau einen kleinen Jungen. Einige Kinder des Dorfs besuchten diesen Jungen häufig. Sie waren faul, obwohl ihre Eltern ihnen auftrugen zu arbeiten: Holz holen, Schafe hüten und so. Sie gehorchten nicht, sondern trafen sich oft bei diesem Haus und aßen in einer Ecke vor dem Haus Nahrungsmittel, die sie im Dorf gestohlen hatten. Auch das Feuerholz stahlen sie von verschiedenen Häusern im Dorf. Die Männer des Dorfes waren sehr böse auf sie, aber auch die Mütter der Kinder waren böse. «Ihr seid faul», sagten sie oft zu ihnen. «Ihr wollt nicht arbeiten, und wir haben keine Lust, euch durchzufüttern.» Deshalb stahlen sie sich immer etwas zu essen.

Einmal schlug der Sohn des Priesters den anderen vor: «Laßt uns selber Holz holen. Irgendwer muß Riemen stehlen.» Deshalb gingen einige, nachdem sie gegessen hatten, durchs Dorf und suchten Riemen verschiedener Länge. Dann verließen sie das Dorf in östlicher Richtung und sammelten trockenes Gestrüpp in einem Tal. Nachdem sie alle ihr Bündel geschnürt hatten, fragte der Sohn des Priesters: «Seid ihr alle fertig?» «Ja», sagten sie. «Gut, dann laßt uns heimgehen», sagte er. Aber als sie eben aufbrechen wollten, kam ein Falke in der Gestalt eines Menschen auf sie zu. Er trug viele Perlenschnüre um den Hals, und eine schwarze Linie war von seiner Nase aus über seine Wangen gemalt. Die Jungen hatten alle ziemlich verwildertes Haar, deshalb lachte er sie aus. «Holt ihr Holz?» fragte er. «Ja», sagten sie, und da lachte er wieder.

Ganz in der Nähe hatte er seine Kiva. «Kommt mit rein», sagte er zu den Kindern, und sie gingen mit. Die Kiva war so wie die Kivas (die unterirdischen heiligen Ritualkammern) in den Dörfern. Er ließ sie auf einer Bank entlang der Wand Platz nehmen. Dann setzte er sich vor die Feuerstelle, stopfte eine Pfeife und nahm zwei Züge daraus. Er sagte den Kindern, sie sollten sich auch neben die Feuerstelle setzen. Zuerst reichte er die Pfeife dem Sohn des Priesters. Der rauchte und nannte den Mann «mein Vater», was diesem sehr gefiel. Dann rauchten alle, einer nach dem anderen, und sprachen sich gegenseitig als

Verwandte an, die Älteren sagten zu den Jüngeren «mein großer Bruder». Er sagte dann, sie sollten noch zum Essen bleiben, und danach könnten sie nach Hause gehen.

Darauf ging er in ein anderes Zimmer und holte einen großen Laib *Quomi* (Brot aus dem Mehl von geröstetem Zuckermais), das er ihnen zu essen gab. Dann ging er wieder in ein anderes Zimmer und brachte eine große Rolle Kilts, Schwingenfedern des Adlers, Ohrgehänge, Brustfedern des Adlers, die man ins Haar oder an Perlen bindet, und andere Dinge, und all das gab er den Jungen. Jetzt nahm Kish-Taka, der Falkenmann, ein Stück Tuch, legte es zusammen und nahm es unter den linken Arm. Dann stellte er sich an das Südende der Reihe der nebeneinander sitzenden Jungen und sagte zu ihnen: «Also, macht alle, was ich jetzt tue, genau nach.» Er fing an, in der Kiva herumzugehen und rief dazu: «Au-u-u-u». Viermal gingen sie im Kreis herum und stießen in kurzen Abständen diesen Ruf aus. Danach stieg er die Leiter hinauf und die Jungen hinter ihm her. Draußen ließ er sie wieder alles genau nachmachen. Er sprang von der Kiva, rannte durchs Gestrüpp und die Jungen immer hinter ihm her mit dem Ruf: «Au-u-u-u, Au-u-u-u.» Plötzlich warf er das Tuch hin, breitete es aus, ergriff den Sohn des Priesters, warf ihn auf das Tuch und ließ die Jungen rundherum anfassen. So trugen sie den Sohn des Priesters zur Kiva zurück und warfen ihn durch die Öffnung hinein.

Sie warteten, und nach einer Weile kam der Junge unversehrt aus der Kiva heraus. Da ergriff er einen anderen Jungen und warf ihn hinunter, und so wurden sie der Reihe nach hinuntergeworfen und kamen unversehrt zurück. Dann ging der Falkenmann in die Kiva und alle Jungen hinter ihm her. Sie nannten ihn jetzt Onkel. Unten zog er den Vorhang vor einer der Nebenkammern der Kiva zurück. Dahinter waren vier runde Feuerstellen in die Erde gegraben, und eine alte Frau hütete das Feuer. Der Falkenmann ergriff den Sohn des Priesters, warf ihn in eines der Feuer, und die alte Frau sprenkelte eine Medizin über ihn, als er hineinfiel. Danach wurden auch die anderen Jungen in die Feuer geworfen. Sobald die Kleidung

verbrannt war, nahm der Falkenmann die Körper der Jungen
wieder heraus und legte sie nördlich der Feuerstelle in der Kiva
hin und bedeckte sie mit dem Tuch, das er zuvor unter dem
Arm getragen hatte. Danach setzte er sich neben sie hin und
sang ein Lied. Bald begannen sich die Körper unter dem Tuch
zu regen, und als erster kam der Sohn des Priesters darunter
hervor, dann auch die anderen, und jetzt waren sie alle wieder
lebendig.

Er sagte ihnen, sie sollten sich auf die Bank an der Westseite
der Kiva setzen. Dann kam die alte Frau heraus, wusch den
Jungen die Köpfe und gab jedem einen makellos weißen Maiskolben. Dann sagte der Falkenmann: «Gut, jetzt seid ihr fertig.
Ihr seid jetzt vorbereitet. Tragt euer Holz in die Blaue-Flöte-
Kiva, geht selbst hinein und bleibt drinnen. Wartet da auf mich
und geht nicht ins Haus, um etwas zu essen zu holen. Nach
Sonnenuntergang werde ich zu euch kommen.» Darauf gab er
dem Sohn des Priesters eine Schwingenfeder des Adlers, und
die Jungen brachen auf.

Als sie mit ihren Holzbündeln zur Blaue-Flöte-Kiva kamen,
sahen die Leute sie und sagten: «Aha! Die faulen Bengel haben
sich selber Holz geholt. Vielleicht stehlen sie jetzt keins mehr.»
Als sie ihr Holz abgesetzt hatten, liefen sie zu den Häusern, wo
sie ihre Riemen geholt hatten, und warfen sie hinein, blieben
aber selbst draußen. Sofort kehrten sie alle zur Kiva zurück,
ohne etwas gegessen zu haben. Die Sonne war untergegangen,
und es wurde ganz dunkel, als sie jemanden kommen hörten.
Es war der Falke, in dessen Kiva sie gewesen waren, und er
betrat sofort die Kiva. «Sitzt ihr alle hier?» fragte er. «Ja, wir
sind alle hier. Setz dich», sagten die Jungen. Der Falke setzte
sich neben das Feuer, stopfte eine Pfeife, und dann rauchten sie
alle.

Der Falke hatte eine kleine Schale und etwas *Kwiptoci* (Mehl
aus gemahlenem Popcorn von weißem Mais). Daraus bereitete
er in der Schale einen Brei, den er den Jungen zu essen gab. Er
sagte ihnen, sie sollten nicht nach Hause gehen, und einige von
ihnen sollten sich am Morgen an die Nordseite der Kiva setzen

und die anderen an die Südseite. Die am Nordende sollten Feuerspringer und *Yayaatus* sein, die übrigen waren die Sänger. Zwischen den beiden Gruppen zog er eine Linie aus Mehl über den Boden der Kiva. Einen bestimmte er zum Wächter. Er mußte für das Feuer sorgen und mögliche Störenfriede fernhalten. Er sagte ihnen, sie sollten den ganzen nächsten Tag in der Kiva sitzenbleiben und fasten. Am Abend würde er wiederkommen und ihnen zu essen geben. So saßen sie in der Kiva beieinander, und jeder hatte seine «Mutter» (einen Weißmaiskolben) neben sich an der Wand lehnen. Am nächsten Tag fragten sich die Leute schon verwundert, weshalb die kleinen Diebe, wie sie sie nannten, nicht herauskamen, um sich etwas Eßbares zu suchen. Schließlich näherte sich eine Frau der Kiva, spähte hinein und sah sie dort aufrecht sitzen. «Oh», sagte sie zu den Leuten, «da drinnen sind sie versammelt».

So blieben sie vier Tage lang in der Kiva, und jeden Abend sah ihr Onkel nach ihnen und brachte ihnen zu essen. Früh am Morgen nach dem vierten Tag wusch er ihnen die Köpfe. Am nächsten Tag war es *Totokya* (der Tag vor einer Zeremonie). Am Ende dieses Tages brachte der Falkenmann die Kostüme der Jungen mit – Kilts, Perlen, Adlerfedern, gezwirntes Garn, Ohrgehänge, Fußbänder und etwas gelbe Farbe. All das legte er nördlich der Feuerstelle auf den Boden der Kiva. In der Nacht hatte der Junge, der auf das Feuer aufpassen mußte, südwestlich der Kiva vier Feuerstellen in der Plaza ausgehoben, während andere eine lange Baumwollschnur auf der Plaza vergruben. Außerdem spannten sie eine lange Schnur an den Häusern des Dorfes entlang, die sie mit *Quomi*-Teig festklebten. Früh am Morgen ging der Wächter der Kiva durchs Dorf und bettelte um etwas Holz. Damit machte er Feuer in den vier Feuerstellen auf der Plaza. Die Leute fragten sich, was er wohl vorhatte, einige meinten, er wolle vielleicht *Pikami* backen (eine Speise, die zu festlichen Anlässen zubereitet wird).

Unterdessen kleidete der Falkenmann die anderen in der Kiva ein. Er malte einen breiten gelben Strich von Schulter zu Schulter und dann über die Brust herunter; ebenso wurden

Unterarme und Waden gelb bemalt und um den Bauch ein gelber Streifen. Die Gesichter bedeckte er mit Maisblütenstaub. Sie trugen viele Perlenbänder und Bänder aus dem Garn, das aus dunkelblauen und braunroten Fasern geflochten war. Große Büschel von Adlerfedern wurden oben auf dem Kopf befestigt und je eine Schwanzfeder, mit der Spitze nach hinten zeigend, an beiden Seiten des Kopfes. Auch von diesen Schwanzfedern hingen Stränge des geflochtenen Garns herunter. Über die Kilts wurden alte Frauengürtel der Hopi gebunden. Auch um die Handgelenke waren Stränge des Garns gebunden.

Gegen Mittag kamen zuerst die Sänger heraus, und jeder warf eine Prise vom heiligen Mehl in Richtung der Sonne. Der Falkenmann und die alte Frau blieben in der Kiva. Die Sänger gingen mit langen Schritten auf die Plaza, stellten sich in eine Reihe und sangen. Jetzt kamen auch die *Yayaatu* aus der Kiva, und der Sohn des Priesters trug das Tuch, das der Falkenmann benutzt hatte, als er sie einweihte. Während die erste Gruppe weitersang, schwärmten die *Yayaatu* ins Dorf aus. Sie stiegen auf die Dächer und sprangen auf die Leute hinunter, sie rissen Kamine ab und warfen sie hinunter, sie griffen sich Kinder und schwangen sie über der Dachkante, als wollten sie sie fallenlassen. Die Leute wurden sehr wütend auf sie und schlugen sie mit Stöcken, so daß sie schließlich zur Plaza zurückkehrten. Dort gab der Sohn des Priesters, er war jetzt der Oberpriester dieses Ordens, das Einweihungstuch einem der anderen und sprang in eines der Feuer. Die anderen zogen ihn heraus, wickelten ihn in das Tuch, trugen ihn zur Kiva und warfen ihn hinein. Dort erweckten ihn der Falkenmann und die alte Frau sofort wieder zum Leben, und er kam unversehrt wieder aus der Kiva heraus, sogar in demselben Kostüm, das eben im Feuer verbrannt war. Währenddessen waren andere Kinder in die verschiedenen Feuer gesprungen, wurden sofort herausgezogen, in die Kiva geworfen und ebenso wieder zum Leben erweckt.

Die Eltern und Verwandten dieser Kinder waren in größter Sorge und fingen an zu weinen und zu klagen, daß ihre Kinder so umgebracht würden, aber der Junge, der die Kiva bewachte, sagte ihnen, sie dürften nicht näherkommen. Nach dieser Darbietung stieg ihr Anführer in die Kiva und holte etwas heraus, das in ein Tuch eingeschlagen war. Er legte es auf die Plaza, und alle *Yayaatu* versammelten sich um das Bündel und sangen. Nach kurzer Zeit öffneten sie das Bündel, und es waren viele schöne, große Wassermelonen darin. Der Anführer ging wieder in die Kiva zurück und holte ein weiteres Bündel, um das sie sich wieder versammelten und sangen. Als das Bündel geöffnet wurde, sprangen viele kleine Kaninchen heraus, die sie unter die Kinder verteilten. Während der ganzen Darbietung wurde weitergesungen.

Jetzt stiegen alle *Yayaatu* in die Kiva. Bald kamen sie wieder heraus, und einige fingen an, die Schnüre zu suchen, die sie vergraben oder an den Häusern befestigt hatten. Andere folgten ihnen und wickelten die Schnüre zu Knäueln auf. War eine Schnur gefunden und aufgewickelt, dann wurde die nächste gesucht, und so liefen sie alle wickelnd und suchend durch das Dorf. Plötzlich gingen alle auf das Haus des Kaninchenklans zu, wo Homihoiniwa mit seiner Familie jetzt lebt (1905), und hier endete eine der Schnüre in einem Wasserkrug. Ohne die Schnur herauszunehmen, trugen sie ihn auf die Plaza und zerschlugen ihn in zwei Hälften. Auf der Innenseite jeder Hälfte konnte man jetzt ein Wolkensymbol erkennen. Sie hoben die beiden Hälften hoch und zeigten die Symbole den Leuten. Dann bedeckten sie die beiden Teile, sangen darüber, und als sie die Abdeckung wegnahmen, war der Krug wieder ganz. Sie trugen ihn an seinen Platz zurück.

Der Anführer stieg noch einmal in die Kiva und kam mit einer Schale gewässerter Porzellanerde zurück. Sie trugen die Schale auf die Spitze der Marau-Kiva, von wo aus man ein schroffes Vorgebirge in der Ferne deutlich erkennen konnte. Die *Yayaatu* versammelten sich um die Schale, tauchten Adlerfedern in die weiße Flüssigkeit und bewegten sie auf und ab, als tünchten sie die fernen Berge, und siehe da, die Berge wurden weiß. Alle Leute erkannten deutlich die weißgetünchten Berge.

Danach kehrten sie auf die Plaza zurück, und die Sänger hörten auf zu singen. Sie zerschnitten die Wassermelonen und verteilten die Stücke. Dann gingen sie wieder alle in die Kiva, während die Mütter und Verwandten dieser Jungen jetzt zur Kiva hin riefen, sie wollten ihre Kinder wiederhaben. Der Wächter der Kiva hielt sie zurück und sagte, erst müsse noch der Zauber aufgehoben werden.

Als sie alle in der Kiva waren, entzauberte sie der Falkenmann, setzte ihnen zu essen vor und sagte: «Jetzt eßt und dann schlaft noch eine Nacht in der Kiva. Wenn morgen früh eure Leute kommen, dann könnt ihr mit ihnen gehen.» Am Abend kamen die Mütter wieder und schrien nach ihren Kindern, aber der Wächter ließ sie heimgehen und sagte, ihre Kinder würden noch eine Nacht in der Kiva schlafen. Der Falkenmann und die alte Frau sammelten die Kostüme und alle anderen Dinge ein, die sie für die Zeremonie gebraucht hatten, und kehrten in ihre Kiva in dem Tal östlich des Dorfes zurück. Am Morgen gingen die Jungen zurück in ihre Häuser und waren fortan nie wieder böse oder gefährlich. Sie bildeten die *Yayaatu*-Gemeinschaft und sandten ihre Gebete dahin, wo ihr Onkel, der Falkenmann, lebte, und wo sie eingeweiht worden waren.

## Ein Handel um heiligen Tabak
### Erzählt von Tangakhoyoma aus Alt-Oraibi

*Haliksai!* Vor langer Zeit lebten die Oraibi in Oraibi. Nördlich der heutigen Pfirsichplantagen (1905, ein guter Kilometer nördlich von Oraibi) wohnten die *Yayaponchatu*. Das sind keine Hopi, sondern Wesen von der Art des Skeletts. Sie haben einen weißen Körper, wirres Haar, und sie tragen Kilts aus schwarz und weiß gestreiftem Tuch. Sie beherrschen das Feuer und haben mehr als einmal bewirkt, daß ein Dorf abbrannte. Sie waren schuld an der Zerstörung von Pivanhonkape und einmal auch von Oraibi, wobei viele Menschen umkamen.

Die Oraibi taten damals dasselbe wie heute, wenn sie etwas

tauschen wollten. Was sie hergeben wollten, legten sie auf einen Stapel in die Kiva, und dann schickten sie jemanden herum zu den anderen Kivas, um es einzutauschen gegen Dinge, die sie benötigten. Einmal hörten die *Yayaponchatu*, daß die Oraibi wieder mal handelten. Sie hatten keinen Tabak *(Piva)* mehr, also gingen zwei von ihnen los, um etwas Tabak einzutauschen. Östlich der Stelle, wo jetzt Nakwayeshtiwa wohnt, war damals eine Kiva, die Blauvogelhöhe genannt wurde.

Das war die erste Kiva, zu der die beiden *Yayaponchatu* kamen. Sie legten sich auf das Dach der Kiva und ließen die Bündel Besenginster hinunter, die sie zum Tauschen mitgebracht hatten. «Ich möchte tauschen», sagten sie. «Habt ihr was einzutauschen?» fragten die unten in der Kiva. «Ja.» – «Sehr gut», sagten die in der Kiva, «was wollt ihr denn?» – «Tabak wollen wir», antworteten sie. Die Männer in der Kiva blickten nach oben und sagten: «Was? Wir verstehen euch nicht.» Darauf flüsterte einer der *Yayaponchatu:* «Piva, Piva», und machte dreimal ein saugendes Geräusch. «Oh», sagten sie, «Tabak will er.» Einer von ihnen, der einen Vorrat hatte, ging heim, holte etwas Tabak und gab ihn den *Yayaponchatu.* Die freuten sich sehr darüber.

Dann gingen sie zur Mots-Kiva weiter, und da fand wieder das gleiche Gespräch statt. Hier tauschte der zweite seinen Besenginster gegen einen Beutel Tabak, und dann kehrten die beiden, glücklich über ihren Handel, in ihr Dorf zurück. Dort in ihrem Dorf rauchten sie den Tabak, den sie von den Oraibi bekommen hatten.


## Der Blinde und der Lahme
### Erzählt von Qoyawaima aus Alt-Oraibi

Vor langer Zeit gab es in Oraibi ein Erdbeben. Es war ein sehr schöner Tag, die Menschen hatten wie gewöhnlich gefrühstückt und fühlten sich wohl. Gegen Mittag fingen die Erde und die Häuser an sich zu bewegen und zu zittern, und dann hörte man einen Lärm wie Donner, aber es war nichts zu sehen, und die Leute wußten nicht, wo es herkam. Sie liefen zu ihren Häusern und rannten überall herum, um zu sehen, was los war. Irgendwann am Nachmittag zitterte die Erde sehr stark, und in der Skelettschlucht (so genannt, weil dort einmal viele erschlagene Menschen hineingeworfen worden waren) sank ein großes Stück Boden ein. Die Stelle liegt einige hundert Meter nordöstlich von Oraibi; das Stück Boden, das einsank, reichte fast bis Oraibi. Außerdem bildete sich mitten auf der Plaza ein großer Riß.

Jetzt bekamen die Menschen große Angst und liefen in Richtung Norden aus dem Dorf. In einem der Häuser wohnte ein Blinder, und in einem anderen ein Krüppel, der nicht laufen konnte. Als sie merkten, daß irgendwas Ernstes los war, bekamen sie auch große Angst, und der Blinde rief zu dem Krüppel hinüber, was denn los sei. Der antwortete, die Erde habe gezittert, und das Dorf sei in Bewegung, und alle Leute seien geflohen. Dann bat der Lahme den Blinden, zu seinem Haus herüberzukommen. Der Blinde nahm seinen Stock und tastete sich zu dem Krüppel hinüber, der ihm zurief, wie er gehen mußte. Er erreichte das Haus, und der Krüppel sagte: «Laß uns auch fliehen. Du trägst mich auf dem Rücken, und ich zeige dir den Weg.» Das taten sie, und der Krüppel bewegte den Kopf des Blinden immer in die Richtung, in die er gehen sollte. So verließen sie das Dorf und folgten den anderen nach Norden.

Ein kurzes Stück außerhalb des Dorfes begegnete ihnen ein großer Wapitihirsch, der von Norden kam. «O je, was ist denn das?» sagte der Lahme auf dem Rücken des Blinden. «Was denn?» fragte der. «Etwas sehr Großes. Fast schwarz, aber doch nicht ganz schwarz.» Der Blinde, der in seiner Jugend, als er noch sehen konnte, ein großer Jäger gewesen war, hatte gleich eine Ahnung, was es sein mußte, fragte nach Einzelheiten und wußte bald, daß es nur ein Wapiti sein konnte. Bevor sie das Dorf verließen, hatte er noch vorgeschlagen, Pfeil und Bogen mitzunehmen, damit sie etwas erlegen konnten, wenn sie Nahrung brauchten. Jetzt stand ihnen der Hirsch gegenüber, und der Krüppel gab dem Blinden den Bogen, weil auch seine Hände nicht mehr in der Lage waren, einen Bogen zu spannen. Er legte einen Pfeil auf, der Blinde spannte den Bogen und bekam vom Lahmen genaue Zielanweisungen. Der Hirsch stand jetzt westlich von ihnen, und im richtigen Augenblick gab der Lahme das Kommando für den Schuß. Der Blinde schoß und tötete den Hirsch.

Jetzt hätten sie sehr gern etwas von dem Fleisch gebraten, aber sie hatten nichts, womit sie das Tier abhäuten oder das Fleisch schneiden konnten. Sie gingen hin und bohrten mit einem der Pfeile die Augen des Hirsches heraus. Von Zurufen des Lahmen geführt, sammelte der Blinde Holz, und dann machten sie Feuer, indem sie Holz und Feuerstäbe aneinanderrieben. Sie legten die beiden Augen ins Feuer und warteten. Als die Augen sehr heiß waren, zerbarsten sie mit lautem Krach. «*Hihiya!*» riefen die Männer erschrocken und sprangen beide auf. Der Lahme merkte, daß er stehen konnte, und der Blinde fand seine Augen geöffnet. «*Ishute*», sagte der Blinde. «Was ist denn das, meine Augen sind offen.» – «Ja, und ich kann gehen», sagte der andere. Inzwischen war es Abend geworden. «Laß uns lieber die ganze Nacht wachbleiben», sagte der vormals Blinde, «denn wenn wir schlafen, kleben meine Augen vielleicht wieder zusammen.» – «Ja, und wenn ich mich hinlege, kann ich vielleicht morgen früh nicht mehr laufen», erwiderte der andere. Also gab der erstere dem anderen einen Zweig und sagte: «Wenn du siehst, daß ich einschlafe, dann piek mir in die Augen, damit ich wachbleibe.» Und der andere gab ihm auch etwas Spitzes und sagte: «Wenn du siehst, daß ich mich hinsetze, dann stech mich irgendwo, damit ich stehenbleibe.» So beobachteten sie einander die ganze Nacht.

Früh am Morgen beschlossen sie, den Spuren der anderen Dorfbewohner zu folgen. Sie fanden sie endlich in einem Wald ziemlich weit nördlich vom Dorf. «Was ist mit euch passiert?» wurden sie gefragt. «Ihr wart doch blind und lahm, und jetzt könnt ihr sehen und laufen.» «Ja», sagten sie, «etwas ist mit uns geschehen. Aber jetzt laßt uns zum Dorf zurückgehen, denn da ist jetzt wieder alles ruhig.» So gingen alle unter Führung der beiden wieder ins Dorf zurück, und deswegen ist Oraibi jetzt wieder bewohnt. Hätten diese beiden die Leute nicht zurückgebracht, wer weiß, ob sie jemals wiedergekommen wären.

### Ein Kalatoto, der ein Hopi sein wollte
Erzählt von Kwayeshva aus Alt-Oraibi

*Haliksai!* Am Kutukwuhschomo (ein Hügel, der nach dem Gras benannt war, das auf ihm wuchs) lebte einmal ein *Kalatoto*. Im nahe gelegenen Dorf Oraibi wohnten viele Menschen. *Kalatoto* ging oft zum Dorf und suchte in den Abfallhaufen nach etwas Eßbarem. Wenn die Kinder ihn fanden, neckten und ärgerten sie ihn. Sie schnippten mit den Fingern gegen seinen Kopf, daß er manchmal fast gestorben wäre. Dann ging er lieber wieder zu seinem Haus zurück. Das geschah sehr oft, und der *Kalatoto* überlegte, wie er wenigstens auf dem Kopf etwas Haar bekommen könnte, wie es die Hopikinder hatten, die im übrigen genauso nackt waren wie er. Er hatte nirgendwo am Körper Haare oder irgendeinen anderen Schutz. Schließlich entschloß er sich, in den Wald zu gehen und etwas Pech zu holen. Er brachte etwas Pech nach Hause und suchte dann in den Abfallhaufen beim Dorf nach Haaren, bis er welche fand. Er brachte sie heim und war sehr froh.

Am nächsten Morgen strich er sich etwas Pech auf den Kopf, klebte Haare darauf und hatte dann einen Schopf wie die Hopikinder. Er war sehr glücklich und ging wieder zum Dorf. Die Kinder hatten ihn bald entdeckt und sagten: «Hier ist jemand», und eins der Kinder erkannte den «Kalatoto» und sagte: «Es scheint der *Kalatoto* zu sein, aber er hat jetzt Haare.» «Hier riecht es stark nach Pech», sagten einige der Kinder. «Er hat Pech auf dem Kopf.» Und sie nahmen kleine Stöcke und hielten sie an seinen Kopf, so daß das Pech daran klebenblieb. Die Hopikinder kauen gern Pech, und so gaben sie keine Ruhe, bis alles Pech vom Kopf des *Kalatoto* herunter war.

Er war sehr traurig und ging nach Hause, nahm aber die Haare mit, die die Kinder aus dem Pech gezogen hatten. Die ganze Nacht grübelte er, und am Morgen ging er wieder in den Wald nördlich vom Dorf. Er fand einen Kaktus und nahm etwas von dessen Saft mit heim. Am Morgen träufelte er sich den Saft auf den Kopf und klebte die Haare hinein, und das Ganze wurde sehr fest, als es trocknete.

Wieder ging er zum Dorf. Als die Kinder ihn sahen, sagten sie: «Da kommt er wieder.» Und dann versuchten sie wieder, ihm das Pech mit Stöcken vom Kopf zu holen, aber sie merkten bald, daß es diesmal kein Pech war. Er blieb eine Weile da, und die Kinder ärgerten ihn wieder. Als er abends nach Hause ging, war der Saft so weit getrocknet, daß er rissig wurde und mit dem Haar abbröckelte. Da war er wieder sehr unglücklich.

Im Dorf wurde der Kachinatanz vorbereitet, der am nächsten Tag stattfinden sollte. Der *Kalatoto* war sehr traurig, denn er hätte gern mit dem Haar auf dem Kopf dem Tanz beigewohnt. Am nächsten Morgen ging er noch einmal in den Wald, um Pech zu holen, und fand auch schnell welches. Er brachte es heim und freute sich, daß er nun doch Haare auf dem Kopf haben würde, um an dem Tanz teilzunehmen. Am Abend trug er wieder Pech auf und klebte Haare darüber. Am Morgen hörte er den Kachinatanz und wollte ins Dorf gehen, aber das Pech war in der Nacht warm geworden, und jetzt klebten Pech und Haare am Boden fest, wo er geschlafen hatte. Er strengte sich an aufzustehen, schaffte es aber nicht. Den ganzen Tag hörte er die Kachinas tanzen und singen, konnte aber nicht aufstehen. Als er schließlich sehr hungrig wurde und niemand ihm etwas zu essen brachte, starb er.


## Die Rache der Kachinas
### Erzählt von Puhunomitiwa aus Alt-Oraibi

*Haliksai!* Dieser Ort, Kaotuvki, liegt irgendwo östlich des Pueblovolkes, und vor langer Zeit lebten hier viele Menschen.

Im Westen lagen hohe Berge (in der Gegend von Flagstaff, Arizona). In diesen Bergen wohnten viele Kachinas. Die Menschen dort hatten auch schon Zeremonien, aber sie kannten die Kachinas noch nicht.

Einmal versammelten sich einige Kachinas in ihrer Kiva in den Bergen und kleideten sich für den Tanz. Dann stiegen sie ins Tal zum Dorf der Menschen und tanzten in der Nacht auf der Plaza. Die Leute schliefen noch, aber einige hörten den Tanzlärm und kamen auf die Plaza. Dort sahen sie die Kachinas tanzen. Die Kachinas sangen nicht zu ihren Tänzen.

In der Reihe der Kachinas tanzte auch ein Kachinaonkel. Die Leute, die nicht wußten, wer die Tänzer waren, wurden wütend und beschlossen, die Eindringlinge zu töten. Die Kachinas hörten aber, was sie sprachen, und liefen weg. Westlich des Dorfes sprangen sie in eine Schlucht. Das waren die Schneekachinas, und ihr Onkel war ein *Hoto*-Kachina. Der Onkel führte sie an, als sie in die Schlucht sprangen. Die Leute, die ihnen gefolgt waren, warfen ihnen Feuer nach und verbrannten sie. Der Kachinaonkel, der ganz unten gelegen hatte, verbrannte nicht. Am Morgen kroch er hinaus und ging Klagelieder singend in die Berge zurück.

Die Kachinas hatten am Fuß der Berge Felder, auf denen sie Mais und Wassermelonen anpflanzten. Hier arbeitete der *Hehea* mit einer hölzernen Haue, wie sie noch heute von den *Hehea*-Kachinas bei ihren Tänzen verwendet wird. Plötzlich hörte er jemanden singen, hob die Haue und lauschte, aber gerade da hörte das Singen auf. Er fing wieder an zu hacken, und da hörte er wieder das Singen. Er lauschte wieder und hörte das Singen und das Schluchzen, und wahrhaftig, jemand ging da und weinte.

«Warum gehst du hier lang und singst und weinst?» fragte der *Hehea*-Kachina den *Hototo*, als er näher gekommen war. «Nun», antwortete der *Hototo*, «wir waren im Hopidorf und tanzten, und da kamen sie heraus und wollten uns töten. Wir liefen weg und sprangen in die Schlucht westlich vom Dorf, alle aufeinander, und alle außer mir wurden von den Hopi verbrannt. Ich war zuerst gesprungen und wurde als unterster nicht verbrannt und konnte unverletzt entkommen. Deshalb klage ich jetzt, während ich gehe.» Da fing auch der *Hehea*-Kachina an zu klagen und zu singen.

Sie gingen zusammen heim in die Berge, wo viele andere Kachinas lebten, Männer, Frauen, Jungen und Mädchen. «Warum kommst du allein zurück?» fragten sie den *Hototo*. Der wiederholte darauf seine Geschichte. «Wir werden uns rächen», sagte der Häuptling der Kachinas und ließ alle Kachinas zusammenrufen. Danach sammelten sie drei Tage lang Hagel. Früh am Morgen des vierten Tages ließen sie eine Wolke aufsteigen und über den Bergen stehen. Das war ihr Erkennungszeichen, eine wunderschöne Wolke. Dann aßen die Kachinas ihre Morgenmahlzeit.

Die Leute im Dorf sahen die Wolke. Sie waren früh auf ihre Felder gegangen, denn sie hatten viele Felder um das Dorf herum. Nach dem Frühstück bildeten sich viele neue Wolken über den Bergen und türmten sich aufeinander. Am Nachmittag verbreiteten sie sich über den ganzen Himmel und kamen von allen Seiten heran. Der Mais der Hopi begann reif zu werden, und die Leute freuten sich über die Wolken. Sie dachten, es würde sicherlich einen schönen Regen geben. Gegen Mittag begann es in den Bergen zu regnen und zu donnern, und die Wolken näherten sich dem Hopidorf. Als sie es erreichten, blitzte und donnerte es, und große Hagelkörner fielen. Alle Felder wurden zerstört und alle Menschen erschlagen, obgleich sie aus ihren Häusern in die Kivas zu fliehen versuchten. Nur ein Mann und eine Frau blieben am Leben. Als alles zerstört war, sagten die Wolken: «Wir hören jetzt auf und gehen zurück», und dann zerstreuten sie sich in alle Richtungen, einige auch zurück in die Berge. Die Kachinas freuten sich und sagten: «Jetzt haben wir uns gerächt, damit soll es genug sein.» Die Frau, die verschont geblieben war, gebar Kinder, und nach und nach bevölkerte sich das Dorf von neuem.

# Die Geschichten von Fine Day,
## einem großen Führer des Cree-Volkes

Das Volk, das sich Cree nennt, gehört zu den zahlenmäßig größten Gruppen der nordamerikanischen Indianer. Viele Abteilungen dieses Volkes bewohnten früher weite Teile Kanadas und der Vereinigten Staaten. 1850 wurden die Cree auf etwa 20 000 Menschen geschätzt, während die Unterlagen der Regierung heute 60 000 Cree verzeichnen. Mehr als noch einmal so viele sollen unregistriert auf Farmen und in Städten über ganz Nordamerika verstreut leben.

Wegen ihrer weiten geographischen Verteilung waren Kultur und Traditionen der Cree-Völker bei den einzelnen Gruppen immer sehr unterschiedlich. Manche Abteilungen durchstreiften die Prärien auf Pferden und jagten Büffel. Andere paddelten in Kanus über Seen und Flüsse und stellten Fischen und Enten nach oder jagten Elche. Manche suchten später sogar Zuflucht in entlegenen Gebirgsgegenden, lebten in Wäldern, wo sich kaum andere Menschen hinwagten, und jagten Hirsche oder Bergschafe.

Selbst das genetische Erbe ist bei den Cree sehr wenig einheitlich – ein weiterer Faktor, der kulturelle Unterschiede begründet. Manche Sippen sind der uralten Lebensweise der Cree treu geblieben und halten sich ganz für sich. Andere haben sich stark mit Nachbarstämmen wie den Chippewa, Assiniboine und Soto vermischt oder gar mit anderen Rassen wie Franzosen und Schotten. Solche Gruppen kennt man unter der Bezeichnung Metis. In den Tagen des Büffels bildeten diese Metis oft kleine Jagdgruppen, deren Mitglieder wie Prärieindianer lebten, wie dunkle Europäer aussahen und die Kleidung beider Rassen trugen.

Manchmal nahmen sie an indianischen Kriegszügen teil und sogar an Kämpfen der Indianer gegen europäische Siedler und Soldaten.

Die verschiedenen Abteilungen der Cree werden oft nach ihren ursprünglichen Häuptlingen benannt, zum Beispiel die Sunchild und die Ermineskin. Andere werden nach ihrer Blutsmischung benannt wie die Stoney-Cree und die French-Cree. Meist werden die Gruppen aber nach ihrem geographischen Ort benannt: Eastern Cree, Woods Cree oder Plains Cree.

Unter den büffeljagenden Plains Cree lebte ein berühmter Krieger und spiritueller Führer namens Fine Day. Er starb 1934 im Alter von achtzig oder mehr Jahren. Fine Day unterschied sich dadurch von anderen Cree, daß er bereit war, mit Stammesfremden über die religiöse und gesellschaftliche Tradition seines Volkes zu sprechen. Einer dieser Gesprächspartner war der Anthropologe David Mandelbaum, der sich über Fine Day so äußerte:

«In der Zeit der Stammeskriege und während des Indianeraufstands von 1885, des sogenannten Riel-Aufstands, gewann er großes Ansehen als militärischer Führer seines Stammes. Er war auch ein geschickter Jäger und Fallensteller. Je älter er wurde, desto mehr stand er im Ruf, ein machtvoller Schamane zu sein. Als Maskwa (Bär, ein anderer alter Mann, der Mandelbaum sein Wissen mitteilte) sich nicht entschließen konnte, einige seiner übernatürlichen Erfahrungen preiszugeben (weil er fürchtete, von den Helfenden Geistern dafür bestraft zu werden), sagte er ernsthaft: ‹Ich bin sicher, daß der alte Fine Day sich nicht fürchtet, über die Geistmächte zu sprechen. Er ist auf allen Gebieten mutig.› Und Fine Day gab tatsächlich die gewünschte Information. Kooperativ, intelligent, versiert in allen Aspekten der Kultur, war er ein ausgezeichneter Informant.»

Mit den Informationen, die er von Fine Day, Maskwa und

anderen erhalten hatte, schrieb Mandelbaum ein ausgezeichnetes kleines Buch über die Cree.*

Mandelbaum zitiert einige seiner «Informanten», darunter auch Fine Day. Der größte Teil des Buches besteht jedoch aus Schlußfolgerungen, die er aus den Informationen zieht – das Fühlen und der Geist der alten Indianer gehen dabei oft verloren. Das findet man bei vielen Anthropologen – sie schreiben für Fachgelehrte und nicht für einfühlsame Leser.

Während meiner Studien in verschiedenen Bibliotheken und Museen habe ich zahlreiche Editionen der ursprünglichen Aufzeichnungen Mandelbaums gesehen. Im Gegensatz zum Buch enthalten diese Aufzeichnungen die ganze Breite und Vielfalt all dessen, was die Cree-Älteren mitgeteilt hatten. Ich staunte manchmal, bis in welche Details die Informationen ginge, und oft fesselte mich die Schönheit der ursprünglichen Darstellung. Ich glaube, diese Alten wären glücklich, wenn sie erleben könnten, daß ihre Geschichten wieder so zu hören sind, wie sie damals erzählt wurden.

## Fine Days Jugend

Der Vater und die Mutter meines Vaters gehörten den River People an. Aber seit vierzehn Generationen ist auch etwas Blackfoot-Blut in unseren Adern. Damals lebte ein Blackfoot-Häuptling namens High Fire. Er hatte eine Frau von den Stonie-Sioux. Einer ihrer Söhne hieß Running Fisher. Dieser Mann kam während einer Friedenszeit zu den Cree und nahm sich dort eine Frau. Als die Kämpfe zwischen den beiden Stämmen wieder begannen, blieb er bei den Cree und kämpfte auf ihrer Seite. Er war einer meiner Vorfahren.

Ich wurde westlich von hier geboren, an einem Ort, der Many Sweat Lodges (Viele-Schwitzhütten) heißt; er liegt am

* 1940 wurde das Buch vom American Museum of Natural History, New York, unter dem Titel *The Plains Cree* veröffentlicht; heute ist es kaum noch zu bekommen.

Battle River nahe der Alberta-Linie. Dort lebte ich, bis ich etwa zehn war. Dann starb mein Vater. Ich blieb noch einen Winter, und im nächsten Sommer kamen dann die Eltern meiner Mutter und nahmen uns alle mit nach Osten. Wir blieben ein paar Jahre bei den Soto. Ich heiratete eine Sotofrau. Sobald ich geheiratet hatte, ging ich in das Land meines Vaters zurück, und hier, wo mein Vater zu Hause war, lebe ich seitdem. In allem, was ich tue, lebe ich in der Art der River People. Ich habe nie angenommen oder nachgemacht, was sie im Osten tun.

Es gibt große Unterschiede zwischen meinem Volk und den Soto, selbst in der Art, wie sie jagen. Die Soto waren gute Jäger. In Sommer und Winter umzingelten sie die Büffel zu Fuß. Der Büffel witterte die windwärts Stehenden, und wenn er in die andere Richtung floh, schossen die Jäger auf ihn, die dort standen. Dann machte er kehrt und rannte zurück, nur um dort auch wieder getroffen zu werden. Wir jagten überhaupt nicht auf diese Weise. In der alten Zeit wurden nicht viele Besuche gemacht, und kam doch mal jemand, dann achtete er nicht auf die Jagdmethoden.

Mein Vater war seinerzeit nach Westen gegangen, weil es hier mehr Büffel gab. Er war ein guter Jäger, Fallensteller und Büffeljäger. Damals hatten sie nur wenige Pferde und benutzten hauptsächlich Hunde.

## Über Hunde

Ich erinnere mich noch gut an die Zeit, als wir nur wenige Pferde hatten und hauptsächlich Hunde benutzten. Ich sah einmal, wie eine Hündin sich mit einem Waldwolf paarte. Die Hunde wurden, wenn sie noch ganz klein waren, zum Lastentragen abgerichtet, sie bekamen jeden Tag ein Hundegeschirr um, bis sie sich daran gewöhnt hatten. Dann wurde der Travois (Hundeschlitten) angehängt. Die Hunde wurden nach ihrer Farbe benannt.

Die Hunde wurden abgerichtet, auf ihren Namen zu hören. Eine Frau konnte zehn bis zwölf Hunde haben, und sie rief jeden beim Namen, damit er kam und sich anschirren ließ. Sie taugten nicht zur Jagd und konnten auch nicht apportieren. An stürmischen Tagen, wenn niemand aufpaßte, kam es vor, daß sie ein Fohlen rissen. Sie rissen sogar Büffelkälber. Bei einer Büffeljagd gingen die Hunde manchmal durch und hetzten mit dem Schlitten hinter dem Büffel her – sie waren nicht aufzuhalten.

Wenn das Lager verlegt wurde, spannte man die Hunde mit Saganappi (Riemen aus Rohleder) hintereinander vor die Travois. Das Geschirr bestand aus einem Halsriemen und einem Bauchriemen. Die Hunde gehörten zwar den Frauen, aber wenn sie mal viel zu tun hatten, ließen sie die Männer die Hunde füttern. Fleisch wurde in Streifen geschnitten, und dann rief man die Hunde nacheinander zum Eingang des Tipi, damit sie sich ihre Ration abholten. Wenn die Männer auf die Jagd gingen, spannten die Frauen die Hunde hintereinander vor die Schlitten. Ich war manchmal mit Zwölfspännern unterwegs. Waren nicht genug Schlitten vorhanden, so wurde das Fleisch den Hunden direkt auf den Rücken gebunden.

Die Hunde kämpften selten gegeneinander, denn sie waren kastriert worden. Das war eine Aufgabe der Frauen. Ein Hund wurde angespannt und dann mitsamt dem Schlitten auf den Rücken gelegt. Zwei Frauen hielten die Beine auseinander und eine dritte schnitt den Hodensack auf, holte die Hoden mit den Fingern heraus und schnallte den Hund los. Die Wunde wurde nicht weiter versorgt. Die größten Hunde ließ man für die Zucht unkastriert.

Ein Mann galt als reich, wenn er viele Hunde hatte. Einen Hund konnte man jemandem zum Geschenk machen, aber bevor ein Mann einen Hund verschenken durfte, mußte er seine Frau fragen. Die Händler der Hudson Bay Company reisten im Winter mit dem Toboggan (eine andere Art von Hundeschlitten), und wenn sie Hunde brauchten, kamen sie zu den Indianerlagern. Ein Mann mußte seine Frau um Erlaubnis fragen, wenn er einen Hund verkaufen wollte. Die Cree haben den Toboggan von den Händlern übernommen. Ich selbst habe nie einen benutzt.

Im Sommer ist das Travois-Ziehen für die Hunde eine schwere Arbeit, aber im Winter geht es leicht. Die Hudson Bay Company schickte im Winter Männer zu uns, die Dörrfleisch und Felle kaufen sollten. Diese Männer hatten Toboggans. Sobald unsere Leute die Toboggans gesehen hatten, machten sie auch welche, denn damit konnten die Hunde viel größere Lasten ziehen. Wir konnten kein Pferdehaar-Geschirr machen, wie es die Händler hatten. Wir machten das Zaumzeug aus Riemen. Wir trieben die Hunde nie von hinten an wie die Händler, höchstens mal, wenn es heim ging. Wir führten sie. Wenn sich ein Hund die Pfoten am Eis aufgeschnitten hatte, zogen wir ihm Schuhe aus Rohleder an.

Die Frauen fütterten die Hunde mit Fleisch. Manchmal gab es zuwenig Fleisch, dann gingen wir den Battle River aufwärts bis zu den eisfreien Quellen. Am Ufer machten wir ein Feuer, und neben dem Loch wurde eine Birkenrindenfackel aufgestellt. Die Fische wurden vom Licht angelockt und kamen schwärmeweise. Wir harpunierten sie mit spitzen, gegabelten Stöcken. Sie waren so groß, daß man sie nicht verfehlen konnte. Das nennt man «Licht geben». Wir machten das, wenn wir kein Frischfleisch mehr hatten – nur noch Dörrfleisch.

An regnerischen Tagen, wenn man mit Holz kein Feuer machen konnte, füllten wir einen Büffelschädel mit Fett und zündeten es an. Das gab lange eine schöne Wärme. Männer wie Frauen kümmerten sich um das Feuer.


## Über die Ehe

Ich habe lange, lange nicht geheiratet. In jenen Tagen wollten die Mädchen nicht so bald heiraten. In meiner Jugend war es bei den Indianern so:

Angenommen, ein Mann hat einen Jungen und ein anderer

106

ein Mädchen. Der Vater des Mädchens wäre der Meinung, daß der Junge einen würdigen Schwiegersohn abgeben würde, und er würde ihn auch nach dem Charakter seines Vaters beurteilen. Dann würde er dem Vater des Jungen ein gutes Pferd bringen, und sie würden die Verbindung arrangieren. Es geschah aber auch andersherum. Dann brachte der Vater des Jungen dem Vater des Mädchens ein Pferd. Aber es kam selten vor, daß ein Mann um eine Frau anhielt. Die jungen Männer hatten es damals mit dem Heiraten nicht so eilig.

Wenn das junge Paar verheiratet werden sollte, gaben die Eltern des Mädchens ihrer Tochter einige Stuten mit und errichteten ihr ein Tipi in der Nähe der Schwiegereltern. Ein Mann brachte seinen Schwiegereltern im Laufe seines Lebens immer wieder Pferde. Immer wenn er Pferde von einem Beutezug heimbrachte, gab er einige seinem Schwager oder seinen Schwiegereltern.

In den alten Zeiten gab es das nicht, daß Jungen und Mädchen sich (sexuell) miteinander einließen, wie sie das heute tun. Wir ließen eine Frau nie aus den Augen. Wenn die Frauen in den Wald gingen, um Holz oder irgendwas zu holen, wurden sie von Männern auf Pferden begleitet. Sie sprachen nicht mit den Mädchen, aber wenn ihnen eins besonders gefiel, dann ritten sie ein wenig hinter ihm her. Das Mädchen erzählte dann zu Hause ihren Eltern davon. Wenn der Junge den Eltern gefiel, brachten sie das Mädchen mit einem neuen Tipi dahin, wo der Junge sein Lager hatte. So wurde ich mit einem Soto-Mädchen verheiratet. Ich sprach sie nie an, aber einmal ritt ich hinter ihr her und zeigte ihr so, daß ich meine Wahl getroffen hatte.

Bevor ich heiratete, lehnte ich vier Mädchen ab. Ich hatte keinen Vater und hätte also mit den Eltern des Mädchens leben müssen. Dann hätte ich deren Diener sein müssen. Es geschah oft, daß Würdige Männer (Männer, die für ihre Tapferkeit im Kampf bekannt waren) ihre Töchter aus diesem Grund an junge Männer zu verheiraten suchten, die kein eigenes Heim hatten. Mein Großvater warnte mich mehrmals, daß die Mädchen mir nur angeboten wurden, um mich als Diener zu gewinnen, und dann lehnte ich ab.

Manchmal fanden sich ein junger Mann und eine junge Frau, und die Eltern verweigerten ihre Zustimmung. Dann brannten sie durch und ließen sich bei einem anderen Stamm nieder. Wenn sie dann mit einer Familie zurückkamen und die Eltern sahen, daß sie sich wirklich ein gemeinsames Leben eingerichtet hatten, war alles in Ordnung.

Wurde ein Mädchen angeboten, dann kam sie und saß neben dem Jungen, während ihre Eltern das neue Tipi aufschlugen. Sie schenkte dem Jungen ein Paar eigens angefertigte und sehr schöne neue Mokassins. Lehnte er die Mokassins ab, dann hieß das, er wollte das Mädchen nicht. Dann bauten die Eltern des Mädchens das Tipi wieder ab und gingen weg. Manchmal ließ das Mädchen die Mokassins zurück.

Nahm der Junge die Mokassins an, dann hielt ihm sein Vater einen kleinen Vortrag über die rechte Eheführung, die darin bestand, gut und freundlich zu allen Verwandten des Mädchens zu sein. Dann sagte der alte Mann: «Jetzt bist du verheiratet», und dann ging der junge Mann mit seiner Frau in das neue Tipi. Es gab keine weitere Zeremonie, auch die Pfeife wurde nicht geraucht.

Anfangs folgte das junge Paar dem Vater des Mannes. Nach einer Weile sagte der alte Mann seinem Sohn, er solle ein paar Jahre bei den Leuten seiner Frau leben.

Als ich meine Frau nahm, war ich schon ein Würdiger Mann. Ich lebte bei meinem zukünftigen Schwager. Zwischen denen, die durch Heirat miteinander verwandt waren, herrschten besondere Höflichkeitsformen. Ein Mann durfte nie mit seiner Schwiegermutter sprechen. Auch nicht mit seinem Schwiegervater, außer in einem Fall: Wenn er seinem Schwiegervater nach einem Überfall einen Skalp vorweisen konnte, durfte er von da an mit ihm sprechen. Eine Frau hatte zu ihrer Schwiegermutter eine sehr freundschaftliche und enge Beziehung, aber sie durfte nie mit ihrem Schwiegervater sprechen. In einer Notsituation, angenommen die Blackfoot kamen und es war niemand da, der ihre Botschaft ausrichten konnte, durfte sie dem alten Mann die Neuigkeit sagen, mußte ihm aber dabei den Rücken zukehren. Wenn ein Mann mit seiner Schwiegertochter sprach, war das eine sehr ernste Sache. Selbst wenn es aus Versehen geschah, jedoch bekannt wurde, lachte jeder ihn aus, und das war sehr beschämend.

Zwischen den Brüdern eines Mannes und den Schwestern der Frau herrschte eine scherzhafte Beziehung, und wenn eine dieser Schwestern einem der Brüder angeboten wurde, konnte er nicht ablehnen.

Ein Mädchen darf nie mit seinen eigenen Brüdern sprechen und ein Mann nie mit seinen Schwestern. Wenn deine Schwestern noch ganz klein waren, durftest du sie küssen und hätscheln, aber wenn sie ungefähr zehn sind, mußt du damit aufhören. Deine Schwestern kümmern sich um deine Mokassins und Kleider, aber sie sprechen nie mit dir. Ich sprach das erstemal mit meinen Schwestern, als wir die Staaten besuchten und sie schon sehr alt waren.

Wenn ein Mann ein Würdiger Mann war und eine Frau und zwei Kinder hatte, dann waren immer Leute zum Essen in seinem Tipi, und seine Frau konnte sie nicht alle bedienen und auch noch die Kinder versorgen und sich um alles kümmern. Dann fragte er sie: «Möchtest du gern eine Hilfe haben?» Wenn sie ja sagte, suchten sie zusammen ein geeignetes Mädchen aus. Dann fragte er sie wieder: «Wirst du nett zu ihr sein?» Und sie sagte: «Ja, deshalb will ich sie ja haben». Dann ging er und holte die andere Frau.

Aber die erste Frau war immer Chef. Zu zweit konnten sie natürlich viele Häute und Felle bearbeiten. Wenn der Mann zum Hudson Bay Store ging, kaufte er für die beiden Frauen gleich viel ein und band alles zusammen. Zu Hause verteilte seine erste Frau die Sachen zu gleichen Teilen.

Manchmal heiratete ein Mann die Schwester seiner Frau, aber das ging nie so gut, als wenn er eine Frau heiratete, die mit seiner ersten Frau nicht verwandt war (bei anderen Stämmen heirateten die Männer bevorzugt die Schwestern ihrer ersten

Frauen). Kürzlich ist ein Mann gestorben – Yellow Head –, der sieben Schwestern geheiratet hatte. Seine Schwiegermutter mochte ihn und gab ihm immer wieder ihre Töchter. Sie war Witwe und wollte ihre Töchter alle in einem Lager beisammen haben, damit sie nicht so viel herumreisen mußte. Er hätte sich weigern können, aber sie setzte ihre Töchter regelrecht auf ihn an. Immer wenn er zum Hudson Bay Store ging, mußte er eine Menge Kleider für seine Frauen einkaufen. Sich selbst gönnte er nicht mal ein Hemd, um seine Frauen halten zu können. Seine sieben Frauen gebaren ihm nur sieben Kinder. Er konnte sie nicht schnell genug schwängern. Früher hatten nur die führenden Krieger mehr als zwei Frauen.

Es hing nicht vom Jagdgeschick eines Mannes ab, wie viele Frauen er haben konnte, sondern von seiner Absprache mit seiner ersten Frau. Sie bezahlten gemeinsam für die zweite Frau. Die Mädchen wollten nicht an unbedeutende Männer verheiratet werden. Es mußte ein Würdiger Mann sein, denn dann würde es keinen Streit unter den Frauen geben – er würde ihn beenden.

Der Bruder meiner Mutter hatte drei Frauen. Die letzte war ein Mädchen, das als Kind adoptiert worden war. Seine ersten beiden Frauen mochten sie nicht und ließen sie hart arbeiten. Aber später starben die ersten beiden und sie war die einzige Frau.

Mein Vater hatte zwei Frauen, und meine Mutter war die zweite. Sie waren aus verschiedenen Gegenden und kamen gut miteinander aus. Als mein Vater starb, ging jede dahin, woher sie gekommen war. Meine Stiefmutter stammte aus der Beaver-Hills-Sippe (eine Cree-Abteilung). Meine Mutter kam aus dem Osten, von dieser Seite des Moose Mountain. Ihr Volk wurde mit drei verschiedenen Namen bezeichnet – Claw People, Soto-Stonie und Dog Penis People. Dieser Stamm lebt jetzt überall verstreut. Sie verkauften ihr ursprüngliches Reservat und zogen ins Moose Mountain-Reservat. Ihr Häuptling war White Bear. Als mein Vater gestorben war, wurde ich auch dorthin gebracht. Ich habe mich hier drei Jahre vor dem Aufstand von

1885 niedergelassen.* Die Leute im Osten sprachen sowohl die Sotosprache als auch die Stoniesprache. Manchmal benutzten sie die eine, manchmal die andere. Daher kommt es, daß ich auch Stonie verstehe.

Ich kann auch Blackfoot. Die Cree und die Blackfoot schlossen in dem Sommer nach Sitting Bulls großem Kampf in den Staaten (1876) Frieden. Ein alter Priester, Father La Combe, reiste von den Cree zu den Blackfoot und sagte ihnen, sie sollten nicht mehr kämpfen. Ihm und der Hudson Bay Company ist zu verdanken, daß Frieden geschlossen wurde. Einmal griffen ein paar Cree ein Blackfootlager an, in dem er gerade war, und der Priester rannte nackt nach draußen.

Nach dem Friedensschluß kämpften aber die Stämme, die hinter den Blackfoot lebten, weiter gegen die Cree. Dann schlossen sich Blackfoot und Cree zusammen und gingen gemeinsam über die Berge, um zu kämpfen.

Zu meiner Zeit gab es so was wie Scheidung nicht. Eine alte Frau erzählte mir mal, sie sei eifersüchtig auf ihren Mann gewesen. Sie legte sich Nahrung für eine Reise beiseite und schlich sich in der Nacht zu einem anderen Lager fort. Sie kam da zwar an, aber ihre Füße waren erfroren, und von da an war sie ein Krüppel. Sie war deswegen so zornig, daß sie nicht mal ihr Kind sehen wollte. Sie sagte: «Nie konnte ich meine erfrorenen Füße vergessen. Immer wenn der Frühling kam, mußte ich reiten.»

So war das damals. Wenn ein Mann und eine Frau nicht miteinander auskamen, dann ging einer weg. Ich erinnere mich noch an einen anderen Fall, der irgendwie komisch ist. Eine Frau war mit einem Indianer aus dem Osten verheiratet. Er mochte sie nicht, denn sie war eine regelrechte Hure. Sie hatten keine Kinder, und er verließ sie. Sie heiratete sofort einen anderen Kerl, kam aber mit ihm auch nicht zurecht – er schlug sie dauernd. Aber sie trennten sich nicht.

Der Mann wurde bald eifersüchtig, weil er dachte, daß sie

* Im Sweetgrass-Reservat, Fine Days Zuhause in der Zeit, als er diese Geschichten erzählte.

einen anderen Mann hatte. Sie verriet aber nicht, wer es war. Da sagte er: «Ich gehe zwei Tage weg.» Er ging über die Hügel, kehrte dann um und kam in der Nacht zurück. Er schlich zu seinem Tipi, fuhr mit der Hand hinein und tastete nach seiner Frau. Sie ergriff seine Hand und sagte: «Komm rein. Keine Gefahr. Wir haben gesehen, wie er über die Hügel ging.» Da packte er sie, drehte sie herum und verhaute sie.

Als er am Morgen nach seinem Pferd sah, lief sie weg. Als er zurückkam und sah, daß sie weg war, fragte er meine Großmutter, wo sie war. «Sie ist weggelaufen und hat was zu essen mitgenommen.» Er sattelte sein Pferd und ritt ihr nach. Er kam ohne sie zurück und kam in unser Tipi, um zu essen. Als sie über die Hügelkuppe ging, so erzählte er, war er dicht hinter ihr. Auf der anderen Seite war nur offene Prärie, kein Versteck. Aber als er oben ankam, sah er sie nirgends. Nur ein einsamer Wolf rannte weg und sah sich nach ihm um. Da bekam er Angst und ritt zurück.

Als diese Frau alt war, erzählte sie meiner Frau diese Geschichte und lachte. Sie war eine Medizinfrau, und wenn sie arbeitete und dazu sang, hörten wir einen Wolf heulen. Deswegen hatte der Mann Angst vor seiner Frau gehabt.

Wenn ein Mann und eine Frau sich trennen, behält derjenige, der zurückbleibt, die Kinder, das Tipi und alles andere. Später kann derjenige, der weggelaufen ist, immer mal kommen, um die Kinder zu sehen, aber die beiden bleiben nicht zusammen und schlafen nicht mehr miteinander. Wenn der Mann weggegangen ist, kommt er, um seine Kinder zu sehen und ihnen Kleidung zu bringen. Wenn ein Sohn größer wird, kann er wählen, ob er beim Vater oder bei der Mutter bleiben will. Töchter bleiben immer da, wo sie aufgewachsen sind. Ich habe das selbst erlebt.

Mein Onkel erwischte einmal einen anderen Mann mit seiner Frau. Er gab seine Frau diesem anderen Kerl. Später erzählte er uns: «Nur so kann ich damit fertig werden. Und das war ganz schön schwer. Ich habe viele Nächte nicht geschlafen. Aber hätte ich es nicht so gemacht, dann hätte ich diesen Kerl vielleicht umgebracht. Ich habe meine Frau geliebt. Sie kann mich nicht geliebt haben, sonst hätte sie so was nicht gemacht. Danach habe ich es überwunden, und jetzt denke ich gar nicht mehr daran.»

Ich habe sogar erlebt, daß Frauen ausgetauscht wurden. Oft wurde eine untreue Frau einfach ihrem Liebhaber überlassen, und der gab dafür seine Frau her.

War ein Würdiger Mann vernarrt in die Frau eines anderen und schlief mit ihr, so konnte es passieren, daß sie dann Angst vor ihrem Mann bekam und ihm von der Sache erzählte. Ihr Mann lud dann den anderen zu einem Essen ein. Dabei sagte er ihm, er solle die Nacht bei seiner Frau schlafen. Das hätte diesen Mann beschämt, und er hätte nun wiederum den anderen zu seiner eigenen Frau geschickt und ihr ausrichten lassen, er habe ihn geschickt, um mit ihr zu schlafen. Anderntags ging jeder wieder zu seinem eigenen Tipi und sagte seiner Frau, sie solle mit der anderen Freundschaft schließen. Die beiden Frauen taten das dann und benutzten eine besondere Verwandtschaftsbezeichnung füreinander: *Dayim*. Das Ganze wiederholte sich, sooft ihnen danach war, ihre Frauen für eine Nacht auszutauschen. Aber so was geschah sehr selten. Nur Würdige Männer taten es als eine Art Wettkampf, um zu sehen, wer das stärkere Herz hatte.

Eine gute Frau war nie faul. Es gab bei den Frauen keine Spezialisierung. Aber selbst damals konnten viele Frauen keine guten Mokassins nähen. Meine Frau war eine gute Arbeiterin, als sie jung war, aber jetzt gerbt sie nur noch Hirschfelle. Früher waren die jungen Kerle hinter den guten Arbeiterinnen her, nicht hinter den hübschen Püppchen. Wenn die Männer von der Jagd heimkamen, zogen sie ihre Jagdkleidung aus und besuchten einander oder saßen einfach im Tipi. Die Frauen mußten arbeiten und Holz holen. Heute müssen die jungen Männer viel härter arbeiten.

# Namen

Namen werden bei uns nur so weitergegeben, daß ein alter Mann oder eine alte Frau seinen oder ihren Namen einem ihrer Kinder oder Enkel gibt. Der Geber wird dann mit seinem anderen Namen gerufen.

Wenn ein Kind geboren wird, bereiten die Eltern etwas zu essen, legen ein Tuch bereit, stopfen eine Pfeife und rufen einen alten Mann. Viele andere Leute kommen, um zuzuschauen. Die Eltern sagen dem alten Mann, welchen Namen sie wollen, und geben ihm das Tuch und die Pfeife. Der alte Mann zündet die Pfeife an, legt sie dann hin und spricht mit Gott und mit dem Geist, der ihn lehrte, Namen zu geben. Danach singt er, und dann sagt er: «Bringt das Baby her.» Er nimmt das Kind auf den Arm, gibt ihm den Namen und bittet Gott um seinen Segen für das Kind, damit es aufwachsen und alt werden kann. Er bittet den Geist, der ihm die Macht gab, diesen Namen zu geben, der Beschützer des Kindes zu sein. Dann wird das Kind unter den Anwesenden weitergereicht, bis es zur Mutter kommt. Jeder, der das Kind hält, spricht einen guten Wunsch aus.

Kleine Jungen lernen einander kennen und spielen miteinander, wenn der ganze Stamm sich in einem großen Lager versammelt. Sie werden gute Freunde, und wenn das Lager abgebrochen wird und die verschiedenen Gruppen sich wieder trennen, nimmt einer von zwei Freunden den anderen mit. Nach einer Weile wechseln sie gemeinsam zur Familie des anderen Jungen.

Bei dieser Art von Freundschaft bist du immer mit deinem Freund zusammen. Du betrachtest seine Eltern als deine eigenen, und du sprichst nicht mit seinen Schwestern. Wenn dem einen etwas gefällt, was dem anderen gehört, so schenkt dieser es ihm sofort. Wenn sie dann älter wurden und auf den Kriegspfad gingen und einer von ihnen getötet wurde, dann wurde meist auch der andere getötet. Das gleiche gab es unter Frauen.

Wenn ein Junge stirbt, so bleibt der andere eine Zeitlang bei den Eltern des toten Jungen. Von da an hat er zwei Elternhäuser. Mein Großvater hat mir von diesem Brauch erzählt, aber heute kennt man ihn kaum noch.

## Der Tod

In den Alten Tagen war es so: Wenn jemand auf dem Sterbebett lag, dann kamen die Leute ins Tipi und sprachen mit den Eltern und Verwandten und sagten ihnen, sie sollten nicht durch zuviel Weinen und Trauern ein schlechtes Beispiel geben, denn der Sterbende würde ja nicht lange fort sein. Wenn er tot ist, ziehen sie ihm seine besten Kleider an. Wenn er nur eine alte Decke hat, dann nimmt ein Würdiger Mann (oder jemand anderes) seine eigene gute Decke und legt sie über ihn. Vor der Beerdigung wird die alte Decke über die neue gelegt. Dann wird sein Gesicht bemalt und sein Haar gekämmt. Alle versuchen sehr nett zu den Hinterbliebenen zu sein.

Wenn der Tod am Abend kommt, werden die ganze Nacht über viele Leute beim Tipi sein, um mit den Verwandten zu sprechen und sie zu trösten. Sie erzählen lustige Geschichten, um sie abzulenken, und singen, wenn es zur Geschichte paßt. Sie sagen den Verwandten: «Wenn ihr nicht lachen könnt, dann lacht trotzdem und macht euer Herz tapfer.»

Wenn jemand im Sterben lag, dann sagte er meist noch, wie und wo er begraben werden wollte. Wurde kein solcher Wunsch geäußert, so entschied der Würdige Mann, was zu geschehen habe.

Wenn der Tote gekämmt wird, flicht man eine Locke auf seinem Kopf zu einem Zopf, der mit einer Sehne umwickelt wird. Am Morgen lassen die Würdigen Männer ihre Frauen viel zu essen machen, und dann frühstücken alle zusammen. Dann stellt sich der Würdige Mann an die Rückseite des Tipi. Es muß ein Mann sein, der einen Feind aus seinem Tipi gezerrt und skalpiert hat. Er sagt: «Ich kämpfte mit einem Feind und tötete ihn und zog ihn aus seinem Tipi. Jetzt werde ich diesen Toten herausziehen.» Die Seiten des Tipi werden hochgezogen, der Körper auf eine Decke gelegt und herausgezogen. Alle Leute versammeln sich um ihn und weinen. Vier Männer, die den Toten auf der Decke tragen, führen die Prozession zum Bestattungsort an. Das ganze Lager folgt, und alle weinen. Dort hält der Würdige Mann eine weitere Ansprache und erzählt von einem weiteren Kampf, bei dem er Skalps machte. Er nimmt den Zopf des Toten, schneidet ihn ab und sagt: «Und so habe ich diesen Skalp geschnitten.» Er schlingt den Zopf um das stumpfe Ende eines angespitzten Stabes. Jetzt ist alles bereit für die Beerdigung.

In der Prärie wird ein fünf Fuß tiefes Loch gegraben. Auf dem Boden der Grube wird ein Fell ausgebreitet und darauf ein Kissen (ein mit Entenfedern gefülltes Fell) gelegt. An den Längsseiten der Grube werden Einschnitte ausgehoben, in die man zwei Querbalken legt, nachdem der Tote hinabgesenkt wurde. Dann werden Tipistangen sehr dicht über diese Balken gelegt. Die Balken liegen etwa zwei Fuß unter der Erdoberfläche. Jetzt wird ein weiterer Umhang darübergelegt, dann das ganze mit Rohleder überspannt und schließlich mit Erde abgedeckt. Wenn die Pflöcke morsch werden, sinkt die Erde auf das Holzdach hinunter. Der Tote wird stets mit dem Kopf nach Norden und den Füßen nach Süden gelegt. Am Kopfende des Grabes stößt der Würdige Mann den Stab mit dem darangebundenen Zopf in den Boden.

Am vierten Tag nach dem Tod geben die Verwandten ein großes Fest. Der Würdige Mann holt den Zopf vom Grab. Er steckt den Stab neben seinen Platz, wo auch von allen Nahrungsmitteln etwas liegt und ein wenig Tee. Er bittet Manitu, den Zopf zu einem Geist zu machen, der uns antwortet, wenn wir ihn in ein Medizinbündel tun und mit ihm sprechen. Nun kommen Leute ins Tipi und setzen sich hin. Draußen sitzen die Menschen in einem Kreis. Sie bringen ihre eigenen Eßschalen mit.

Bevor der Würdige Mann spricht, raucht er eine Pfeife und

opfert Manitu eine Schale mit den Speisen. Dann wird das Essen ausgeteilt, aber dabei darf nichts verschüttet werden. Das Essen wird im Uhrzeigersinn ausgeteilt und muß immer diese Richtung gehen. Alles muß verteilt werden. Zwei Leute teilen das Essen aus. Derjenige, der zuerst fertig ist, bricht etwas Süßgras über dem Feuer und sagt: «Es ist fertig und alle.»

Jetzt läßt der Würdige Mann sich auf die Knie nieder und bittet Manitu um Hilfe für die Menschen. Er spricht eine ganze Weile. Am Schluß sagt er: «So werden wir jetzt alle essen. Wenn jemand nicht aufessen kann, darf er den Rest mit nach Hause nehmen.»

Derjenige von den beiden Austeilern, der zuerst mit essen fertig ist, legt wieder Süßgras aufs Feuer und reicht die Pfeife über das Feuer hinweg dem Würdigen Mann. Der bietet sie dar und bittet noch einmal darum, daß der Geist auf den Zopf übergehen möge. Dann wird die Pfeife reihum geraucht, und weiteres Zeremoniell findet statt.

Danach gehen alle außer dem Würdigen Mann und einigen alten Leuten hinaus. Der Zopf wird von dem Stab losgebunden, in ein Tuch eingewickelt und mit *Saganappi* (Lederriemen) verschnürt. Auch ein Strang Tabak wird mit eingewickelt.

Dieses Bündel nennt man *Nayah-tcikan*, «ein Ding, das man auf dem Rücken trägt». Es wird so gebunden, daß man es sich umhängen kann. Die Spitze des Zopfs wird als der Kopf betrachtet und kommt immer ans obere Ende des Bündels. Es wurde stets im Tipi aufgehoben, und wenn das Lager abgebrochen wurde, war es das erste, was man in Sicherheit brachte. Nachts legte man es neben sein Kopfkissen. Es stand für alle Verstorbenen.

Ich habe selbst viele solcher Bündel in Verwahrung. Die Priester machen diesem Brauch jetzt ein Ende; sie schneiden den Kindern in der Schule die Haare kurz, und wir können keine Zöpfe mehr flechten.

Früher geschah es oft, daß der Tabak ausging. Dann wurde eine Zeremonie abgehalten; man bot die Pfeifen dar, öffnete das Bündel, holte den Tabak heraus und ließ nur eine Pfeifenfüllung zurück. Sobald frischer Tabak kam, wurde das Bündel wieder gefüllt.

Wenn jemand sehr krank ist, geloben die Verwandten, ein großes Fest zu Ehren des Zopfbündels zu geben, wenn er wieder gesund wird. Findet das Fest statt, so werden viele Bündel zusammengetragen, damit das Bündel des Gastgebers Gesellschaft hat. Tagsüber werden Speisen zubereitet. Das Fest ist am Abend. Das Bündel wird nicht aufgemacht. Die Zeremonie läuft genauso ab wie bei einer Beerdigung. Vor und hinter dem Tipi stehen Totempfähle, damit die Geister wissen, daß es für sie ist. So waren die Geistertipis.

Das Bündel, «das man auf dem Rücken trägt», behält die Witwe, und später geht es an die Kinder über. Ich habe eins, das meinem Großvater gehörte, dann meinem Vater, dann meiner Mutter und jetzt mir. Das gilt auch für die Bündel der Heiligen Pfeifen. Ist der Sohn eines Mannes nicht würdig, es zu bekommen, so behält es die Witwe und gibt es schließlich einem anderen. Wer es bekam, ging damit zu einem anderen Hüter der Heiligen Pfeife und ließ sich zeigen, wie man damit umgeht. Der Lehrer bekam dafür vier Pferde. Ich weiß nicht, ob die Witwe etwas bekam.

## Totschlag und Selbstopfer

Einmal spielte ich mitten im Lagerkreis das Reifenspiel. Einer der Cree hieß Small Man. Er war kein Würdiger Junger Mann, weil er noch nichts im Kampf vollbracht hatte, aber er durfte das Tipi der Kriegergesellschaft betreten, weil er so freundlich und gutherzig war. Er hatte eine sehr böse Frau. Als er an diesem Tag zum Kriegertipi ging, lief seine Frau schimpfend und fluchend hinter ihm her. Er nahm das Futteral von seinem Gewehr, warf es hinter sich und sagte: «Wenn du weitergehst, töte ich dich.» Sie tat es, und er tat es.

Ich hielt eben den Reifen, den er für mich gemacht hatte, und erinnerte mich an die Zeit, als ich dieses Spiel gespielt hatte. Ich hörte den Schuß und rannte zu meinem Tipi. Meine Frau war mit der Getöteten verwandt. Sie sah, wie es geschah, und es war ihr eine Lehre. Von da an war sie gut. Die Frau wurde am selben Abend begraben, denn damals haben wir die Gestorbenen noch so schnell wie möglich begraben.

Der Mann ging ins Kriegertipi und blieb da. Er hatte keine Eltern, und da sein Tipi und alles (nach altem Cree-Brauch) fortgegeben wurde, nachdem seine Frau gestorben war, hatte er nun keine Bleibe mehr.

Der älteste Bruder der Toten rief seine Brüder zur Beratung zusammen. Er sagte: «Unser Schwager hat unsere Gefühle verletzt und uns weinen gemacht. Aber unsere Schwester hat ihn so schlecht behandelt, daß sie es verdiente, getötet zu werden. Das beste wird sein, wir lassen unseren Schwager in unseren Tipis essen und seine Mokassins von unseren Frauen ausbessern, denn er war freundlich zu unserer Schwester, und sie trägt selbst die Schuld.»

Sie luden ihn in ihre Tipis ein und sagten ihm, sie würden sich abwechselnd um ihn kümmern. Sie meinten, er brauche sich deswegen nicht zu schämen, und dankten ihm, weil er ihre Schwester bis zu ihrem unglückseligen Ende immer gut behandelt hatte. So blieb er den ganzen Sommer bei ihnen, und den ganzen Sommer war ihm das Herz schwer, denn er hatte seine Schwager einsam gemacht, und sie behandelten ihn gut.

Im Herbst schloß er sich einem Kriegszug nach Süden an. Fünfundzwanzig Männer brachen auf, um Pferde zu holen. Bevor sie das Land der Feinde erreichten, sagte Small Man, was er im Sinn hatte: «Ich bin mitgegangen und will nicht lebend zurückkehren, sondern für meine Schwager etwas Würdiges vollbringen. Als ich im Kriegerzelt war, nachdem ich meine Frau getötet hatte, beschloß ich, mein Leben teuer zu verkaufen. Wenn sie mich töten, so dachte ich, dann nehme ich ein paar von ihnen mit. Als meine Schwager so freundlich mit mir sprachen, wurde mir das Herz so schwer, und deswegen möchte ich ihnen das vergelten.»

Darauf sagte einer der Cree: «Du solltest dir das lieber aus dem Kopf schlagen und nicht ans Sterben denken.» Small Man erwiderte: «Du hast mich falsch verstanden. Ich bin nicht ausgezogen, um zu sterben, aber wenn es zum Kampf kommt, werde ich keine Furcht kennen. Ich bin entschlossen, etwas wirklich Wertvolles für meine Schwager zu tun.»

Am nächsten Morgen fanden sie die Blackfoot, und der Anführer wählte Small Man und drei andere Männer aus, um die Pferde zu holen. Zwei schlichen von Süden her ins Lager und die anderen von Norden. Sie brachten eine ordentliche Anzahl Pferde zusammen. Am Morgen merkten die Blackfoot, daß ihre Pferde weg waren, und sie konnten die Fährte der Cree verfolgen, weil das Gras feucht war.

Die Cree versteckten die Pferde am Steilufer eines Baches und bereiteten sich auf den Kampf vor. Small Man blieb nicht in der Deckung des Steilufers, sondern kämpfte oben. Als endlich die Sonne aufging, nahm er eines der besten Pferde und sagte: «Ich hole mir ein paar von diesen Blackfoot. Ich tue es für meine Schwager, und die Pferde sind für sie.» Dann ritt er mitten unter die Blackfoot. Sie schossen ihn nieder und liefen fort. Als die Cree ins Lager zurückkehrten, gaben sie die erbeuteten Pferde seinen Schwagern.

## Wie wir die Pocken bekamen

Es gab sehr viele Indianer, bevor die Pocken kamen und bevor die Masern viele Kinder töteten. So kamen die Pocken zu uns:

Zwei unserer Männer waren zu einem Raubzug gegen die Blackfoot ausgezogen. In einem Tal stießen sie auf ein Lager und sahen viele Krähen über den geschlossenen Tipis ihre Kreise ziehen. Sie gingen hin, schauten in eins der Tipis und sahen eine mit Ausschlag bedeckte Leiche. Der eine sagte: «Wir sollten lieber wieder gehen.» Das taten sie, aber vorher schnitten sie noch ein Stück aus dem Tipi, um sich zu bedecken.

Einer von ihnen starb, bevor sie wieder ihr Lager erreichten. Der andere wurde krank und bekam Ausschlag. Einmal dachten sie, er sei tot, und legten ihn auf einen Travois, um ihn zu begraben. Aber dann atmete er wieder, und sie nahmen ihn herunter. Noch einmal dachten sie, er sei tot, und der Rufer stieß seinen Schrei aus, damit das Grab vorbereitet wurde. Doch wieder begann der Kranke zu atmen. Er starb zweimal an einem Tag. Danach erholte er sich, aber viele Cree steckten sich an und starben. Ich war damals etwa fünfzehn (etwa 1865).

Du scheinst mir nicht zu glauben, daß es damals sehr viele Indianer gab. Meine Mutter erzählte mir manchmal, daß sich irgendwo westlich von Saskatoon einmal viele Stämme versammelt hatten. Auch ein alter Stonie hat mir davon erzählt. Es waren so viele Menschen da, daß sie vier Sonnentänze gleichzeitig abhalten mußten. Tipis so weit das Auge reichte. Das Lager muß sich über fünf oder sechs Meilen erstreckt haben.

## Über Pferde

Von den Alten habe ich erzählen hören, wie wir die ersten Pferde bekamen. Ganz am Anfang gab es nur wenige Indianer, und sie hatten die Hunde als Nutztiere. Diese Hunde sahen aus wie Waldwölfe, und wenn die Menschen Hunger hatten, konnten sie schon mal einen von ihnen essen. In jenen Tagen war jemand da, der sich ständig um die Menschen kümmerte, und das war Manitu. Einmal sagte er ihnen, sie würden immer zahlreicher und deshalb bekämen sie von ihm größere Hunde. Das war das letztemal, daß er den Menschen erschien – alles war jetzt erschaffen, und die Menschen konnten selbst für sich sorgen. Er sagte ihnen auch, daß sie sterben müßten, denn sonst könnten sie kein Wissen gewinnen.

Als Manitu nicht mehr erschien, hatten die Menschen einen Häuptling. Nach ein paar Jahren erinnerte sich dieser Häuptling an Manitus Worte. Damals lebten sie weit im Osten, und Manitu hatte Westen als die Richtung angegeben, aus der die großen Hunde kommen würden. Der Häuptling rief seine Männer zusammen, und sie brachen auf, um die Hunde zu suchen.

Schließlich kamen sie in ein Dorf, wo überall die großen Hunde grasten. Aber die Leute da sprachen eine andere Sprache, und sie konnten sich nicht verständigen. Da ihnen aber die großen Hunde versprochen worden waren, fingen sie an, sie zusammenzutreiben. Die Bewohner des Dorfes wollten das nicht zulassen und fingen an, mit Pfeilen zu schießen. Damals kannten sie noch kein Eisen, und ihre Pfeilspitzen waren aus Stein. Viele Cree wurden getötet, aber die übrigen entkamen mit den Pferden, und seitdem haben wir sie. Ich erzähle nur das, was ich gehört habe.

Später raubten wir unsere Pferde von den Blackfoot. Hatten die Pferde lange galoppieren müssen, dann brachten wir sie an den See, bespritzten sie mit Wasser und ließen sie laufen. Wenn wir im Winter Büffel jagten, nahmen wir die schnellsten Pferde. Nach der Jagd stiegen wir ab und führten die Pferde heim. Die Lager wurden immer da angelegt, wo Menschen und Pferde geschützt waren. Im Sommer gab es nie Frieden, und wir waren immer in Angst vor den Raubzügen der Blackfoot. Die besten Pferde wurden nahe am Tipi angepflockt.

Wenn wir einen Angriff befürchteten, wurden die Pferde gleich beim Eingang des Tipi angepflockt. Wir banden ihnen die Riemen mit vielen Knoten über dem Knie fest. Manchmal wurde der Pflock direkt ins Tipi gesetzt. Der Besitzer konnte dann von Zeit zu Zeit am Riemen ziehen, um zu sehen, ob sein Pferd noch da war.

Wenn ein Pferd so nahe beim Tipi angebunden war, wartete der Dieb, bis es einmal so weit vom Eingang wegging, wie es der Riemen zuließ. Dann warf er ihm einen Riemen um den Hals und führte es weg, blieb aber stets hinter dem Pferd, das ihm als Schutzschild diente.

Draußen in der Prärie wurden den Pferden die Beine über den Fesseln zusammengebunden, im Sommer die Vorderläufe, im Winter, wenn die Feinde nahe waren, manchmal auch die Hinterläufe, damit das Pferd mit den Vorderhufen ausschlagen konnte. Meist durften die Pferde im Winter frei laufen. Nur ein schnelles Pferd hielt man in der Nähe für die Büffeljagd. Das

Fleisch trugen dann die Hunde. Wenn dieses schnelle Pferd zurückkam, durfte es unter einer Decke ein wenig abkühlen. Wenn sie die Decke wieder abnahmen, wälzte und schüttelte es sich und lief weg.

Im Winter machte man folgendes, damit sich die Pferde nicht zu weit entfernten: Man schlug ein Wasserloch ins Eis und streute etwas Salz um die Öffnung. Wenn die Pferde das geschmeckt hatten, gingen sie nicht mehr vom Wasserloch weg. Wenn wir merkten, daß die Pferde weniger tranken, streuten wir neues Salz hin – ungefähr einmal die Woche.

Im Frühwinter gingen wir zu den Salzseen, um Salz zu holen. Wo unter dem Eis kein Wasser ist, schlagen wir es weg und schaufeln das Salz heraus, das darunter liegt. Die beste Stelle ist ein kleiner See zwischen den beiden Jackfish-Seen. Eine andere Stelle ist auf dem Poundmaker-Reservat. Mein Großvater holte sich immer eine Menge Salz und verstaute es für den Winter in Tüten. Es wird nicht zum Würzen benutzt, ist aber ein gutes Heilmittel. Meine alte Frau hat noch welches.

## Unsere Spiele

Wenn viele Menschen ein gemeinsames Lager aufschlugen, war dies das erste Spiel: Vier Männer spielen, zwei auf jeder Seite. Jeder hat vier Pfeile. Einer der Männer stößt einen Bogen so in die Erde, daß er aufrecht stehenbleibt. Ein anderer schießt einen Pfeil so dagegen, daß er abprallt und irgendwo als Markierung liegenbleibt. Nun geht es darum, weitere Pfeile so gegen den Bogen zu schießen, daß sie sich nach dem Abprallen über die Spitze oder die Federn des Markierungspfeils legen. Wenn einer es schafft, bekommen er und sein Partner je einen Pfeil. Kommt keiner mit seinen vier Versuchen zum Ziel, so kommen die nächsten vier Pfeile dran. Sie machen weiter, bis der Köcher leer ist, und die Gewinner behalten alle Pfeile.

Ein anderes Spiel, mit dem ich mich nicht so genau auskenne, weil ich es nur einmal gespielt habe und ein anderer für mich zählte, ging so: In einer Holzschale liegen zwei auf der Innenseite rot bemalte Luchspfoten, zwei Stücke von einem alten Kupferkessel, eine Fasanenklaue, so abgeschnitten, daß sie auf der Schnittstelle stehen kann, und vier Pflaumenkerne. Es gab zwei Sorten von Pflaumenkernen – flache, die auf einer Seite schwarz angemalt waren, und runde. Wenn du als erster dran bist, fragst du deinen Gegenspieler, welche Sorte er möchte. Es sind Steine der Wildpflaume, die im Osten wächst.

Du hältst eine Hand über die Schale und schüttelst sie. Dann nimmst du die Hand weg. Die höchsten Punktzahlen gibt es, wenn die Fasananklaue auf der Schnittstelle steht oder die Luchspfoten mit der roten Seite nach oben liegen oder wenn die Kupferstücke sich berühren oder die Pflaumenkerne mit der schwarzen Seite nach oben liegen. Gelingt einem solch ein Wurf, dann ruft er «okwe-atcigou» oder «Schluß». Ich kenne keine anderen Stämme, die dieses Spiel spielen, aber bei den Cree wurden sogar Pferde darauf gesetzt.

Das nächste Spiel gibt es heute nicht mehr. Es wurde im Winter gespielt. Man machte einen Schneehaufen und legte drei Balken als Rahmen um ihn herum; eine Seite blieb offen. In die Spitze wurde ein Pflock gesteckt. Dann wurden drei bis vier Fuß lange Weidenruten geschnitten und an einer Seite ange-spitzt. Diese Stöcke wurden aus etwa zehn Fuß Entfernung geworfen, und zwar mit dem Ziel, den Pflock in der Mitte zu treffen. Manchmal wurden auch Pfeile geworfen, die waren auch gleichzeitig der Einsatz.

Ein Spiel hieß «Pfeilschießen». Es wurde im Sommer gespielt. Auf jeder Seite waren zwei Männer. Der erste Pfeil wurde weit weggeschossen, und es ging darum, ihn mit weiteren Pfeilen zu treffen. Jeder schoß vier Pfeile. Wenn keiner traf, dann steckte derjenige, der dem Ziel am nächsten gekommen war, einen Pfeil in die Erde. Wer als erster vier Pfeile getroffen hatte, hatte gewonnen. Traf aber vorher einer den Markierungspfeil, so gehörten alle gesteckten Pfeile ihm. Pfeile waren meistens der Einsatz.

Ein Spiel der Jungen hieß «Rutschstock». Hartholzstöcke

von zwei Fuß Länge wurden an einer Seite flach geschnitzt und an der Oberseite mit einem Muster versehen, zum Beispiel einer Schlange oder einer Ente. Dann wurde einen Hügel hinunter ein gewundener Pfad ausgetreten, und die Jungen ließen ihre Stöcke hinunterrutschen. Wessen Stock am weitesten kam, hatte gewonnen.

Das «Hodenspiel» wurde vor allem von Frauen gespielt. Zwei Lederbeutel wurden mit Büffelhaar ausgestopft und mit einem kurzen Riemen so zusammengebunden, daß sie wie Hoden herunterhingen. Die schnellsten Läuferinnen wurden ausgewählt und bekamen lange, dünne Stöcke. Jede Partei hatte vier bis acht Teilnehmerinnen. In der Mitte des Lagers war der Start. Eine Spielerin warf die Beutel mit ihrem Stock hoch in die Luft. Die Beutel durften nicht mit Händen oder Füßen berührt und auch nicht am Stock weitergetragen werden – man mußte sie schleudern. Man konnte sie dem Gegner vom Stock schlagen oder mit dem Stock auffangen. «Tore» waren zwei Tipis an den entgegengesetzten Enden des Lagers. Es dauerte lange, ein Tor zu schießen, und wer es schaffte, hatte gewonnen.

Ein anderes Winterspiel hieß einfach «Rutschen». Wir stellten eine ungefähr fünf Fuß lange schräge Schneebahn her, die anschließend vereist wurde. Am unteren Ende wurden zwölf Löcher gemacht und von eins bis zwölf durchnumeriert. Nummer zwölf ist das größte Loch. Wir hatten Murmeln aus den rundgeschliffenen Spitzen von Büffelhörnern, die wir die Schneebahn hinunterrollen ließen. Jeder hatte seine Murmel markiert; dazu wurden Linien und Punkte hineingeritzt und mit roter Farbe ausgerieben. Meistens sprangen die Murmeln wieder aus den Löchern, und das Spiel dauerte lange, weil es so schwer war, Punkte zu machen. Gewinner war, wer zuerst zwölf Punkte hatte.

Dann hatten wir noch das «Stockziehen». Es wurde mit einundzwanzig Stäben gespielt. Einer der Spieler hält seinem Gegner das Bündel Stäbe hin, und der zieht sich eine Handvoll heraus. Hat er eine gerade Zahl von Stäben gezogen, gewinnt er. Zieht er dreimal hintereinander eine gerade Zahl, dann wechselt das Bündel unter symbolischen Gesten, und der andere muß ziehen.

Ein anderes Spiel der Jungen hieß «Wirbelstock». Dazu brauchte man das gesäuberte Horn eines einjährigen Büffels. Ein vier Fuß langer Stock aus Saskatoonholz wurde am einen Ende mehrfach gekerbt und mit dieser gekerbten Seite in das Horn gesteckt. Dann wurde das Horn mit Fett vollgestopft, und man wartete, bis es hartgefroren war. Wir suchten uns ein glattes Stück mit verharschtem Schnee. Dann wurde das Horn an seinem Griff senkrecht herumgewirbelt und im rechten Augenblick losgelassen, so daß es weithin über den Schnee schlitterte. Wer dabei am weitesten kam, hatte gewonnen. Wir wurden oft ermahnt, dieses Spiel nicht zu spielen, wenn Leute oder Tiere in der Nähe waren, denn es konnte leicht jemand verletzt werden.

Das «Ballspiel» wurde mit einem harten Ball gespielt, etwas größer als ein Baseball, der mit Büffel- oder Antilopenhaar gefüllt war. Außerdem gehörte ein Stock dazu, der an einem Ende gebogen war. Je zwei Stöcke markierten die Torlinien, die hundert Meter und weiter auseinanderlagen. Es ging darum, den Ball mit dem gebogenen Stock über die Torlinie zu treiben; er durfte mit keinem Körperteil berührt werden. Auf jeder Seite waren vier bis sechs Spieler – meistens aus verschiedenen Abteilungen des Stammes. Dieses Spiel wurde von Männern und Frauen gespielt, aber niemals gemischt. Wer ein Tor schoß, hatte gewonnen, und es wurde erst aufgehört, wenn dieses eine Tor erzielt war.

Beim «Ballwerfen» wird derselbe Ball benutzt wie beim vorigen Spiel. Der Ball wird einfach zwischen den bis zu acht Spielern, die in einem Halbkreis stehen, hin und her geschlagen. Wenn einer müde wird, fängt er den Ball. Wer ihn verfehlt, muß seinen Platz einem der umstehenden Zuschauer räumen, der mit den Worten «Deine Augen werden eher trocken werden (vom aufmerksamen Zuschauen), als daß du uns danebenschlagen siehst» den Halbkreis betritt. Männer und Frauen spielen gemeinsam.

Das nächste heißt «Rollspiel». Es wurde nur im Frühling

gespielt, wenn der Schnee schon geschmolzen, der Boden aber noch gefroren ist. Man brauchte dazu einen aus Weidenruten geflochtenen Reifen von einem Fuß Durchmesser. Dieser Kranz war mit Riemen zusammengebunden, so daß die Mitte frei blieb. Eine Seite rollt den Reifen, und die Männer werfen mit Stöcken nach ihm, die an einem Ende eine kurze Gabelung haben und am anderen spitz sind. Einer nach dem anderen werfen sie, bis ein Treffer erzielt wird. Ein Wurf durch die Mitte heißt «Herz», ein Wurf in den Rand heißt «Klauen». Wer einen Treffer erzielt, greift sich den Reifen und jagt die andere Partei damit. Schlägt er einen von ihnen mit dem Reifen, so scheiden sie beide aus. Der letzte, der mit dem Reifen berührt wird, verliert für seine Seite das Spiel.

Wenn die Menschen zu großen Lagern zusammenkamen, wurden immer Wettläufe gemacht, und zwar über kurze und lange Strecken. Die kurzen Strecken wurden barfuß gelaufen, die langen mit Mokassins. Außerdem trugen sie Lendentücher.

Zu solchen Anlässen gab es auch immer Pferderennen, bei denen viele Wetten abgeschlossen wurden. Selbst die Frauen wetteten untereinander. Einmal trat ich in Wainwright gegen einen Soto an. Das Pferd hatte ich mir von einem Neffen geborgt, der es von eben diesem Soto gekauft hatte. Sämtliche Cree vom Reservat setzten auf mich. Die Creefrauen setzten ihr Geschirr gegen das Dörrfleisch der Sotofrauen. Etwa zwanzig Pferde wurden gesetzt.

Vor dem Rennen regnete es tagelang. Ich hielt mein Pferd bedeckt, der Soto nicht. Das Rennen ging über eine Viertelmeile. Ich schlug den Soto um etliche Längen. Als ich jung war, habe ich viele Rennen geritten. Manchmal habe ich auch verloren.

Noch ein Spiel – es heißt «Reifenspiel». Der Reifen besteht aus mehreren Weidenruten und einem Mantel aus Büffelweidenrinde. Der Reifen wird gerollt, und eine Seite schießt mit angespitzten oder kleinköpfigen Pfeilen darauf. Die beiden Parteien, jeweils bis zu vier Männer, stehen dreißig bis vierzig Schritt voneinander entfernt, und der Reifen wird etwa zwanzig Schritt geworfen, bevor er rollt. Wenn eine Seite einen Treffer erzielt (der Pfeil muß steckenbleiben), wird der Reifen gegen einen Pfahl auf der anderen Seite gelehnt. Die Seite, die den Punkt gemacht hat, schießt wieder, und wenn noch ein Treffer erzielt wird, schießt jeder der Verlierer einen Pfeil zu seinem Partner hinüber. Wenn der Reifen rollt, schießt man nicht zu flach, damit die Wucht des Pfeils den Reifen nicht hemmt.

## Haushalt

Jede Frau hatte einen Grabstock, der ihrer Größe und Arbeitsweise angepaßt war. Diese Stöcke waren aus Saskatoon- oder Chokecherryzweigen. Oben war ein kleiner Knauf geschnitzt und unten eine gebogene Spitze.

Mit diesem Stock wurden vor allem wilde Rüben ausgegraben. Wenn die Wurzeln im Herbst reif sind zum Essen, machen Männer und Frauen sich gemeinsam auf die Suche. Der Mann geht mit, um zu graben, wenn seine Frau müde wird, und er beschützt sie.

Unter den Wurzeln, die wir gruben, war eine, die hieß «Mistas-kuci-mina» oder Grasbeere. Diese Wurzel nennt man auch indianische Rübe. Sie wurden geschält oder ungeschält an Sehnenfäden aufgereiht und zum Trocknen ins Tipi oder an die Sonne gehängt. Danach wurden sie in Beuteln verstaut. Man konnte sie auch schälen und auf einer Rohhaut zum Trocknen ausbreiten und anschließend mit einem Steinklöppel bearbeiten. Man sammelt die Fasern heraus und verstaut dann die getrockneten Stücke. Im allgemeinen dauert das Trocknen zwei Tage.

Wir ernteten auch die «Mistiko-ska-task» oder Wildkarotte. Die war im Herbst und im Frühjahr besonders gut. Sie wurde nicht für den Winter gelagert, sondern gleich gegessen. Wir gruben um sie herum die Erde auf und zogen sie heraus.

Für Nahrungsmittel hatten wir zwei Arten von Beuteln. Das

eine war ein weicher Lederbeutel mit einem Zugband. Das andere war ein länglicher, rundum vernähter Beutel aus Rohhaut für die Lagerung und den Transport von Pemmikan. Das ist mageres Fleisch, das getrocknet und ein wenig über dem Feuer angeröstet wird. Danach wird es geschlagen, bis es ganz mürbe ist, und dann in Rohleder verpackt. Wenn es Fett gab, wurde es vor dem Verpacken über das Fleisch gegossen. Außerdem wurden Saskatoonbeeren und Chokecherries daruntergemischt, und so hielt sich das Fleisch den ganzen Winter über.

In den Tagen meines Urgroßvaters machten sie Feuer, indem sie einen Stab zwischen den Handflächen auf einem Stück Zunder rieben. Ich habe es auch versucht, aber es ging nicht, weil ich nie gesehen habe, wie man es macht.

Später nahmen sie ein Stück von der inneren Rinde der Schwarzpappel und legten es auf ein Stück Flintstein. Dann schlugen sie einen roten Stein dagegen. Ich habe das auch gemacht, aber es dauert lange, bis man Feuer hat.

Als dann die Hudson Bay Company kam, lösten sie Schießpulver in Wasser auf und tränkten Zunder damit. Wenn der Zunder wieder trocken war, wickelten sie ein Stück davon in ein Tuch und schlugen einen Stein darauf. Sie bekamen auch Stahlstücke von der Hudson Bay Company und machten mit Flintstein und Stahl Feuer.

Meine Mutter versorgte das Feuer. Nachts legte sie Chokecherryzweige auf, und so hielt sich die Glut bis zum Morgen. Wenn das Feuer mal ausging, machte mein Vater es wieder an, aber ich kann mich nicht erinnern, wie er es machte. Feuermachen ist Männerarbeit, denn die Männer haben das notwendige Gerät. Mein Vater hatte wie alle Männer immer ein Stahlstück bei sich, das er in einem Beutel am Gürtel trug.

## Wie man Seile macht

Ein Rohhautseil macht man so: Wir nahmen Büffelhäute und später Kuhhäute. Zuerst wird alles Haar entfernt. Dann wird die Haut gestreckt und mit Fett eingeschmiert (am besten mit Skunk- oder Dachsfett). Jetzt kommt die Haut auf einen großen Dreifuß über das Feuer und wird geräuchert. Büffelhirn wird in Wasser gekocht und das Ganze noch warm über die Haut verstrichen (nur auf einer Seite). Darüber wird ganz fein gehackte frische Leber verteilt. Dann wird die Haut zusammengefaltet und über Nacht liegengelassen. Am Morgen wird die Haut aufgeschlagen und Leber und Hirn abgeschabt. Die Haut ist jetzt weich und feucht. Sie wird über gedrehten Sehnen gewalkt – in der Prärie nahm man dazu Birken- oder Lärchenstäbe. Bevor die Haut austrocknet, schneidet man sie zu einem einzigen fortlaufenden Streifen. Wo die Haut dünn ist (an Flanken und Schultern), wird besonders breit geschnitten. Normalerweise schneidet man eine halbe Daumenlänge breit. Jetzt wird ein Ende an einen Stab gebunden, der Riemen so stramm wie möglich gezogen und befestigt. Die breiter geschnittenen Stellen müssen jetzt begradigt werden. Solange diese Streifen noch feucht sind, werden drei oder vier von ihnen zu einem Seil zusammengeflochten, das man «Zopfseil» nennt. Die Enden werden doppelt verknotet. Die Frauen stellten die Riemen her, aber die Männer flochten sie zu Seilen.

Solche Seile wurden auch aus «Weißbeerenstab» oder Büffelweide gemacht. Die Rinde wurde in Streifen abgeschnitten und gefaltet, so daß sie beim Flechten Stück für Stück wieder aufgeschlagen werden konnte. Solche Seile mußten jeden Tag befeuchtet werden, weil sie sonst brüchig wurden.

Es gab noch eine andere Art von Rohhautriemen. Die Männer fertigten sie während ihrer Raubzüge. Beim Aufbruch nahmen sie keine Riemen mit, aber sie brauchten ja welche, um die gestohlenen Pferde wegzuführen, und die machten sie unterwegs, während sie nach Pferdeherden Ausschau hielten. Sie erlegten ein Tier, häuteten es und schnitten Streifen aus der Bauchhaut. Sie schabten das Haar ab, fetteten die Streifen ein, walkten sie über einen Büffelschädel und kauten unterwegs darauf, um sie weich zu machen. Dann wurden sie noch einmal auf einem Büffelschädel gewalkt und schließlich gestreckt.

## Behälter

Ich habe nie beim Korbflechten zugesehen, aber ich war oft dabei, wenn meine Großmutter Behälter aus Birkenrinde machte. Die brauchte man für alle möglichen Sachen – zum Wassertragen, für Beeren und allerlei leichte Dinge. Sie werden mit bestimmten, ganz fein aufgespalteten Wurzeln genäht. Manche waren flach und konnten als Teller dienen. Die Löcher, durch die die Wurzelfasern gezogen wurden, stach man mit Knochenahlen. Manchmal wurden blau oder rot gefärbte Stachelschweinborsten als Verzierung angebracht. Wasserbehälter waren höher als die anderen. Für heißes Wasser waren sie nicht geeignet, weil es sie weich machte. Nur Frauen machten diese Behälter. Sie holten auch die Rinde. Es gibt eine Methode, die Rinde so anzuschneiden, daß sie in einem Stück herunterkommt.

Ich weiß noch, einmal bat meine Großmutter meinen Großvater, etwas Rinde zu besorgen. Er brachte welche, aber sie war eingerissen und voller Löcher. Meine Großmutter warf sie einfach ins Feuer und holte selbst welche. Den Teller nannten wir «Waskwaiya-gau», Birkenrindenteller. Der Kübel hieß «Ka-gwai». So weit ich mich zurückerinnern kann, waren diese Dinge bei uns in Gebrauch. Aber um Fleisch zu kochen, benutzten wir die Kupferkessel von der Hudson Bay Company.

Teller wurden auch aus Birken- oder Ahornholz gemacht. Im Osten wurde noch eine andere Holzart benutzt. Man nimmt die stärksten Stämme. Ein Stück wird herausgesägt und der Länge nach gespalten. Die Rundung wird abgeflacht und die Innenfläche ausgestemmt.

Löffel werden aus den Hörnern von einjährigen Büffeln gemacht. Das Horn wird mit einem Stück Knochen aus dem Schädel geschnitten. Danach wird es gekocht, bis das Horn weich wird und vom Knochen abgelöst werden kann. Das Horn wird am Rand eingeschnitten und ein Stein hineingekeilt. Dann wird das Horn wieder erhitzt und der Stein tiefer hineingetrieben. Wenn die Öffnung weit genug ist, schneidet man die rauhen Ränder glatt, schleift das Horn mit einem Stein, poliert es mit dem Messerrücken und reibt es mit der Hand ab. Die Spitze wird zu einem Griff gebogen. Das geht auch mit Kuhhörnern.

Den Schluß meiner Erzählung sollen die Worte eines meiner Lieblingslieder bilden – ein Lied für den Rundtanz:

Der Himmel segnet mich – die Erde segnet mich!
Oben im Himmel – mache ich die Geister tanzen,
Auf der Erde – mache ich die Menschen tanzen.

# Die letzte große Häuptlingsberatung

## *Die untergehende Rasse*

In dem historischen Tal am Little Bighorn trafen sie sich im Jahre 1909. Es waren Häuptlinge und tapfere Männer der westlichen Stämme, Two Moons von den Cheyenne, Plenty Coups von den Crow, Mountain Chief von den Blackfoot, Red Cloud von den Sioux und viele andere. Sie errichteten ihr Lager nahe der Stelle, wo einige von ihnen einst gegen die Soldaten General Custers gekämpft hatten – ein letzter großer Versuch, die Woge von weißen Soldaten und Siedlern aufzuhalten, die die alte indianische Lebensweise ein für allemal beenden sollte.

Custer und seine Männer starben. Ein historischer Tod, den die Indianer als eine Sternstunde im hoffnungslosen Überlebenskampf der alten Indianer im Gedächtnis behalten haben. Das indianische Leben veränderte sich trotz dieses Widerstands, und es wandelt sich noch. Die letzte große Häuptlingsberatung war die Idee eines Mannes, der erkannt hatte, daß die Zeit bald über die alten indianischen Anführer hinweggehen würde. Ihm ging es um ein bleibendes Zeugnis dieser großen Männer der Vergangenheit für die Zukunft – für uns.

Dieser Mann war Rodman Wannamaker. Er sah die alten Indianer als ein Volk von «primitiver Schönheit» und wollte sie mit seiner Kamera für alle Zeiten festhalten. In seinen eigenen Worten: «Der einzige Wunsch war, die Lebensgeschichte der ersten Amerikaner für immer aufzuzeichnen und in ihnen das Gefühl der Verbundenheit mit ihrem Land zu festigen.»

Wannamaker organisierte mehrere «Expeditionen zu den nordamerikanischen Indianern». Joseph K. Dixon machte er zum Leiter dieser Expeditionen. Dixon teilte Wannamakers romantische Sympathie für die Ureinwohner Amerikas. Die letzte große Beratung sollte der Höhepunkt dieser Expeditionen werden. Staatspräsident Taft und der Kommissar für indianische Angelegenheiten, Valentine, gaben ihr Einverständnis, und damit erhielten die Häuptlinge die Erlaubnis, ihre Reservate zu verlassen, um an der großen Beratung teilzunehmen.

Den Fotos und Aufzeichnungen von der großen Beratung ist es zu verdanken, daß wir heute noch die größten Häuptlinge Amerikas betrachten und ihre faszinierenden Geschichten hören können. Die besten Fotos Wannamakers wurden 1913 in einem Buch veröffentlicht, das heute schwer zu bekommen ist: *The Vanishing Race*. Der Titel zeugt ebenso vom Geist der Häuptlinge, die an der großen Beratung teilnahmen, wie von der Haltung der Organisatoren. Das Buch erhielt folgende Widmung:

Für den Menschen des Großen Mysteriums
Die Erde seine Mutter
Sonne sein Vater
Ein Kind der Berge und der Ebenen
Arglos Betender in der Großen Weltkathedrale
Jetzt eine tragische Seele, die an den westlichen Küsten umherirrt:

Mein Bruder, der Indianer

Ein Abschnitt dieses Buches zitiert Augenzeugenberichte von der berühmten «Custer-Schlacht», in der Custer und seine Männer ihr Leben ließen. Einige der Häuptlinge bei der großen Beratung hatten an jenem historischen Tag gegen Custers Männer gekämpft. Einige der Teilnehmer hatten sich auf Custers Seite befunden – vier von Custers Crow-Scouts waren anwesend, um das Ereignis aus ihrer Sicht zu schildern.

Diese Expedition fand 1913 an Washingtons Geburtstag

ihren Abschluß auf der Hafenseite von New York. Präsident Taft traf sich mit zweiunddreißig Häuptlingen und anderen Würdenträgern, um über einem kleinen Stück Grund die Flagge aufzuziehen, auf dem ein großes indianisches Denkmal errichtet werden sollte. Die Kosten für das Denkmal sollten aus dem Verkauf von Wannamakers Buch und Abzügen von seinen mehr als 8 000 Negativen bestritten werden.

## Die Große Beratung

Plenty Coups, der Häuptling des Crow-Stammes, in dessen Land die Versammlung stattfinden sollte, schickte vielen Häuptlingen der anderen Stämme eine Einladung:

«Der Boden, auf dem wir stehen, ist heiliger Boden. Er ist Staub und Blut der Soldaten, die mit langen Messern und Gewehren kamen, um die Indianer zu töten. Viele von ihnen schlafen drüben auf dem Hügel, wo Pahaska – Weißer Häuptling mit dem Langen Haar – so tapfer kämpfte und fiel. Noch einige Sommer, und wir werden nicht mehr hier sein, und unser Staub und unsere Knochen werden sich mit dieser Prärieerde vermischen. Wie in einer Vision sehe ich den sterbenden Funken unserer Ratsfeuer, die Asche kalt und weiß. Ich sehe nicht mehr den kräuselnden Rauch zwischen den Pfählen unserer Hütten aufsteigen. Ich höre nicht mehr die Lieder der Frauen beim Kochen. Die Antilope ist fort, die Büffelsuhlen sind leer. Nur noch das Heulen des Kojoten ist zu hören. Die Medizin des Weißen Mannes ist stärker als unsere, sein Eisenpferd eilt über die Büffelpfade. Er spricht zu uns durch seinen ‹flüsternden Geist›. Wir sind wie Vögel mit gebrochenen Schwingen. Mein Herz ist kalt in mir. Meine Augen werden trüb – ich bin alt. Laßt uns den Tomahawk begraben, bevor unsere roten Brüder in die glücklichen Jagdgründe eingehen. Laßt uns die Pfeile zerbrechen. Laßt uns die Kriegsfarbe im Fluß abwaschen. Und ich werde unseren Medizinmännern Anweisung geben, die Frauen eine große Ratshütte bereiten zu lassen. Ich werde unsere Jäger in die Hügel und Wälder nach Hirschen schicken. Ich werde meine Läufer zu den Hütten der Blackfoot schicken, hoch im Norden, wo die Blumen an den Schnee auf den Hügeln grenzen. Ich werde sie durch die glühende Wüste zu den Hütten der Apachen im Süden schicken. ich werde sie nach Osten zu den Hütten der Sioux schicken, Krieger, die uns in mancher harten Schlacht begegnet sind. Ich werde sie nach Westen schicken, wo in den Bergen die Cayuse und Umatilla leben. Ich werde unsere Außenposten Rauchsignale von allen hohen Hügeln geben lassen, um die Häuptlinge aller Stämme zusammenzurufen, damit wir uns hier als Brüder und Freunde zu einer letzten Ratsversammlung treffen können, damit wir gemeinsam unser Brot und Fleisch essen und die Ratspfeife rauchen und uns als Brüder ein letztes Mal Lebewohl sagen.»

Die Große Beratung fand im September 1909 statt. Die Häuptlinge kamen mit dem Zug von weither, jeder ein tapferer und berühmter Führer seines Volkes. Sie kamen mit ihren Frauen, ihren Dolmetschern, ihren Ratsmitgliedern und den engsten Vertrauten. Die Beratung begann offiziell, als die Häuptlinge in der großen Ratshütte Platz genommen hatten. Plenty Coups hielt in der Crowsprache (verdeutlicht durch Fingerzeichen) die Begrüßungsrede:

«Ich bin von Herzen froh, daß ich heute hier, auf diesem indianischen Boden, stehen kann, um all die Häuptlinge der verschiedenen Stämme aus dem ganzen Land zu begrüßen. Es ist ein Tag voller Schönheit und Sonnenschein, für mich ein Tag der Freude. Ich bin froh, daß wir uns hier an diesem glücklichen Tag als Freunde begegnen, unser Brot einmütig essen und die Pfeife des Rats und des Friedens rauchen. ich freue mich, euch alle von ganzem Herzen willkommen zu heißen. Und dann müssen wir Abschied nehmen, aber wir gehen als Freunde, und wir werden uns nie wiedersehen. Ich bin froh, daß ihr hier seid.»

Einer nach dem anderen standen die Häuptlinge auf, stellten sich der Versammlung vor und hielten ähnliche kurze Ansprachen. Über dem Ganzen lag die Traurigkeit darüber, daß es die letzte Versammlung solch mächtiger alter Männer sein sollte – vermischt aber auch mit der Freude darüber, daß die letzte Große Beratung ermöglicht worden war und dokumentiert wurde, damit die Jugend der Zukunft noch etwas vom Geist dieser Begegnung erfassen könne.

Der Bericht fährt fort:

«Nachdem diese bedeutenden Häuptlinge auf die Begrüßungsansprache geantwortet hatten, nahmen alle Anwesenden gemäß indianischem Brauch in halbkreisförmigen Reihen Platz, die berühmtesten Häuptlinge in der ersten Reihe. Alle Häuptlinge waren in voller Kriegsausrüstung erschienen und trugen ihre zeremoniellen heiligen Insignien. Diese kleine Armee von Coupstäben (besondere Stäbe der Krieger, mit denen direkte Feindberührungen gezählt wurden), die stets erhoben gehalten wurde, bot ein eindringliches Bild, denn jeder dieser Coupstäbe der vielen Häuptlinge aus so vielen Ländern erzählte eine Geschichte von Kampf und Erfolg; doch in den Reden dieser Häuptlinge wurde jeder Coupstab zu einem Unterpfand des Friedens.

Jetzt betrat eine Blackfootfrau in der vollen Tracht ihres Stammes die Ratshütte, begleitet von zwei ebenfalls prächtig gekleideten Cheyennemädchen; sie brachten Holzschalen, die mit Fleisch und Brot gefüllt waren. Sie bedienten die Häuptlinge mit einer hölzernen Gabel. Es war eine Zeremonie der Verbundenheit. Als alle gegessen hatten, nahm Häuptling Plenty Coups die beiden Pfeifen, die von den Medizinmännern schon gestopft und neben die Stelle in der Mitte der Ratshütte gelegt worden war, von wo aus die großen Häuptlinge sprachen. Es waren langstielige Pfeifen mit roten Sandsteinköpfen, die über und über mit symbolischen Verzierungen versehen waren. Plenty Coups zündete eine Pfeife an und gab sie an die Häuptlinge zu seiner Linken weiter. Dann zündete er die zweite Pfeife an, rauchte sie selbst als erster und gab sie nach rechts weiter. Jeder Häuptling rauchte sie und reichte sie dann seinem Bruder weiter, bis alle die Ratspfeife geraucht hatten. Die Pfeifen kehrten zu Plenty Coups zurück, wurden wieder gestopft und angezündet und herumgereicht. Das war die Friedenspfeife.»

## Die Reden der alten Häuptlinge

Koon-Kah-Za-Chy (Beschützer seiner Hütte), auch als Apache John bekannt; Oberhäutpling der Kiowa-Apachen

Während ich heute vor euch stehe, ziehen vor meinem Geist die vielen grimmigen Schlachten vorbei, die zwischen meinem Stamm, den Apachen, und den Kiowas, Cheyenne, Sioux und anderen gekämpft wurden. Vielen der anwesenden Häuptlinge bin ich im Kampf begegnet, doch mein Herz ist froh, wenn ich ihnen allen die Hand geben kann und weiß, daß wir jetzt alle in Frieden leben. Wir rauchen die Pfeife des Friedens. Wir begegnen uns als Freunde und Brüder. Ich bin froh, daß ich all diese Häuptlinge treffe, bevor ich sterbe – im Frieden, wie ich sie zuvor im Krieg getroffen habe. Als ich gebeten wurde, hierher zu kommen, hörte ich, daß Aufzeichnungen gemacht werden sollten, und mir erschien dieser Gedanke gut. Es ist ein großer Tag für mich, und ich bin weither über die Plains des Südens gekommen, und ich werde heimgehen mit der Erinnerung an diese Beratung und an diese Häuptlinge, die ich niemals wiedersehen werde. Es tut mir weh in meinem Herzen, daß ich von all diesen Häuptlingen Abschied nehmen muß.

Das erste, woran ich mich erinnern kann, sind die Erzählungen meines Vaters über den Krieg. Damals lebten wir in Tipis wie das, in dem wir jetzt sind. Wir zogen von Ort zu Ort, und die alten Leute sprachen immer über den Krieg. Das war die Schule, in der ich groß wurde – eine Kriegsschule. Wir zogen immer weiter von Ort zu Ort, bis ich ein Mann war. Dann erlebte ich eine richtige Schlacht. Als ich das erstemal in einem Kampf war, dachte ich an das, was mein Vater mir gesagt hatte. Er sagte, ich sollte tapfer sein und kämpfen und niemals weglaufen. Ich glaube, es war ein guter Kampf, denn ich wußte aus den Worten meines Vaters, was kämpfen bedeutete. Wenn damals ein Indianer Ansehen gewinnen wollte, mußte er ein guter Mann und ein guter Kämpfer sein. Ich habe an vielen Schlachten teilgenommen, bis ich das Kämpfen schließlich aufgeben mußte. Vor etwa sieben Jahren gab die Regierung mir einen Rat, und mit diesem Rat kamen mir neue Gedanken, und heute bin ich einer der Führer der Apachen. Ich bin Oberhäuptling der Kiowa-Apachen, und ich rate ihnen stets zum Frieden. Ich dachte immer, meine größte Ehre sei es, im Kampf zu siegen, doch als ich den Beauftragten in Washington besuchte, brachte er mir andere Gedanken und andere Arten zu denken und zu handeln nahe, bis ich überzeugt war, daß die neue Art zu leben besser ist.

Wa-Kon-Kon-Wa-La-Son-Me oder Umapine, Häuptling der Cayuse in Nord-Oregon

Ich bin aus den fernen Bergen von Oregon gekommen, um den Häuptlingen in der Ratsversammlung zu begegnen. Ich spreche ihre Sprache nicht; ich kann nur in Zeichen mit ihnen sprechen, aber ich habe die größte Achtung vor ihnen. Wir alle haben zwei Hände, zwei Füße, zwei Augen, zwei Ohren, aber eine Nase, einen Mund, einen Kopf und ein Herz. Wir atmen alle dieselbe Luft, und wir sind deshalb alle Brüder. Auf meiner Reise in dieses Land, wo ich früher den Büffel jagte und gegen die feindlichen Sioux kämpfte, die unsere Pferde und Frauen rauben wollten, sah ich die alten Büffelpfade, wo diese großen Tiere einst in einer Reihe hintereinander gegangen waren, jeder in den Trittspuren des anderen, bis der Pfad tief ausgetreten war. Der Schnee vieler Winter hat den Pfad tief ausgewaschen wie einen Bewässerungsgraben, und als ich an die Büffel dachte, weinte ich in meinem Herzen. Ich habe diesen großen

Häuptlingen die Hand gegeben, ich bin froh, ihnen begegnet zu sein; ich muß jetzt für immer Abschied nehmen, und mein Herz ist noch schwerer, als wenn ich an die Büffel denke.

Es war Brauch bei meinem Volk, den Kindern die Geschichte der Vergangenheit zu erzählen, und mir erzählten sie, daß mein Stamm gelernt hatte, Kleidung aus Fellen von Tieren zu machen und daß diese Kleidung im Winter wie im Sommer angenehm zu tragen war. Die älteren Indianer meines Stammes haben einiges von dieser Kleidung beibehalten ... Ich mag auch die Kleidung des weißen Mannes sehr, aber ich trage auch gern die Kleidung, die mein Volk früher trug. Mein Großvater hatte große Achtung vor diesen weißen Menschen und hielt viel von ihnen und half ihnen gern. Ich denke in meinem Herzen immer an das, was meine Leute mir sagten, und als ich alt genug war, um verständig zu sein, hatte ich auch Achtung vor diesen weißen Menschen, und heute ist mein Herz noch genauso wie in der alten Zeit. Im übrigen habe ich vor jeder Art von Menschen Achtung – der einzige Unterschied zwischen mir und dem weißen Mann besteht in der Hautfarbe.

Als ich alt genug war, um zu begreifen, sah ich meine Leute Kartoffeln und Zwiebeln ausgraben und Mais ernten. All das hatten sie im Sommer zuvor vom weißen Mann bekommen. Die Indianer pflanzten es jedes Jahr an, und wenn Einwanderer vorbeizogen und um etwas baten, gaben meine Leute ihnen, soviel sie entbehren konnten.

Tin-Tin-Meet-Sa oder Willouskin, der achtzigjährige Häuptling der Umatilla in Oregon

Meine Tage verbrachte ich viele Sommer lang an den breiten Flüssen und in den hohen Bergen von Oregon. Es liegt viele Jahre zurück, daß ich von unserem Agenten als Führer des Stammes ausgewählt wurde. Damals war ich ein sehr aktiver Mann, aber seit ich so alt bin, muß ich die Arbeit anderen überlassen, obgleich sie mich immer noch als Führer des Stammes betrachten.

140

Das größte Ereignis meines Lebens ist für mich, daß ich damals im Bannock- oder Sheep-Eater-Krieg (1855/56) half, Chief Eagan, den Kriegshäuptling der Bannock, zu fangen und zu töten. Diese Bannock-Indianer richteten überall Zerstörung an, wo sie auftauchten. Sie brannten mein Tipi ab und töteten über siebzig Stück von meinem Vieh. Damals wußte ich nicht, wieviel Vieh ich hatte; es war nicht nötig, denn keiner stahl es. Aber diese Sache ließ mich auf den Kriegspfad gegen die Bannock gehen.

Dieses Land hier ist mir vertraut, denn in meinen jüngeren Tagen habe ich diese Prärien durchstreift und gegen die Sioux gekämpft, die die Pferde meines Stammes gestohlen hatten. Und dann bin ich oft in dieses Land gekommen, als wir hier den Büffel jagten. Als ich jetzt hierherkam, um all diese Häuptlinge zu treffen, und als ich ein letztes Mal dieses Land sah, fühlte ich mich einsam, weil alles sich so verändert hat und alle Büffel das Land verlassen haben – denn ich sah noch die Spuren dieser großen Tiere. Ich kann kaum noch sehen, aber meine Augen fanden die alten Pfade doch. Der Büffel ist fort, und ich werde bald fort sein. Was hier niedergeschrieben wird, wird bleiben. Ich habe keine schlechten Gefühle gegen irgend jemanden hier. Meine einzige Sorge ist das Heu daheim.

Ish-Hayu-Nishus oder Two Moons, Oberhäuptling der Northern Cheyenne in Montana

Ich fühle, daß ich an einem großen Werk beteiligt bin, indem ich an diesem historischen Bild einer indianischen Ratsversammlung mitarbeite. Ich habe die Cheyenne in so vielen Kämpfen angeführt und mein Leben ist so erfüllt, daß ich mich sehr alt fühlte, als ich hierherkam. Seit ich aber mit den Häuptlingen hier zusammen bin, an der Großen Beratung teilnehme und aus meinem langen Leben erzähle, damit es niedergeschrieben werden kann, fühle ich mich wieder wie ein junger Mann. Es ist für uns alle ein großer Tag, denn es gibt keine Kriege mehr zwischen uns, und wir begegnen uns in

Frieden und halten diese große Ratsversammlung ab und rauchen die Friedenspfeife. In diesen Dokumenten werden wir für unsere Kinder sichtbar bleiben, und deren Kinder werden den Nutzen davon haben.

In meinen vielen Gefechten bin ich oft verwundet worden. In einem Kampf mit den Pawnee traf mich ein Pfeil; am Elk River im Yellowstone Park schoß mir ein Crow vom Big Horn durch den Arm. In einer Schlacht am Crow River in Utah – diesmal gegen weiße Soldaten – wurde ich durch den Oberschenkel geschossen.

Vor der Custer-Schlacht zogen wir zum Tongue River und stießen auf ein Soldatenlager. Wir überfielen sie und nahmen ihnen alle Pferde weg, und die Soldaten liefen ins Unterholz. Wir wußten, daß andere Soldaten uns nachstellen würden; wir wußten, wo sie waren und daß sie uns verfolgen würden. Am Powder River griffen die Soldaten uns an und zerstörten alles, und das machte uns sehr wütend. Als die Soldaten hinter uns her waren, zögerten wir nicht, sie alle zu töten. Immer waren sie hinter uns her und zwangen uns zu kämpfen.

Basuk-Ose oder Goes Ahead, Mitglied des Crow-Stammes und Scout General Custers

Schon als junger Bursche zog ich in den Krieg. Ich war immer der erste beim Kampf, und die anderen sagten: «Da geht er uns voran.» Ich war immer der Erste, und daher habe ich meinen Namen: Goes Ahead.

Das größte Vergnügen, das ich als Junge kannte, war die Wolfsjagd. Wenn wir ihn erlegt hatten, liefen wir zu ihm hin, berührten ihn mit unserem Coupstab und taten so, als sei er ein Feind. Ein anderer Sport war das Büffelspiel. Wir teilten uns in zwei Mannschaften, die Büffel und die Jäger. Die «Büffel» wirbelten Staub auf, und die anderen rannten ihnen nach und beschossen sie mit Pfeilen. Dann jagte der Büffelbulle uns zurück und packte einen von uns, und dann griffen wir wieder an, bis wir ihn erlegt hatten. Als ich klein war, hatten wir

Büffelschädel, von denen alles Fleisch und alle Haut runter war. Wir banden Seile dran und legten sie aufs Eis, und dann durften die Mädchen sich draufsetzen, und wir zogen sie. Das war ein Heidenspaß.

Ich war alleinstehend und für den Kriegspfad geschaffen. Die Häuptlinge ließen im ganzen Lager verbreiten, die jungen Männer sollten sich bei den Armeeoffizieren als Scouts melden. Das entsprach meinem eigenen Wunsch, und so meldete ich mich.

Ich war Späher unter General Miles. Wir fanden die Fährte der Nez Percé. Wir hatten ein Gefecht mit ihnen nördlich der Stelle, wo jetzt Billings liegt. Die Nez Percé schlugen die Scouts zurück. Bethune, unser Dolmetscher, ging zu Fuß, weil sein Pferd erschöpft war. Viele Nez Percé stiegen ab, umzingelten ihn und schossen auf ihn. Ich dachte schon, er sei verloren, drehte schnell um, ritt mitten ins Feuer, zog ihn aufs Pferd und ritt mit ihm weg.

General Custer war ein Mann von über 1,80 Meter Größe, schlank und gut gebaut und freundlich. Er trug sein Haar lang. Er sagte, er hätte gehört, die Crow seien die tapfersten Scouts und die besten Reiter unter allen Indianern. Er wollte, daß wir die Fährte der Sioux fanden, ihr bis zum Siouxlager folgten und ihm dann berichteten, wo es war. Er wollte nicht, daß wir am Kampf teilnahmen, wir sollten die Sioux nur finden. Nach der Schlacht wollte er uns die ganzen Siouxpferde geben, und wir konnten sie nach Hause treiben. Ich ging allein und fand das Dorf. Wieder zurück, berichtete ich General Custer, und er freute sich sehr. Ich sagte ihm, es sei ein ziemlich großes Lager. Er stieg ab und sprach Gebete zum Vater im Himmel. Dann schüttelte er mir die Hand und sagte: «Wenn wir diese Schlacht gewinnen, wirst du einer der großen Männer des Crow-Volkes sein.» Kurz darauf wandte er sich nochmal zu mir um und sagte: «Ich vergaß zu sagen, daß du nicht mitkämpfen, sondern dich in Sicherheit bringen sollst.» Von da an kann ich nichts mehr berichten. Er liebte den Kampf, aber wenn er kämpft und getötet wird, dann muß er halt sterben.

Ninna-Stako – Mountain Chief oder Big Brave, ein Banden-
häuptling der Piegan Blackfoot von Montana

Ich erinnere mich noch, wie unsere großen Häuptlinge das
Lager regierten, als ich ein Junge war. Mein Vater, Mountain
Chief, und sein bester Freund, Häuptling Lame Bull, lebten im
selben Tipi. Jeder hatte seine eigene Medizinpfeife. Sie berieten
sich, bevor das Lager verlegt wurde. Nachdem sie sich beraten
hatten, nahmen sie ihre Medizinpfeifen und lehnten sie an die
Rückwand des Tipi. Das bedeutete, daß das Lager noch einen
weiteren Tag bleiben würde. Die verschiedenen Krieger des
Lagers schickten ihre Frauen, um nachzusehen, wo die Pfeifen
standen, damit sie wußten, was geplant war. Am nächsten
Morgen stellten die Häuptlinge die Pfeifen so an ihr Tipi, daß
man sehen konnte, in welche Richtung das Lager verlegt werden würde. Die Häuptlinge gingen voran. Wenn sie die
geplante Stelle erreicht hatten, wurde der Lagerplatz markiert.
Sie nahmen ihre Medizinpfeifen und legten sie auf einen Dreifuß, und die Krieger setzten sich im Kreis darum und rauchten.
Four Bear (der Ausrufer) mußte dafür sorgen, daß die Leute
ihre Plätze fanden und sich einrichteten.

Es gab viel Fleisch im Lager, und wir Jungen zogen los und
spielten Büffel. Wir nahmen ein langes Stück Rohhaut, befestigten ein Stück Fleisch daran, und dann zog es einer hinter sich
her, während wir übrigen mit Pfeilen darauf schossen – stumpfe
Pfeile, die wir auch benutzten, um Eichhörnchen und Vögel zu
schießen. Wir jagten den Jungen, der das Fleisch hinter sich
herzog, und wenn wir ihn gestellt hatten, dann stampfte er, daß
der Staub aufwirbelte, und gebärdete sich wie ein Büffelbulle.
Er nahm das Fleisch und wirbelte es herum, und wir versuchten
es mit unseren Pfeilen zu treffen. Manchmal wagte sich einer zu
nah ran und bekam einen ordentlichen Puff mit dem Fleischpa-
ket. Dann lief er zurück und ließ sich fallen, und wir sagten, er
sei auf die Hörner genommen worden. Er mußte dann fürchterlich stöhnen, und wir holten Kräuter und drückten den Saft
heraus und machten ihn damit wieder gesund.

Das größte Ereignis meines Lebens fand im Krieg der Blackfoot gegen die Cree bei Whoop-Up in Kanada statt. Mein Pferd und ich selbst, wir waren beide mit Blut bedeckt. Ich will euch von diesem Kampf berichten.

Unser Lager war am Old Man's River. Wir waren so zahlreich, daß wir an allen Biegungen des Flusses lagerten. Mountain Chief, mein Vater, war im oberen Teil des Lagers. Ich war damals zweiundzwanzig. Es war Herbst, und die Blätter waren schon alle gefallen. Das untere Lager wurde in der Nacht von den Cree angegriffen. Wir waren gerade dabei aufzustehen, als sich die Nachricht vom Angriff auf das untere Lager verbreitete. Ich nahm mein bestes Pferd, ein graues. Mein Vater führte seine Leute zusammen mit Big Lake an, der in jenem Sommer zum Häuptling gewählt worden war. Wir ritten über den Bergrücken, und auf der Ebene unter uns tobte die Schlacht. Als wir den Abhang hinabritten, sang ich mein Kriegslied. Ich trug einen Schild in der Hand, und das Lied gehörte zu diesem Schild. Einer der Medizinmänner hatte geträumt, daß man mit diesem Schild in der Hand nicht von Kugeln getroffen werden konnte. Ich fügte in mein Lied noch die Worte ein: «Mein Körper wird in der Niederung liegen.»

Wir erreichten die Reihen der Cree. Ich hielt nicht an, sondern ritt mitten unter sie, und sie schossen von allen Seiten auf mich. Als ich denselben Weg zurückritt, brachen die Männer zum Flußbett durch. Dort machten sie sofort eine Grube. Ich lag ungefähr zehn Fuß weg am Fuß des Abhangs. Ich sang, während ich dort lag. Beim Krachen der Gewehre und im dichten Pulverdampf konnte ich nichts hören oder sehen. Dann hörten sie meine Pfeife, und die Cree versuchten, zum Fluß durchzubrechen. Wir fielen über sie her, und ich machte zwei von ihnen nieder, bevor sie den Fluß erreichten. Als sie den Fluß überquerten, sprang ich vom Pferd und stieß einem der Cree meinen Speer zwischen die Schultern. Er hatte auch einen Speer, den ich ihm wegnahm. Ich sprang wieder aufs Pferd, und gerade, als ich mich umdrehte, sah ich einen Cree, der mit dem Gewehr auf mich zielte. Ich ritt ihn über den Haufen, aber er packte mein Pferd am Zügel. Ich zog den Kopf meines Pferdes herum, um mehr Deckung zu haben, und schlug ihn mit dem Knauf meiner Peitsche nieder. Als ich zuschlug, blickte er mich an, und ich sah, daß ihm die Nase fehlte. Ich tötete ihn. Später hörte ich, daß ein Bär ihm die Nase abgebissen hatte. Ich stieg auf und stieß gleich auf den nächsten Cree. Wir kämpften zu Pferd; er schoß auf mich und ich auf ihn. Dann kamen wir uns so nah, daß ich ihm seine Pfeile wegnahm und er mich bei den Haaren packte. Ich sah, wie er nach seinem Dolch langte, und dann umklammerten wir uns. Mein Kopfschmuck war mir ins Genick gerutscht, und als der Cree zustach, blieb sein Dolch darin stecken. Ich zog ihn selbst wieder heraus und tötete meinen Gegner. Dann jagten wir die Cree in die Grube, und mein Vater gab mir eine dieser alten Musketen mit sieben Schüssen. Sie hatte einen derartigen Rückstoß, daß sie mich fast umbrachte. Dieses Gewehr war lebensgefährlicher als unsere Gegner.

Als wir zurückkehrten, hatte ich neun Skalps. Die überlebenden Cree waren in den Wald geflohen, aber mein Vater ließ sie nicht weiter verfolgen. Wir ließen sie ziehen, damit sie daheim berichten konnten. Wir hatten über dreihundert von ihnen getötet.

Am Anfang des Kampfes war der Anführer der Cree direkt zu unserem Tipi gekommen, hatte es aufgeschlitzt und gesagt: «Ihr schlaft noch, und ich bin da.» Ich schoß mein Gewehr ab und tötete ihn. Die Cree schlitzten die Tipis unseres Lagers mit ihren Messern auf und drangen ein. Sie nahmen alles, was ihnen in die Hände kam, und töteten Frauen und Kinder, und das machte mich so wütend. Deswegen habe ich an diesem Tag so erbittert gekämpft.

Die Jahre kamen und gingen, und jetzt sitzen die alten Krieger und ich zusammen, und wir sprechen über die Tage des Büffels, und wir sind sehr einsam. Wir sprechen über die alten Lagerplätze, über die Jagd, über alles, was in jener Zeit geschah, und dann sind wir wieder froh . . .

Dritter Teil:

# Weiße, Indianer und weiße Indianer

# Apikunni – der Weiße,
## der sich den Blackfoot anschloß

Eine Einführung in die Schriften von James Willard Schultz

Nur wenige der vielen Bücher, die über die Indianer und ihre Lebensweise geschrieben wurden, sind so authentisch wie die von James Willard Schultz. Leider sind viele seiner fast 40 Bücher seit langem vergriffen. Man findet sie nur noch in Büchereien oder Antiquariaten, und Sammler bezahlen viel Geld dafür. Allerdings sind einige seiner besten Bücher als Paperbacks neu aufgelegt worden. James Willard Schultz wurde 1859 in Boonville im Bundesstaat New York geboren. Er studierte an der nahe gelegenen Militärakademie, als er sich entschloß, ein naturverbundenes Leben zu führen. Mit 18 Jahren verließ er 1877 die Schule und seine Eltern und machte sich auf in die Wildnis des amerikanischen Westens.

Seine Eltern hatten der Reise zögernd zugestimmt, weil sie hofften, er würde dabei vieles lernen, was seiner militärischen Karriere nützen könnte. Er versprach, nach einem Jahr zurückzukehren. Er ahnte nicht, daß er nach Ablauf dieses Jahres lange Haaren haben, Mokassins tragen und Büffel jagen und seinen Lebensstil ganz den Stammesbräuchen angepaßt haben würde. Er hatte eine Indianerin zur Frau und lebte in einem Tipi aus Büffelhaut. Bekannt wurde er unter dem Namen Apikunni – das Blackfootwort für «Far-away White Robe» (Weißhaut von weit her). Er selbst schrieb über den Wandel in seiner Lebensführung*:

---

* Die Zitate in diesem Kapitel sind dem folgenden Buch entnommen: James W. Schultz: *Sucht mich in der Prärie*. Mein Leben als Indianer, Scherz Verlag, Bern und München, 1983.

«Die Liebe zum freien Leben und zum Abenteuer ist mir wohl
angeboren. So weit meine Erinnerung zurückreicht, war ich in
meiner Heimatstadt in New England nur dann glücklich, wenn
ich in den Schulferien durch die großen Wälder im Norden
streifte, weitab vom Lärm der Kirchen- und Schulglocken und
der pfeifenden Lokomotive. Aber es kam der Tag, an dem ich
endlich tun und lassen konnte, was ich wollte, und so verließ
ich an einem warmen Aprilmorgen St. Louis auf einem Dampf-
schiff, das missouriaufwärts in Richtung Ferner Westen fuhr.
Mein erstes Reiseziel war Fort Benton im Missouri-Territo-
rium, 2600 Meilen den Big Muddy flußaufwärts.»

Der Flußdampfer brachte ihn ins Land seines neuen Volkes, der
Piegan-Blackfoot. Schultz traf zum erstenmal in Fort Benton
auf Mitglieder dieses Stammes, wo sie ihr Lager aufgeschlagen
hatten, weil sie auf eben dieses Schiff warteten, das Waren
brachte, die sie eintauschen wollten.

Als Schultz ankam, war Fort Benton voller Händler und
Trapper. Alle warteten auf das Dampfboot – es brachte ihnen
die Dinge, die sie zum Leben und für den Handel brauchten
und die sie eintauschten gegen ihre Felle, die sie erjagt hatten.
Manche wollten auch mit diesem Dampfer die Wildnis verlassen und zur sich ausdehnenden «Welt da draußen» zurückkehren. Ein einflußreicher Onkel von Schultz hatte ihm Empfeh-
lungsschreiben an die beiden Männer mitgegeben, denen die
Fort Benton beherrschende Firma gehörte. Schultz beschreibt
sie so:

«Sie trugen Anzüge aus blauem, feinem Wollstoff und lang-
schwänzige, hochkragige, mit leuchtenden Messingknöpfen
besetzte Röcke. Darunter trugen sie weiße Hemden mit Steh-
kragen und schwarze Krawatten; ihr langes, ordentlich
gekämmtes Haar fiel ihnen bis auf die Schultern. Neben ihnen
standen ihre Angestellten und Handwerker – Kontoristen,
Schneider, Zimmerleute; sie hatten Anzüge aus schwarzem
Barchent an, ebenfalls mit Messingknöpfen geschmückt, und

auch ihr Haar war lang. Sie trugen mit enthaarter Bisonhaut besohlte Mokassins, die mit verschlungenen und blumigen Mustern aus Glasperlen bunt verziert waren.»

1877 hatten sich einige tausend Leute versammelt, um die Ankunft des Dampfbootes zu erleben. Es war ein wichtiges Ereignis für all jene, die den größten Teil des Jahres einsam und abgeschieden in der Wildnis verbrachten, weit weg vom Fort. Für den jungen Schultz war das ein erhebender Anblick – diese ungeheure Menge exotisch aussehender Menschen, die sehr farbig und individuell angezogen waren. Bald kam er mit dem Leiter des Forts zusammen, der ihm einen jungen Mann vorstellte, der genau dieses Leben in der Wildnis führte, das ihn in den Westen gezogen hatte. Dieser junge Mann war Joseph Kipp (in dem zitierten Buch Berry genannt), und die beiden wurden schnell enge Freunde.

Kipp nahm Schultz zu einer Besichtigungsrunde durch die ausgedehnten Lager mit, die rund um Fort Benton aufgeschlagen worden waren, und zeigte ihm besonders die Zelte der Blackfoot. Und im Nu wurden beide dort in das Zelt einer gastfreundlichen Familie eingeladen. Er berichtet darüber:

«Sorrel Horses Zuhause war ein schmuckes, großes indianisches Zelt aus 18 Häuten, das neben seinen zwei Planwagen nahe dem Flußufer stand. Seine Frau entfachte ein kleines Feuer, bereitete Tee zu und setzte uns kurz darauf einige am offenen Feuer gebackene Brötchen vor, geröstete Bisonzunge und Büffelbeerenkompott. Wir ließen uns das Essen schmekken, und ich begeisterte mich vor allem für die prachtvolle Ausstattung des Zeltes: das Ruhelager, auf dem wir saßen, aus geschmeidigen Bisonroben, die abgeschrägten Rückenlehnen aus Weidenholz an jedem Ende, das muntere kleine Feuer in der Mitte, die seltsam geformten, bemalten und mit Fransen besetzten Parfleches, in denen Mrs. Sorrel Horse ihre Lebensmittelvorräte und ihre verschiedenen Habseligkeiten aufbewahrte. Alles war neu und aufregend für mich, und als Sorrel

Horse, nachdem wir geraucht und geplaudert hatten, sagte: ‹Es wäre das beste, Jungens, ihr macht's euch hier für die Nacht bequem›, war mein Glück vollkommen. Mit weichen Decken zugedeckt, schliefen wir auf dem Bisonfellager ein, während wir auf das leise Rauschen des Flusses horchten.»

Die ersten Tage, die Schultz in Fort Benton verbrachte, waren geschäftig und aufregend, aber auf ganz andere Art als die Tage, die dann folgen sollten. Jeder dachte nur an den Handel, den er abschließen wollte – einige wollten dabei hauptsächlich Geld verdienen, aber den meisten war es am wichtigsten, Dinge zu erwerben, die ihnen für den Rest des Jahres das Leben erleichtern würden. Neue Messer, Gewehre und Töpfe mußten die unbrauchbar gewordenen ersetzen. Perlen und Tabak ergänzten die Dinge, die die Leute selbst herstellen konnten. Größere Mengen Alkohol gaben dem aufregenden Leben die richtige Würze für viele Händler und Eingeborene.

Eine Menge Leute waren in Fort Benton, um sich dort für die lange Reise zu den Goldminen auszurüsten. Schultz erwog einmal, als Goldschürfer reich zu werden, aber das Stammesleben der Blackfoot schien ihm anziehender zu sein:

«Es gibt Dinge, die wertvoller als Gold sind. Zum Beispiel . . . ein Leben, das Tag für Tag und Stunde für Stunde Freude und Zufriedenheit bringt, Spannung und ein glücklich erworbenes und mit Vergnügen befriedigtes Ruhebedürfnis.»

Als die Blackfoot ihr Lager abbrachen und Fort Benton verließen, schloß sich Schultz ihnen an. Mit dem, was er von zu Hause mitgebracht hatte, tauschte er ein gutes Pferd ein, ein neues Gewehr und andere Dinge, die er benötigen würde. Er blieb mit seinem Freund Kipp zusammen, der einen Vorrat von Handelsgütern mit sich führte, um die Leute für die kommenden Monate versorgen zu können.

Als sein erstes Jahr im Westen um war, hatte er keine Lust, zurück nach New York zu gehen. Er war nicht mehr Schultz, meist wurde er Apikunni genannt, besonders von den Verwandten seiner Frau und den Freunden. Er konnte jetzt ebenso gut Lager aufschlagen und jagen wie die Eingeborenen, bei denen er lebte, und er sprach einige ihrer Dialekte. Es machte ihn glücklich, von ihrer Lebensweise zu lernen und sie zu übernehmen. Er war glücklich mit der scheuen jungen Frau, die er Natahki nannte – seine Koseform ihres Namens Fine Shield Woman.

Schließlich verließ er aber doch die Blackfoot und kehrte zurück, um seine Mutter im Osten zu besuchen, wenn auch nur für kurze Zeit. Über dieses Erlebnis schreibt er:

«Wir verbrachten einen glücklichen Sommer. Kein Kriegstrupp hatte uns überfallen, und die jungen Männer, die in den Kampf gegen umliegende Stämme gezogen waren, kehrten immer beutebeladen und ohne Verluste zurück. Nur eine Sache beunruhigte mich: die mahnenden Briefe von zu Hause, in denen man mich nachdrücklich zur Heimkehr aufforderte. Wenn ich sie erhielt, waren sie, ebenso wie die Ausgaben der New York Tribune und anderer Zeitungen, jedesmal mehrere Monate alt. Mittlerweile las ich meistens nur noch die Überschriften der Artikel, aber die Briefe ließen mir keine Ruhe. Immer wieder überlegte ich, ob ich an dem Tag, an dem ich mündig wurde, oder bereits früher nach Hause fahren sollte. Ich verbrachte manch unbehagliche Stunde mit der Lektüre dieser Episteln, unternahm dann aber, nachdem ich die Briefe im Zeltfeuer verbrannt hatte, oft mit Nät-ah'-ki einen Ritt oder traf mich mit einigen Freunden.

Nät-ah'-ki breitete meine Briefe vor sich aus und versuchte, ihren Inhalt zu erfassen, obwohl sie keinen einzigen Buchstaben entziffern konnte. Bald kannte sie die Handschrift meiner Mutter, und sobald ich Briefe von anderen Personen in charakteristisch weiblicher Handschrift erhielt, beobachtete sie mich aufmerksam, während ich sie las, und fragte mich anschließend über die Briefschreiberin aus. ‹Oh›, antwortete ich dann gleichgültig, ‹Verwandte, Frauen aus unserer Familie, die mir allerhand Neuigkeiten mitteilen und sich erkundigen, ob ich gesund und glücklich bin.›

Daraufhin schüttelte sie ungläubig den Kopf und rief: ‹Oh, ja, Verwandte! Sag mir ehrlich, wie viele Liebchen hast du in deiner Heimat?›

... Kurz nach dem Tod der Snake-Frau zogen wir vom Marias nach Süden und lagerten am Teton River, nur drei Meilen oberhalb von Fort Benton. Fast täglich ritt ich ins Fort; meistens begleitete mich Nät-ah'-ki, denn ihr Verlangen nach bunt bedruckten Stoffen, Bändern, Tüchern und Perlen war unstillbar. Dort trafen wir eines Tages auf Berry und seine Frau, seine Mutter und die Crow Woman. Die beiden alten Frauen waren gerade von einem Besuch bei den Mandan zurückgekehrt. Auch Sorrel Horse und seine Familie stießen eines Tages wieder zu uns. Er und Berry trafen bereits Vorbereitungen für den Winterhandel. Ich fühlte mich immer niedergeschlagener, zeigte den beiden meine Briefe, erzählte ihnen, was meine Familie von mir erwartete, und erklärte ihnen, daß ich in den Osten zurückkehren müsse. Beide lachten aus vollem Hals, grölten und klopften sich gegenseitig auf den Rücken, während ich sie nur traurig und vorwurfsvoll anstarrte, denn mir war nicht bewußt, etwas Komisches gesagt zu haben.

‹Er fährt heim›, sagte Sorrel Horse, ‹und wird von nun an ein lieber, anständiger Junge werden.›

‹Und immer in die Kirche gehen›, ergänzte Berry.

‹Und einen geraden, gutbürgerlichen Lebensweg einschlagen, und die Welt wird ihm offen stehen und so weiter ...›, fügte Sorrel Horse hinzu.

‹Ihr seht doch, wie die Dinge liegen›, meinte ich traurig. ‹Ich muß gehen, so gern ich auch hier bei euch bliebe, ich muß einfach.›

‹Ja›, sagte Berry dann etwas ruhiger, ‹gut, du mußt jetzt gehen. Aber du kommst wieder – und zwar schneller, als du denkst. Diese Prärien und Berge, das freie Leben hier, das alles läßt dich nicht mehr los. Ich bin ja selbst zurückgegangen und habe dort die Schule besucht, aber immer rief mich das gute alte

Montana, und ich fühlte mich nicht eher wieder wohl, bis ich die Sonne auf die kahlen Ebenen scheinen und die Rockies scharf und klar in der Ferne leuchten sah.›

‹Und dann›, gab Sorrel Horse zu bedenken, ‹was wird aus Nät-ah'-ki? Glaubst du, daß du sie vergessen kannst?›

Da hatte er wirklich meinen wunden Punkt berührt. Ich konnte nicht antworten, sprang vom Stuhl, stürmte hinaus, schwang mich auf mein Pferd und ritt schnell über die Anhöhe zum Lager zurück.

Wir aßen unser Abendessen: Dörrfleisch und *o-sak'i* (Rükkenfett), Kompott aus getrockneten Äpfeln und Hefeteigbrot. Ich ging zeitig zu Bett, aber stundenlang wälzte und warf ich mich unruhig auf meinem Lager hin und her. ‹Nät-ah'-ki›, kam es endlich aus mir heraus, ‹ich muß dir etwas sagen. Ich gehe für einige Zeit fort. Meine Familie ruft mich.›

‹Das ist mir nichts Neues. Schon lange wußte ich, daß du gehen würdest.›

‹Wie konntest du das wissen?› fragte ich. ‹Ich habe doch niemand davon erzählt.›

‹Habe ich dich nicht die kleinen Papiere lesen sehen? Habe ich nicht dein Gesicht beobachtet? Ich wußte, daß du mich verlassen wirst. Du bist wie die anderen weißen Männer. Zwar heiraten sie, aber nur für einen Tag.›

Sie fing an zu weinen, nicht laut, sondern leise und verzweifelt – das Schluchzen eines gebrochenen Herzens. Ich haßte mich, aber ich hatte das Thema angeschnitten und mußte die Sache nun auch durchstehen. So fing ich an, sie zu belügen, und verachtete mich mit jedem Wort mehr, das ich vorbrachte.

. . . Am Morgen ritt ich wieder zum Fort und redete lange mit Berry. Er versprach, sich so lange um meine Frau zu kümmern, sie mit Nahrung und Kleidung zu versorgen, bis – die Worte blieben mir fast im Hals stecken – ‹. . . Nät-ah'-ki mich vergessen und einen anderen Mann geheiratet haben wird.›

Berry lächelte wissend: ‹Sie wird niemals die Frau eines anderen werden›, sagte er. ‹Und du wirst heilfroh sein, hierher zurückkehren zu können. Spätestens in sechs Monaten bist du wieder da.›

Gerade entlud man an der Landestelle das letzte Schiff, das vor Einbruch des Winters nach Fort Benton gekommen war; am folgenden Morgen sollte es nach St. Louis fahren. Ich ritt ins Lager zurück und bereitete mich auf die Abreise vor. Viel gab es nicht zu tun, ich packte lediglich etliche indianische Gegenstände, die ich gern mit nach Hause nehmen wollte, zusammen. Nät-ah'-ki kam mit mir zum Fort zurück, und wir übernachteten bei Berry und seiner Familie. Für mich wurde es kein fröhlicher Abend. Beide, Berrys Mutter und die treue, alte Crow Woman, hielten mir eine lange, strenge Moralpredigt über die Verpflichtungen und die Treue eines Mannes seiner Frau gegenüber – und was sie sagten, tat mir sehr weh, denn ich wollte genau das tun, was sie so verabscheuten.

Am folgenden Morgen trennte ich mich von Nät-ah'-ki, schüttelte allen anderen die Hand und ging an Bord. Das Boot schwenkte in den Fluß hinaus, wendete, und wir flogen nur so mit der starken Strömung flußabwärts über die Shonkin Sandbank und um die Biegung herum. Das alte Fort und die glücklichen Tage des letzten Jahres gehörten schon jetzt der Erinnerung an. Es waren eine Menge Reisende an Bord, die meisten Bergarbeiter von Helena und Virginia City, die mit mehr oder weniger Goldstaub in den Taschen in die Staaten zurückkehrten.

Sie spielten und tranken, und um auf andere Gedanken zu kommen, gesellte ich mich zu ihnen. Ich erinnere mich noch, daß ich 300 Dollar auf einmal verlor und mich der schlechte Branntwein ganz krank machte.

Jede Nacht legten wir irgendwo an. Kaum hatten wir Dakota erreicht, wehten anhaltende Gegenwinde, und als wir Anfang Oktober in Council Bluffs eintrafen, war ich froh, das Boot verlassen und einen Zug der Union Pacific besteigen zu können. Binnen kurzer Zeit erreichte ich das kleine New-England-Städtchen, in dem ich aufgewachsen war.

Ich sah den Ort und seine Bewohner mit neuen Augen; ich

machte mir nichts mehr aus ihnen. Es war ein netter Ort, aber alles war eingezäunt – und ich hatte inzwischen ein Jahr lang in einer Gegend gelebt, wo niemand Grenzen zog. Die Einwohner waren gewiß rechtschaffene Leute, aber ihre ganze Art war genauso steif und engstirnig wie die abscheulichen Zäune, die die Grenzen ihres Farmlandes markierten. Sie begrüßten mich alle mit denselben Worten: «Ach, mein Junge, du bist wieder da? Ein Wunder, daß man dich nicht skalpiert hat. Wie ich gehört habe, sind diese Indianer schreckliche Menschen. Na, du hast wohl ganz schön auf die Pauke gehauen und deinen Spaß gehabt; ich nehme an, du wirst jetzt vernünftig werden und einen ordentlichen Beruf ergreifen.»

Nur zwei Männern im ganzen Ort konnte ich von meinen Erlebnissen und dem, was ich gesehen hatte, berichten, denn sie waren die einzigen, die mich verstehen konnten. Der eine war Maler und wurde von allen ehrbaren Leuten geächtet, weil er nie zur Kirche ging und gelegentlich eine Bar am hellichten Tag betrat. Der andere war ein Krämer. Beide waren Fuchs- und Rebhuhnjäger und liebten die Wildnis. Abend für Abend saß ich mit ihnen im Kolonialwarenladen am Ofen und erzählte von der weiten Prärie, den Bergen, vom Wild und von den roten Menschen dort. Und in ihrer Begeisterung, wenn sie sich dieses wundervolle Land und die dort herrschende Freiheit ausmalten, seufzten sie und rieben sich die Hände. Auch sie wollten all das sehen und erleben, was ich kennengelernt hatte, aber sie waren im Alltagstrott gefangen. Sie konnten ihr Zuhause, Frau und Kinder nicht im Stich lassen. Sie taten mir leid.

Aber selbst ihnen verriet ich nichts von dem zarten Band, das mich an dieses Land fesselte. Es gab nicht einen einzigen Augenblick, in dem ich nicht an Nät-ah'-ki und an das Unrecht, das ich ihr angetan hatte, dachte.

Die Tage flossen für mich in nördlicher Eintönigkeit dahin; außerdem hatte ich ständig Streit mit meinen Verwandten. Nicht meine Mutter, aber meine Onkels und Tanten und alte Freunde meines längst verstorbenen Vaters versuchten, mir allerhand Ratschläge zu erteilen und meine Zukunft zu planen. Gleich von Anfang an waren wir gegenteiliger Meinung. Sie stellten mich zur Rede, weil ich mich weigerte, zur Kirche zu gehen, oder weil ich ein harmloses Glas Bier mit irgendeinem Trapper oder Scout aus dem nördlichen Waldland trank.

Eines Abend versammelten sich alle diese wohlmeinenden Leute bei uns zu Hause. Sie hatten beschlossen, daß ich das Geschäft eines Händlers übernehmen sollte, der sich zur Ruhe setzen wollte und es im Laufe von 40 oder 50 Jahren zu einem bescheidenen Auskommen gebracht hatte. Ich bemühte mich, ihnen klarzumachen, wie wenig ich von ihrem engen Leben hielt, aber mir fehlten die Worte, und so nahm ich einfach meinen Hut und ergriff die Flucht.

Obwohl es bereits nach Mitternacht war, als ich nach Hause zurückkam, wartete meine Mutter noch auf mich. Wir setzten uns an den Kamin und besprachen alles miteinander. Ich erinnerte sie daran, daß ich mich schon seit frühester Jugend am liebsten in den Wäldern und an den Flüssen mit Gewehr und Angel herumgetrieben hatte und daß ich ein Leben in der Stadt mit einem bürgerlichen Beruf, hinter einem Schreibtisch oder eingezwängt in einen Laden, einfach nicht ertragen konnte. Und einsichtig, wie sie war, stimmte sie mir zu. Sie meinte, bei meiner großen Liebe zur Prärie und zu den Bergen sei es wohl das Beste, wenn ich dorthin zurückkehrte. Von Nät-ah'-ki erzählte ich ihr nichts.

Zum ersten Mal seit Wochen ging ich leichten Herzens zu Bett.

Zwei Tage später setzte ich mich in den Zug nach St. Louis, wo ich mich in Ben Stickneys Planters Hotel einquartierte. Dort bekam ich schon wieder den ersten Vorgeschmack des Fernen Westens, traf Männer aus Texas und Arizona, Wyoming und Montana. Wir erzählten vom freien, weiten Land, von den Indianern, dem Bisonhandel, den Rinderherden, den Bergarbeitern und von den vielen Abenteuern, die wir bestanden hatten.

. . . Ich kaufte noch einen Koffer und besorgte verschiedene Stoffe mit lustigen hübschen Mustern, Perlenschnüre, ein Paar Armreifen aus Serpentin, eine goldene Halskette und viele andere Geschenke. Schließlich war der Koffer so voll, daß ich ihn kaum noch schließen konnte. Dann nahm ich meine Sachen und bestieg einen Zug nach Corinne in Wyoming. Von dort aus ging es mit der Postkutsche nach Helena und endlich weiter nach Fort Benton.

Berry sei mit den Piegan unten an der Mündung des Marias, sagte mir ein Händler, aber seine Mutter und die Crow Woman wohnten oben in der kleinen Hütte, und er glaubte, fügte er mit einem Augenzwinkern hinzu, eine junge Frau sei auch bei ihnen.

Es war noch früh am Morgen. Ich eilte hinaus und rannte den staubigen Pfad hinauf. Eine dünne Rauchfahne stieg bereits aus dem Schornstein der kleinen Hütte auf. Ich stieß die Tür auf und trat ein. Nät-ah'-ki kniete vor der Feuerstelle und blies in die schwelende Glut. ‹Ah!› rief sie, sprang auf und lief mir entgegen, ‹er ist wieder da! Mein Mann ist wieder da!› Sie fiel mir um den Hals, küßte mich – und war im nächsten Augenblick bereits im Nebenraum und rief: ‹Wacht auf, steht schnell auf, mein Mann ist zurückgekommen.›

Berrys Mutter und die Crow Woman kamen herausgeeilt, umarmten und küßten mich; alles redete durcheinander. Nät-ah'-ki aber hing an meinem Arm und strahlte mich unter Tränen an. ‹Weißt du›, sagte sie immer wieder, ‹alle wollten mir weismachen, du kämst nicht zurück, aber ich wußte, daß sie unrecht hatten. Ich wußte, du würdest mich nicht vergessen.›

Jetzt war ich wahrhaftig zu meinen Lieben heimgekehrt. Komme was wolle, schwor ich mir, meine Frau würde ich nie wieder allein lassen; und ich hielt mein Wort.

Nät-ah'-ki und ich waren so aufgeregt, daß wir vor lauter Erzählen, was während meiner Abwesenheit alles vorgefallen war, ganz das Frühstück vergaßen. Dann fragte sie mich, was ich die ganze Zeit über getan hätte, was ich gesehen hätte, ob meine Mutter gesund wäre? Aber ich hatte nichts zu erzählen.

Ich wollte ihren Geschichten zuhören, ihre Freude erleben, das allein war mein Glück. Kurze Zeit später wurden meine Koffer gebracht. Ich gab ihr den Schlüssel des einen und sagte, daß dieser Koffer samt Inhalt ihr gehöre. Mit Ausrufen der Überraschung und Bewunderung packte sie alles aus, wickelte die Sachen aus, entfaltete die Stoffe und breitete sie auf dem Tisch, dem Ruhelager und den Stühlen aus. Voller Freude legte sie sich die Kette um den Hals, streifte sich den Armreifen über, lief zu mir und gab mir einen liebevollen Kuß.»

Nät-ah'-ki starb 1903. Danach verließ Apikunni das Blackfoot-Reservat. Er lebte und arbeitete an verschiedenen Orten, aber er verbrachte viel Zeit damit, über die Ereignisse der alten Tage nachzudenken und sie niederzuschreiben.

# Medicine Flower, der Anthropologe, der wie ein Zuni lebte

Viele Nichtindianer haben im Lauf der Jahrhunderte die indianische Lebensweise angenommen, aber nur sehr wenige Anthropologen waren darunter. Diese Wissenschaftler haben die Indianer zwar oft mit freundlichem Wohlwollen betrachtet, oft genug aber auch mit einer Überheblichkeit, die ihnen gar nicht anstand. Lange genug haben die Anthropologen die indianische Kultur unter der Perspektive untersucht, daß diese schlichten, an der Natur orientierten Gesellschaften ohnehin dem Untergang geweiht waren.

Doch Frank Hamilton Cushing war ein sehr ungewöhnlicher Anthropologe. Er hatte ein kurzes und merkwürdiges Leben. Geboren wurde er 1857 in Pennsylvania. Körperlich ist er immer schwach und kränklich gewesen, aber sein Geist war stark. Bereits als er siebzehn war, veröffentlichte die berühmte Smithsonian Institution Arbeiten, die er über indianische Themen schrieb. Niemand hätte sich zu jener Zeit träumen lassen, daß Cushing einmal zum Zuni-Stamm gehören und als Kriegshäuptling namens Medicine Flower jahrelang dort leben würde.

Cushing begegnete den Zuni im Herbst 1879, als er zweiundzwanzig Jahre alt war. Er gehörte zu einer anthropologischen Expedition der Smithsonian Institution. Er sollte drei Monate bei den Zuni bleiben, aber aus diesen drei Monaten wurden vier Jahre. Über sein erstes Zusammentreffen mit einer Gruppe von Zuni schrieb er:

«Wir waren noch nicht lange da, als zu Hillers Entsetzen und meinem Entzücken zwei oder drei Indianer herankamen, in unser Zelt spähten, dann einfach eintraten und sich am Eingang hinhockten. Wenn sie sprachen, kam es mir so vor, als sprächen sie jeden Satz, sei er lang oder kurz, in einem Atemzug. Nach jedem Satz machten sie eine Pause, nahmen einen tiefen Zug aus der Zigarette, saugten den Rauch in die Lunge und sprachen weiter, wobei ihnen Rauch und Worte gleichzeitig aus dem Mund kamen.»

Die Männer der Expedition erklärten den Zuni-Älteren, daß sie Wissen über ihre Kultur sammeln wollten, um diese den Menschen im Osten nahezubringen. Die Leute waren beeindruckt, daß «Washington» sich für sie interessierte – Washington war für sie nicht nur ein geographischer Ort, sondern der Name stand für das machtvolle Volk der Weißen. Einige Expeditionsteilnehmer waren nach diesem Gespräch hauptsächlich damit beschäftigt, östliche Handelsware gegen die feinen Handarbeiten der Zuni einzutauschen. Einer hatte eine Kamera und fotografierte. Cushing bewaffnete sich mit Bleistift und Notizbuch, machte Aufzeichnungen und fertigte Skizzen an.

Anfangs lief die Arbeit der Expedition reibungslos. Die Zuni halfen bereitwillig mit. Dann aber kam die Zeit für einige ihrer heiligen Zeremonien, und die Zuni waren gar nicht damit einverstanden, daß die weißen Männer auch das aufzeichnen wollten. Cushing beschreibt diese Erfahrung so:

«Als ich mit meinen Skizzenbüchern und Farben auf einem der Hausdächer meinen Posten bezog, hörte ich mit Erstaunen, daß von allen Seiten heftig und wütend protestiert wurde. Im Lauf des Tages wuchs diese Verärgerung noch, und schließlich kam eine alte, wildzerzauste Frau auf mich zu, sah mich stirnrunzelnd an, langte dann nach meinem Skizzenbuch und zerriß es pantomimisch. Das ärgerte mich, aber ich zwang mich zu einem Lächeln, beachtete sie nicht weiter und setzte meine Arbeit fort. Entmutigt, aber alles andere als zufrieden, brachen die Indianer ihre Zeremonie ab.»

Cushing erzählt, er habe versucht Porträts zu zeichnen, aber die Leute hätten sich nicht auf diese Art «einfangen» lassen wollen. Er ging zu einer zweiten Zeremonie und merkte, daß er da noch unerwünschter war als bei der ersten. Als sanftmütiger Weißer, der alles in der Natur liebte, konnte er nicht verstehen, weshalb diese Naturmenschen nicht wollten, daß Fremde ihr interessantes Leben in allen Einzelheiten verfolgten und aufzeichneten. Er schrieb:

«Ziemlich entmutigt faßte ich endlich den Entschluß, bei diesen Indianern zu leben. Ich zog einfach mit all meinen Büchern, Papieren und Decken ins Häuptlingshaus. In einer Ecke breitete ich auf dem schmutzigen Boden meine Decken aus und hängte eine Hängematte zwischen den Balken auf. Als der Häuptling am Abend kam und sah, daß ich mich eingerichtet hatte, zuckte er nur mit den Schultern.»

Cushings Umzug kam den meisten Bewohnern des Pueblos sehr sonderbar vor – allerdings auch seinen Kollegen, die in einem kleinen Zeltlager wohnten. Als die Expedition nach drei Monaten westwärts zu den Hopi weiterziehen wollte, verblüffte Cushing alle Beteiligten mit der Äußerung, daß er allein bei den Zuni bleiben werde.

Als die Expedition schließlich ohne ihn aufgebrochen war, beobachteten ihn die Indianer sehr argwöhnisch. Sie fragten sich, was er wohl vorhatte. Wohin er auch ging, überall wurde er beschattet. Wenn er abends seine Notizen machte, saß der Häuptling bei ihm und sah zu, bis er fertig war und ins Bett ging.

Cushing blieb ohne Proviant bei einem Volk zurück, das ihm durchaus nicht allzu wohlgesonnen schien. Als ihm das plötzlich klar wurde, saß er eine Zeitlang ziemlich trübsinnig in seinem Puebloraum. Der Häuptling merkte es und ließ Cushing den Grund seines Kummers erzählen. Dann sagte er:

«Kleiner Bruder, du magst zwar ein Washingtonmann sein, aber trotzdem bist du anscheinend ziemlich arm. Wenn du tust, was wir dir sagen, und dich dazu durchringst, ein Zuni zu sein, dann wirst du reich sein, denn du wirst Väter und Mütter, Brüder und Schwestern und die beste Nahrung der Welt haben. Wenn du aber nicht tust, was wir dir sagen, wirst du in der Tat sehr, sehr, sehr arm sein.»

Cushing brauchte nicht lange zu überlegen. «Warum eigentlich nicht?» sagte er. Aber dann fanden die Indianer, daß er sein Verhalten doch viel zu langsam änderte. Ein paar Tage später fand wieder ein zeremonieller Tanz statt, und Cushing wollte unbedingt Skizzen machen. Die Stammesältesten waren ebenso entschlossen, dies zu verhindern, und stellten einige Häuptlinge ab, sein Zimmer zu bewachen, so daß er nicht herauskonnte. Der Tanz begann. Cushings Bericht:

«Ich sprang auf, nahm meinen ledernen Buchbeutel vom Geweih, hängte ihn um und ging zur Tür. Zwei der Häuptlinge sprangen herzu, faßten mich bei den Armen und legten mir sanft nahe, doch lieber mein Frühstück zu beenden. Ich riß mich los, zog ein Messer aus meinem Beutel, sprang mit dem Rücken zur Wand, schwang das Messer und sagte drohend, ich würde jedem die Hand abhacken, der nach mir greifen wollte. Das war ein Überrumpelungsversuch, der auch ins Auge gehen konnte, aber die Häuptlinge blieben einen Augenblick verblüfft stehen, und ich flitzte durch die Tür. Sie folgten mir den ganzen Tag, belästigten mich aber nicht mehr, doch die Menschen scharten sich so dicht um mich, daß ich kaum noch Gelegenheit fand, Skizzen zu machen.»

Bald mußte er jedoch sein Messer noch einmal gebrauchen. Die Älteren hielten eine Beratung ab und beschlossen, man müsse diesen verhaßten weißen Mann endgültig beseitigen – er sollte bei der nächsten Zeremonie – ausgerechnet der sogenannte Messertanz – getötet werden.

Cushing ahnte nichts von diesen Plänen, als er an jenem Tag aufs Dach stieg, um sich den Messertanz anzusehen und Skizzen zu machen. Zwei phantastisch bemalte Tänzer mit Kriegskeulen erschienen. Er wunderte sich, daß sie ihre Keulen gegen ihn schwangen und dann auch noch herüberkamen und die Leiter zu ihm hinaufzuklettern begannen. Dann merkte er plötzlich, daß er von einer ganzen Menschenmenge umringt war. Er erkannte seine aussichtslose Lage und hatte keine andere Wahl, als noch einmal einen Bluff zu versuchen:

«Ich zwang mich zu einem Lachen, zog schnell mein Messer,

schwang es dreimal durch die Luft, so daß es in der Sonne blitzte, und legte es vielsagend vor mich hin.»

Offenbar funktionierte das, denn die Tänzer zogen sich zurück und nannten ihn «Freund». Sie fanden einen streunenden Hund, «dem sie die Ehre des zeremoniellen Todes zukommen ließen». Cushing fährt fort:

«Ich weiß nicht, ob die Indianer mich wirklich umbringen oder nur einschüchtern wollten. Jedenfalls machte meine gefaßte Haltung und mein Messerschwingen gegen die Sonne (beides mehr zufällig und aus Verlegenheit) großen Eindruck auf sie. Seitdem wurde ich bei meinen Versuchen, Notizen und Skizzen zu machen, nie mehr ernsthaft bedrängt.»

Nicht lange nach diesem Ereignis kam der Rest seiner Expedition auf dem Heimweg nach Osten noch einmal vorbei. Der Leiter händigte einen Brief der Smithsonian Institution aus, in dem Cushing erlaubt wurde, noch länger bei den Zuni zu bleiben. Als der alte Häuptling das hörte, sagte er:

«Hai! Weshalb will Washington etwas über unser Ka-Ka wissen? Die Zuni haben ihre Religion, und die Amerikaner ihre.» Cushing erwiderte:

«Möchtest du, daß Washington ein Freund der Zuni ist? Wie kannst du erwarten, daß ein Volk das andere mag, wenn es nichts von ihm weiß? Einige Dummköpfe und böse Männer haben gesagt, daß die Zuni gar keine Religion haben. Deshalb kämpfen wir gegeneinander, anstatt Brüder zu sein.»

Der Häuptling war zwar nicht ganz zufrieden mit dieser Antwort, sagte aber nichts mehr, bis er «ein oder zwei Tage später mit einem Ausdruck im Gesicht auf mich zutrat, der verriet, daß er etwas vorhatte. Er riß mir den Hut vom Kopf, warf ihn in eine Ecke zu allerlei anderem Plunder und zog hinter seinem Rücken ein rotes Seidentuch hervor. Er faltete es sorgsam, band es über seinem gebeugten Knie zusammen und streifte es mir über den Kopf. Das Resultat gefiel ihm gar nicht. Er nahm mir das Tuch wieder ab und verschwand durch den Deckenvorhang in einem kleinen Nebenraum mit lehmbeworfenen Wänden. Dort wühlte er eine Weile herum und kam schließlich mit einer an beiden Enden gefransten schwarzen Seidenschärpe zurück, die einmal einem mexikanischen Offizier gehört haben mußte. Er wand sie mir um den Kopf, verknotete sie auf meiner Stirn, betrachtete sein Werk kritisch von allen Seiten und sagte: ‹Gut. Gut. So, und jetzt geh raus und zeig das den Zuni, und dann geh zum Zeltlager (der Expedition) und zeig, was für ein vernünftiger Mann du bist und wieviel besser ein *Othlpan* ist als ein mäuseförmiger Hut.› Außerdem sollte ich meine ‹knarzenden Fußpanzer›, wie er meine englischen Laufschuhe nannte, gegen hübsche rote Wildledermokassins eintauschen.

So mußte ich denn also im blauen Flanellhemd, Cordhosen, langen Segeltuchgamaschen, Zuni-Mokassins und Haarband – herzlich beschämt ob dieser Mischtracht – durchs ganze Pueblo zum Lager hinuntergehen, während der alte Mann mir stolz um die Ecke eines Adlerkäfigs nachspähte. Von den Zuni wurde ich stürmisch begrüßt, aber meine Kollegen zogen mich natürlich nach Kräften auf. Ich schwor mir, nie wieder dieses Haarband zu tragen, aber als ich meinen Hut und die Schuhe suchte, waren sie nirgends zu finden. Als ich danach fragte, sagte der alte Mann: ‹Ihr Amerikaner seid Esel. Glaubst du, ich weiß nicht, was gut für einen Mann ist. Ihr wollt euch Sachen auf den Kopf stülpen, als wäre er an einer Seite flach. Ist er das?›»

Trotz dieser anfangs sehr gemischten Gefühle paßte Cushing sich der Lebensweise der Zuni immer mehr an. Ein paar Tage nach dem Aufbruch der Expedition erhielt er weitere Einweihungen. Der Häuptling hatte ihm einen neuen Raum zugewiesen, der nach Zuni-Art ausgestattet war. Seine Hängematte war weg, dafür lag jetzt eine Unterlage aus zwei Schaffellen da und zwei wollene Decken. Ihm wurde gesagt, er solle nackt auf den Schafsfellen schlafen. «*Denk* einfach, daß es dir warm ist», sagte der Häuptling. Die ersten Nächte fror er, und alle Knochen taten ihm weh von dem harten Lager.

Dann beschlossen die Älteren eines Tages, es sei jetzt an der Zeit, daß er sich ganz wie ein Zuni kleidete, und wieder waren seine gewohnten modernen Kleidungsstücke plötzlich unauffindbar. Jetzt mußte er ein «grobes Wollhemd direkt auf der Haut tragen». Außerdem bekam er «eine kurze, dünne, schwarze Baumwollhose und lange gestrickte Leggins (hohe Gamaschen, Beinschutz) aus blauer Wolle». Zur Krönung der Erscheinung bekam er «einen schweren, grauen, ärmellosen Umhang, blau und schwarz gestreift und rot und blau eingefaßt. Einer der Jungen gab mir ein grobes Kupferarmband, und der alte Priester schenkte mir ein Halsband aus schwarzen Steinperlen.»

Der letzte Teil seiner Einweihung in das Leben der Zuni fand eines Tages im Haus statt. Cushing schreibt:

«Ich kniete mich auf einen Teppich, das Gesicht nach Westen gewandt. Mein alter Vater streifte feierlich seine Mokassins ab und trat auf mich zu, eine Nadel und zwei dünne Baumwollstränge in der Hand. Zu einem Betgesang an die Sonne umtanzte er mich eine Weile. Bei den Pausen des Lieds griff er sanft nach meinem linken Ohrläppchen. Jedesmal hielt ich in Erwartung des Stichs den Atem an, aber er stach erst zu, als ich schon gar nicht mehr darauf gefaßt war. Der Gesang wurde wiederholt und das andere Ohr auf die gleiche Weise durchstochen. Sobald die Baumwollstränge durch die Ohrlöcher gezogen waren, hielten der alte Mann und K'iawu die Hände ins Wasser und beteten. Dann beträufelten sie mir den Kopf und ließen ringsherum Wassertropfen wie Regen auf den Boden fallen. Daraufhin wuschen sie mir Hände und Gesicht und trockneten sie mit dem Baumwollumhang ab. Danach sagte der alte Mann: ‹Und so wirst du mein Sohn, Te-na-tsali›, und indem er lächelnd auf mich herunterblickte, erklärte er, ich sei ‹nach einer magischen Pflanze benannt, die auf einem einzigen Berg im Westen wächst; sie hat die schönsten Blüten der Welt, viele Farben, und ihre Wurzeln und Säfte sind ein Heilmittel für alle Verletzungen›.»

Und so wurde der Anthropologe Cushing als ein Zuni namens Medicine Flower wiedergeboren. Mit Feuereifer lernte er alles, was er über sein neues Volk erfahren konnte. Besonders war es ihm um die vielen Geheimnisse im Zusammenhang mit den heiligen Zeremonien zu tun. Kein Außenstehender hatte je etwas davon zu Gesicht bekommen, doch sein Geist wurde geöffnet, und er nahm die heiligen Gebräuche der Zuni als seine eigenen an. Und so geschah seine Wandlung:

Eines Abends hatte sich eine Gruppe versammelt, in der sich auch Medicine Flower und ein Priester befanden. Der Priester machte sich Sorgen, weil ihm eine bestimmte Art von heiliger schwarzer Farbe fehlte. Medicine Flower zeigte ihm später etwas von der schwarzen Tinte, die er bei seinen Zeichenutensilien hatte. Er sagte dem Priester, sie sei für ihn sehr kostbar, und er könne davon nichts hergeben; er ließ sich jedoch überreden, die Tinte für heilige Zwecke herzuleihen.

Der Priester sagte ihm, er könne mitkommen und seine Tinte selbst in die geheime «Kammer der Klapperschlangen» bringen. Cushing nahm außer der Tinte noch Kerzen- und Tabakopfer mit und stieg die Leiter in die Heilige Kammer hinunter. Gemäß dem alten Brauch zog er seine Mokassins aus und begrüßte die versammelten Mitglieder mit den Worten: «Meine Väter, wie fühlt ihr euch in diesen vielen glücklichen Tagen?» Und sie erwiderten: «Glücklich, glücklich!» Sie staunten, daß er mit ihren Umgangsformen so vertraut war (er hatte bereits andere Stammesmitglieder darüber befragt). Cushing sagte, er werde am Abend wiederkommen, um seine kostbare Tinte zu holen.

Am Abend kletterte er wieder die Leiter hinunter in die Kammer. Einige der Anwesenden bedeuteten ihm, er solle wieder gehen, aber er ignorierte sie. Als der Oberpriester schließlich sagte, er solle gehen, tat er, als verstünde er ihn nicht. Er zog die Mokassins aus, setzte sich schnell hin und bedankte sich für das gewährte Privileg. Er schreibt:

«Einen Augenblick herrschte bestürztes Schweigen, bis der alte Priester schließlich in seiner Verzweiflung eine Zigarette anzündete, Rauch in die Luft blies, ein Gebet sprach und mir die Zigarette gab. Ich nahm auch ein oder zwei Züge, sprach ein Gebet auf englisch und reichte die Zigarette weiter. Zu meiner Befriedigung hörte ich sie sagen: ›Laßt ihn bleiben; er ist kein

Narr, und wenn er doch einer ist, so ist er jedenfalls unser *Ki-he*, und die Wesen werden das Licht ihres Wohlwollens auf ihn scheinen lassen, denn er kann nicht verstehen und weiß es nicht besser.› Sie drehten noch eine Zigarette und sagten mir, ich müsse die ganze Nacht rauchen, um ‹Wolken für ihre kleine Welt› zu machen. Ich hatte die ‹Väter› (die Priester und die Hüter der Lieder) mit Zigaretten zu versorgen, mußte immer wieder neue drehen und selbst ständig rauchen. Ich hatte vorher noch nie geraucht. Bei der ersten Zigarette wurde mir speiübel; die zweite war noch schlimmer; als ich aufstand, um sie weiterzureichen, drehte sich alles um mich, und ich mußte mich wieder hinsetzen. Bei der dritten Zigarette verschwand die Übelkeit, und bei der vierten empfand ich zum erstenmal die traumhafte Wonne des Rauchers.

Um Mitternacht durchdrang eine lange Folge von nachtvogelartigen Schreien die rauchgeschwängerte Luft in der Kammer. Die Musiker begannen ihre große Trommel zu schlagen und sangen ein unheimliches, lärmendes Lied, mit dem sie den Ursprung ihrer Bruderschaft feierten.»

Fast drei Jahre vergingen, bis Medicine Flower wieder einmal seine frühere Heimat im Osten besuchte. Er begleitete eine Gruppe von Anführern der Zuni, die von Präsident Arthur eingeladen worden waren und sich Einblick in das Leben des weißen Mannes verschaffen sollten. Medicine Flower ging mit ihnen auch an die Atlantikküste, wo sie beteten und opferten. Sie nahmen etwas Wasser mit, um es daheim bei Zeremonien zu benutzen.

Er blieb zwar nicht lange im Osten, opferte aber doch einiges von der traditionellen Lebensweise der Zuni dem weißen Lebensstil. Zuerst ließ er sich sein langes Haar schneiden, versicherte sich allerdings vorher der Zustimmung der Zuni, die er begleitete, dann heiratete er eine junge Frau aus Washington, die bereit war, mit ihm zurück zu den Zuni zu gehen.

Zurück bei den Zuni, wurde seine Persönlichkeit noch straffer und bestimmter als zuvor. Er gehörte dem machtvollen Geheimbund der Bogenpriester an und wurde einer der Kriegshäuptlinge der Zuni. Fortan nannte er sich «First War Chief of Zuni, U.S. Assistant Ethnologist.»

Tatsächlich vertrat er jetzt gegenüber äußeren Feinden immer entschiedener die Seite der Zuni. Er legte sich mit einem mächtigen Gegner an, als er seine schriftstellerischen Fähigkeiten dazu benutzte, durch Zeitungen einen Regierungsplan publik zu machen, mit dessen Hilfe den Zuni einiges von ihrem besten Land abgepreßt werden sollte, damit es für weiße Siedler freigegeben werden konnte. Der Drahtzieher dieses Vorhabens war der Schwiegersohn von General Logan, dem damaligen Senator von Illinois. Für diese Leute waren Cushings Enthüllungen sehr unerfreulich, so daß der Senator die Smithsonian Institution aufforderte, ihren «Regierungsbediensteten» aus Zuni verschwinden zu lassen. Nach vielem Hin und Her gab Cushing im Frühjahr 1884 schließlich auf und kehrte seiner Wahlheimat traurig den Rücken. Er konnte sich nicht dazu durchringen, sich vom gesellschaftlichen Selbstverständnis des damaligen Amerika loszusagen.

Wieder in Washington, machte Cushing sich daran, seine Aufzeichnungen, die er bei den Zuni gemacht hatte, aufzuarbeiten. Sein Gesundheitszustand wurde immer schlechter, und zweifellos war er wegen seines «Übertritts» zu einem anderen Volk heftiger Kritik ausgesetzt. Seine Schriften sind faszinierend und aufschlußreich, aber sie enthalten vieles, was geheim und heilig war und ihm nur für sein Leben als Zuni anvertraut worden war, nicht aber als Stoff für wissenschaftliche Publikationen. Darin beugte er sich wiederum den Konventionen seiner Zeit. Er brach das Vertrauen der Zuni und litt gewiß unter Schuldgefühlen. Seine ohnehin schwache Gesundheit hielt nicht mehr lange stand; er starb mit dreiundvierzig Jahren.

Einige seiner Arbeiten sind in verschiedenen Zeitschriften erschienen. Eine autobiographische Erzählung mit dem Titel «Meine Abenteuer in Zuni» erschien in *The Century Magazine;* daraus habe ich hier zitiert. Die entsprechenden Nummern aus den 1880er Jahren sind heute sehr schwer zu finden.

Sein erstes Buch, eine Sammlung von Geschichten mit dem

Titel *Zuni Folk Tales* erschien nach seinem Tod. 1920 veröffentlichte das Museum of the American Indian als Band 8 seiner wissenschaftlichen Reihe eine Sammlung von Cushings Artikeln unter dem Titel *Zuni Breadstuff*. Der folgende Auszug stammt aus diesem interessanten Buch.

## Das Pech der Zuni

Der Mais keimte gerade im Frühjahr 1881, und die Vogelscheuchen meines «älteren Bruders» waren weniger wirksam als die seiner Nachbarn. Daß die Scheuchen seiner Nachbarn besser waren, störte ihn an sich noch nicht, aber die Auswirkung war, daß sich alle Krähen auf seinem Feld tummelten. Eines Tages kam er mit bedrückter Miene auf mein «kleines Haus» zu.

«Was ist in dir?» fragte ich.

«Krähen!»

«Dann mach doch Vogelscheuchen», sagte ich.

«Vogelscheuchen? Ha! Nichts kann die Dummheit unserer Vorfahren wiedergutmachen. Nichts, sage ich, kleiner Bruder!»

«Wieso? Was haben sie denn gemacht?» fragte ich.

«Nun, du weißt ja, daß unsere Vorfahren aus den vier Höhlen kamen. Unter ihnen war ein Priester – und der gehörte zu *meinem* Klan!» (Der Ausdruck des alten Mannes verriet äußerste Empörung.) «Also, dieser Priester hatte aus der Unterwelt einen sehr schönen Zauberstab mitgebracht, nur hatte ihn bis dahin in der Dunkelheit der Höhlen niemand sehen können. Jetzt fragten sie alle: ‹Was ist das? Was ist das?›

‹Es ist ein Zauberstab›, sagte der Priester, ‹ein Geschenk von den Schöpfern des Lebens.›

‹Wozu ist er gut?› fragten einige. ‹Wie schön er ist!› sagten andere, denn er war mit vielen bunten Federn in leuchtenden Mustern besetzt.

‹Es ist ein Zauberstab, mit dem man das Verständnisvermögen von Kindern prüft›, sagte der Priester, sprach einen Zauberspruch, schlug mit dem Stab gegen einen Felsen, und siehe da! – vier Eier kamen aus dem einen Ende hervor und rollten vor die Zuschauer hin. Das eine Paar war ganz stumpf, das andere aber wunderschön – wie blasser Türkis mit kleinen Zeichnungen überall.

‹Meine Kinder›, sagte der Priester, ‹hört zu! Das da sind die Samen lebendiger Dinge. Zwei von ihnen werden bald noch schöner als mein Stab und kostbar – ein Segen für die, bei denen sie sind. Denn wo immer sie sind, ist ewiger Sommer, und alles wächst wunderschön. Aber aus den beiden anderen werden Bestien, die am Ende jedes Jahres die Sommervögel verjagen und den Winter bringen. Und zu jedem Sommerende vernichten sie alles Wachsende und lassen denen, bei denen sie leben, nur Hunger und verwirrende Gedanken. Seid also weise, meine Kinder, und laßt euch bei der Wahl vor allem nicht von Habgier leiten.›

Und was, glaubst du, taten diese Dummköpfe jetzt?»

«Ich weiß es nicht.»

«Na, sie nahmen natürlich die hübschen blauen Eier. ‹Denn›, so sagten sie sich, ‹das ist ja die Farbe der kostbaren Steine; deshalb sind sie bestimmt auch die Samen kostbarer Dinge.› So trugen sie die Eier sehr vorsichtig zu einem Platz auf der Sonnenseite des Felsens, legten sie sanft hin und beobachteten sie Tag für Tag. Irgendwann bekamen die Eier Risse, und zwei kleine Würmer krochen heraus, die dann gleich zu Vögeln mit Federstoppeln und offenen Augen wurden. Sie schienen nie genug zu fressen zu kriegen – immer wollten sie noch mehr. Aber die Federstoppeln sahen unter der Haut blau, grün und gelb aus, und die Leute lachten sich ins Fäustchen und sagten: ‹*Wir* haben das rechte Verständnis. Denn wenn ihr Kleid schon *unter* der Haut so schön ist, wie werden sie dann erst sein, wenn sie ganz davon bedeckt sind!› Also fütterten sie den kleinen Biestern, was nur reinging. Aber als die Federn dann wuchsen, waren sie *schwarz*, und die Vögel flogen weg und lachten ‹Ka-ha, ka-ha›, und so lachen sie seitdem immer – diese elenden Maispicker!

Und der Priester schickte die stumpf aussehenden Eier in einer Regenwolke ins Sommerland, und sie wurden die Federn von Papageien, und wo immer sie leben, da sind die Blumen, die Früchte und die Blätter bunt wie ihr Gefieder, und der Sommer hat nie ein Ende.»

## Hund holt Feuer
### Eine Erzählung des Coeur d'Alêne-Stammes

Die Menschen hatten ein Feuer. Wolf hatte kein Feuer. Wolf und Hund waren Freunde. Wolf sagte zu Hund: «Geh und stehle den Menschen einen Funken.»

Hund ging zu den Menschen. Sie fütterten ihn, und er vergaß, den Funken zu stehlen. Und das ist alles.

## Ein Wanderer namens Smohalla

Smohalla bedeutet in der Sprache des Wanapum-Volks «der Prediger». Dieses Volk lebte vorwiegend vom Fischfang entlang den Ufern des mächtigen Columbia River im heutigen Staat Washington. Smohalla war ein Angehöriger dieses Stammes – ein Mann, der für etliche Jahre verschwand und dann mit einer starken, neuen religiösen Lehre zurückkehrte.

Smohalla war ein Krieger, der schon in den 1850er Jahren bei seinem eigenen Volk und bei einigen Mitgliedern des benachbarten Yakimastammes als religiöser Führer galt. Zu der Zeit wurde er noch Yu-yunipi'tquana (Shouting Mountain – Rufender Berg) genannt – nach einem Berg, der zu ihm gesprochen hatte, als er einmal auf seinem Gipfel fastete.

Um das Jahr 1860 kämpfte er einmal mit einem Mann aus einem benachbarten Lager, und dieser Mann ließ ihn liegen, weil er dachte, er sei tot. Er war aber nicht tot und konnte sich noch irgendwie fortschleppen. Er fand ein Kanu, mühte sich mit letzter Kraft hinein und ließ sich mit der Strömung forttreiben – zum Pazifik. Seine Leute glaubten ihn tot und betrauerten ihn.

In den nächsten Jahren wanderte Smohalla die Küste auf und ab und lernte viele neue Dinge, die sein Stamm noch nicht kannte. Seine religiöse Grundhaltung führte ihn zu einer Auseinandersetzung mit dem Christentum. Viel Zeit verbrachte er allein und meditierte über alles, was er gelernt hatte. Nach vielen inspirierenden Begegnungen mit anderen Menschen entwickelte er eine eigene religiöse Lehre und dazugehörige Zeremonien und entschloß sich zur Rückkehr zu seinem Volk.

Für seinen Stamm war er ein Wiederauferstandener. Die Menschen waren glücklich über seine Rückkehr und mit Freuden bereit, die neue Lehre zu praktizieren. So erklärte Smohalla ihnen die Bedeutung des Lebens:

«Einst war die ganze Welt nur Wasser, und Gott lebte allein. Er fühlte sich einsam und konnte seinen Fuß nirgendwohin setzen, also holte er den Sand vom Meeresgrund herauf und machte das Land. Er machte die Felsen, die Bäume und einen Menschen. Der Mann war einsam, und Gott erschuf eine Frau. Sie aßen Fische aus dem Wasser, und Gott machte den Hirsch und andere Tiere, und er schickte den Mann auf die Jagd und ließ die Frau das Fleisch kochen und die Felle bearbeiten. Viele neue Männer und Frauen wuchsen heran und lebten an den Ufern des großen Flusses, der voller Lachse war. In den Bergen gab es viel Wild, und auf der Prärie grasten die Büffel. Es gab so viele Menschen, daß die Stärkeren manchmal die Schwächeren von den besseren Fischgründen verjagten und behaupteten, diese gehörten ihnen. Sie kämpften, und fast alle kamen dabei um, und ihre Knochen sieht man heute noch bei den Hügeln. Gott war darüber sehr zornig. Er nahm ihnen die Flügel weg und bestimmte, daß das Land mit seinen Fischgründen allen gehören sollte, die auf ihm lebten; niemals sollten Grenzen gezogen werden, und die Menschen sollten die Früchte genießen, die Gott säte, und die Tiere, die auf dem Land lebten, und die Fische im Wasser. Gott sagte, Er sei der Vater und die Erde die Mutter der Menschheit; die Natur sei das Gesetz; Tiere,

Fische und Pflanzen gehorchten der Natur, und nur der Mensch sei sündig. Das ist das alte Gesetz.»

Smohalla machte eine Prophezeiung, die von seinem Volk aufgenommen wurde: «Nach einer Weile, wenn Gott den Zeitpunkt für gekommen hält, wird Er alle Menschen vertreiben außer denen, die Seine Gesetze befolgen.»

Während seiner Wanderjahre hatte Smohalla auch die Freuden und Versuchungen der modernen Zivilisation kennengelernt. Nach seiner Rückkehr drängte er die Menschen seines Volkes, auf ihrem Stammesterritorium zu bleiben und den neuen Menschen in den Städten und Siedlungen möglichst aus dem Weg zu gehen. Er setzte sich für ein strenges Stammesleben des Fischens, Jagens, Sammelns und Betens ein – ein einfaches und natürliches Leben, das nach seiner Überzeugung am ehesten zu spiritueller Erfüllung führen würde. Über die Führer der amerikanischen Gesellschaft sagte er:

«Sie sagen mir, ich soll nach Steinen graben! Soll ich ein Messer nehmen und den Busen meiner Mutter zerfetzen? Wenn ich dann sterbe, wird sie mich nicht an ihre Brust nehmen, damit ich ausruhen kann.

Sie sagen, ich soll nach Steinen graben! Soll ich unter ihrer Haut nach ihren Knochen wühlen? Wenn ich dann sterbe, darf ich nicht in ihren Körper, um wiedergeboren zu werden.

Sie sagen, ich soll Gras mähen und Heu machen und es verkaufen und reich sein wie sie! Aber wie kann ich es wagen, meiner Mutter das Haar abzuschneiden?

Ich möchte, daß mein Volk hier bei mir bleibt. Alle Toten werden einmal wieder leben. Ihre Seele wird wieder in ihren Körper kommen. Wir müssen hier in der Heimat unserer Väter warten und uns bereit machen, ihnen am Busen unserer Mutter zu begegnen.»

Smohalla forderte alle Anhänger seiner Lehre auf, sich viel Zeit für Gebete und spirituelle Kontemplation zu nehmen. Die Sonntage sollten ausschließlich religiösen Dingen vorbehalten bleiben. An dem Tag versammelten sie sich morgens, mittags und abends zu Gottesdiensten.

Smohallas konservative Einstellung vertrug sich schlecht mit der Haltung der verschiedenen Regierungsvertreter, die dann und wann auftauchten, um nachzusehen, ob die Gesetze und Verordnungen eingehalten wurden. Captain E. L. Huggins vom zweiten Kavallerieregiment war einer von ihnen. Er berichtet von einer Unterredung mit Smohalla:

Smohalla hatte gesagt: «Meine jungen Männer werden niemals arbeiten. Männer, die arbeiten, können nicht träumen, und das Wissen kommt in Träumen zu uns.»

Als gesagt wurde, die Weißen arbeiteten und wüßten trotzdem mehr als die Indianer, erwiderte er, das Wissen des weißen Mannes sei armselig und schwach und für den Indianer wertlos, denn ihm würde das höchste Wissen durch Träume und die Teilnahme an Traumzeremonien zuteil. Aufgefordert, die Natur seines höheren Wissens darzulegen, erklärte er:

«Jeder muß das höchste Wissen für sich allein lernen. Es kann nicht gelehrt werden. Du hast das Wissen deiner Rasse. Sei zufrieden.»

Ich wandte ein, selbst die Indianer müßten während der Fischsaison hart arbeiten, um Vorräte für den Winter zu schaffen.

Smohalla antwortete: «Diese Arbeit dauert nur ein paar Wochen. Außerdem ist es natürliche Arbeit, die niemandem schadet. Aber die Arbeit des weißen Mannes verhärtet Seele und Körper. Es ist auch nicht richtig, die Erde aufzureißen und zu verstümmeln, wie es die Weißen tun.»

Ich erwiderte, daß auch die Indianer Wurzeln ausgruben und gerade jetzt in den Bergen Camawurzeln ernteten.

Smohalla sagte: «Wir nehmen nur die Gaben, die uns freimütig geboten werden. Wir verletzen die Erde nicht mehr, als der Finger eines Kindes die Brust seiner Mutter verletzen würde. Aber der weiße Mann reißt das Land meilenweit auf, hebt tiefe Gräben aus, holzt die Wälder ab und verändert das ganze Gesicht der Erde. Du weißt ganz gut, daß das nicht richtig ist. Jeder aufrichtige Mann weiß in seinem Herzen, daß das ganz schlecht ist. Aber die Weißen sind so habgierig, daß sie daran gar nicht denken.»

Ein anderer Regierungsbeauftragter, Major MacMurray, besuchte den Stamm in den späten achtziger Jahren. Er sprach mit einem von Smohallas Schülern bei den Yakima. Der Major nannte diesen Mann «friedfertig und freundlich» und schrieb die folgende Zusammenfassung seiner Anschauungen:

«Er sagte, alle Menschen seien für ihn Brüder, und er hoffe, sie würden einmal alle zusammenleben. Er hätte gehört, daß Weiße und Schwarze und alle anderen Arten von Menschen ursprünglich in Zelten gewohnt hätten und daß Gott früher auch zu den Weißen gekommen sei, um zu ihnen zu sprechen. Er glaubte, es könne nur einen *Saghalee Tyee* geben, und in dem Fall lebten rote und weiße Menschen auf derselben Ebene. Wir stammten aus ein und derselben Quelle des Lebens und würden irgendwann auch wieder am selben Stamm wachsen. Es sei wie ein Stab, die der rote und der weiße Mann an beiden Enden gehalten hätten, bis er zerbrochen sei, und dereinst werde es wieder ein ganzer Stab sein.»

MacMurray verbrachte auch einige Zeit in Smohallas Lager bei Priest Rapids am Columbia River. Sein Bericht an die Regierung gibt uns ein Bild von Smohallas Volk und seinem spirituellen Leben:

«Wir erreichten die Niederung und wurden von einer Prozession empfangen, die Smohalla selbst anführte. Alle Leute waren mächtig herausgeputzt und ritten ihre besten Pferde. Wir ritten durch Beifußfelder und Sanddünen und erreichten die Dorfstraße, auf der keine Menschenseele zu sehen war. Doch aus den mattengedeckten Häusern drang ein unbeschreibliches Lautgewirr von Glocken, Trommeln und schrillen Schreien. Ich bemerkte, daß die Straße gekehrt und gesprengt war. Wir durchquerten das Dorf und kamen auf der anderen Seite zu einem neuen Zelt, das ein Schattendach aus Zweigen hatte und mit neuen und sehr hübschen Matten ausgelegt war. Smohalla sagte, das alles sei eigens für mich hergerichtet worden; er hatte eine Bank für mich gebaut und die Nägel dafür aus über 90 Meilen Entfernung holen lassen. Wir wurden regelmäßig mit frischem Lachs versorgt. Der Fluß war nur zwei Schritte von unserem Zelt entfernt, eine hervorragende Waschgelegenheit.

Als ich am nächsten Morgen aufwachte, hörte ich wieder die Trommeln, und der Klang riß den ganzen Tag nicht ab. Tagelang ging das so weiter, und soweit ich mich erinnern kann, gab es nur hin und wieder Unterbrechungen von wenigen Minuten.

Nördlich des größeren Hauses, das zugleich Smohallas Wohnung und der Versammlungsraum des Dorfes war, lag ein kleiner freier Platz mit einem weißgetünchten Zaun aus angetriebenen Brettern. In der Mitte stand ein Fahnenmast mit einer rechteckigen Flagge. Smohalla erklärte: ‹Das ist mein Banner, und es stellt die Welt dar. Gott trug mir auf, mich um mein Volk zu kümmern – und *alle* sind mein Volk. Die Welt hat vier Richtungen, Norden, Süden, Osten und Westen. Ich bin in allen Richtungen gewesen. Das hier ist die Mitte. Hier lebe ich. Der rote Punkt ist mein Herz – jeder kann es sehen. Das gelbe Gras wächst überall um diesen Ort. Die grünen Berge sind fern und umschließen die ganze Welt. Jenseits ist nur noch Wasser, Salzwasser. Das Blau ist der Himmel, und der Stern ist der Polarstern.›

Die häufigen Gottesdienste beginnen mit einer Art Prozession um den Zaun herum; dann betreten der Prophet und ein kleiner Junge mit einer Glocke die Einfriedung, die Flagge wird gehißt, und Smohalla hält eine Art Predigt.

... Dieses Haus hatte ein Gerüst aus starken, aufrecht stehenden Balken und war mit Zweigen gedeckt; bei Regen wurde Zeltleinwand darübergespannt. Die Wände bestanden aus Rinde und Binsenmatten. Das Gebäude war gut 20 Meter lang und etwa 7 Meter breit. Drinnen war das Singen und Trommeln schon eine Weile in Gang, als ich eintrat. Die Luft erzitterte unter dem Klang Hunderter indianischer Stimmen,

Männer und Frauen, und dem Dröhnen der Trommeln. Gedämpftes Licht beleuchtete die Szene. Von einem Feuer an der gegenüberliegenden Seite stieg Rauch auf und erfüllte die Luft. Von der Decke hingen Hunderte von Lachsen herunter, die dort aufgeschnitten im Rauch trockneten.

Es war eine sonderbare Szenerie. An beiden Seiten des Raums bildeten je zwölf Frauen stehend eine Reihe; sie hielten die Arme über Kreuz, so daß ihre Fingerspitzen die Schultern berührten. Im Takt der Trommeln und ihres Gesangs wiegten sie sich auf den Fußballen und stampften mit den Fersen leicht den Boden. Dieser sich endlos wiederholende Vorgang zehrte an den Kräften, und ich hörte, daß auch andere außer Smohalla in ihrer Trance Visionen gehabt hatten – allerdings war niemand bereit, dies (gegenüber einem Kavallerieoffizier) einzuräumen oder gar zu erklären.

Die Leute zur Rechten waren in rote Gewänder gekleidet, die zur Linken trugen weiße Wildlederkostüme mit rotem und blauem Besatz, von denen gesagt wurde, es seien uralte Zeremonialgewänder. Alle trugen große runde Silberbroschen oder andere glitzernde Schmuckstücke. Der Boden war mit Tuchbahnen bedeckt, und darauf knieten die Männer und Jungen, je sieben in einer Reihe. Jede Reihe trug in der Regel Hemden von gleicher Farbe. Vorn knieten die größten und nach hinten gestaffelt die kleineren. Wo irgendwo Lücken waren, hielten sich kleine Kinder und die ganz alten Frauen auf. Ganz vorn kniete Smohalla auf einer Matratze, die linke Hand auf dem Herzen. Zu seiner Rechten kniete der Junge mit der Glocke in ähnlicher Haltung. Smohalla trug ein weißes Gewand, das er gern Soutane nannte, aber es war einfach ein langes weißes Hemd mit einem Farbstreifen den Rücken herunter.

Smohallas Sohn, so hieß es, wurde zu seinem Nachfolger herangebildet. Er war etwa 23 Jahre alt, wie es schien, groß, schlank und lebhaft, und hielt sich immer etwas abseits von den Leuten. Er trug für gewöhnlich eine Art kurzes Chorhemd, manchmal ein gelbes, manchmal ein himmelblaues, auf dem farbige Stoffapplikationen des Mondes oder der Sterne angebracht waren. Die Ärmel waren reich mit Perlen und Silber-schmuck besetzt.»

Was Smohalla und sein Volk dort praktizierten, war die Grundlage dessen, was später als die «Traumreligion» bekannt wurde. Ziel dieses Glaubens ist es, die Gruppe zu spiritueller Einheit zu führen, wie sie in Liedern, Gebeten, Kleidung und in der Musik von Glocken und Trommeln symbolisch zum Ausdruck kommt. Einzelne Mitglieder geraten in Ekstase und werden bewußtlos, so daß ihr Geist den Körper verlassen kann. In den Pausen während der Zeremonien erzählen sie den übrigen von ihrer spirituellen Reise.

Auch heute noch gibt es Anhänger dieser Religion, die Smohallas Weg der Hingabe und des Gebets gehen.

Vierter Teil:

# Die Geschenke der Natur

# Das überlieferte Wissen der Indianer von Pflanzen und Tieren

## Ein paar praktische Hinweise

Menschen, die in Einklang mit der Natur leben, behalten ständig im Auge, was in ihrer Umwelt geschieht. Sie wissen, wo sie wildwachsende Nahrung finden und wie sie geerntet wird. Sie wissen, wann es Zeit wird, sich warm anzuziehen, und wie sie ihre einfachen Behausungen behaglich ausstatten können. Sie wissen, auf welche Zeichen am Himmel und auf der Erde sie achten müssen. Das moderne Leben erfordert all diese Kenntnisse nicht mehr, doch viele Menschen finden heute wieder Gefallen daran, das uralte Wissen neu zu erlernen.

Dazu geht man am besten hinaus in die Natur und sammelt praktische Erfahrungen. Such dir einen Lehrer, der sich in diesen Dingen auskennt. Ich glaube, solche Lehrer gibt es überall auf der Welt. Bücher wie dieses können Anstöße geben, aber du wirst wenig lernen, wenn du nicht viel Zeit draußen in der Natur verbringst.

## Nutz- und Nahrungspflanzen

Es ist erstaunlich, wie viele nützliche Pflanzen wild wachsen, und nicht nur auf dem Land, sondern sogar in der Stadt. Jeder kennt Disteln und Löwenzahn, aber kaum jemand hat sie je probiert oder weiß auch nur, daß sie eßbar sind. Manche Wildpflanzen können das ganze Jahr über als Nahrung dienen, aber die eßbaren Teile werden für gewöhnlich im Frühjahr oder Sommer geerntet. Im Frühjahr gräbt man Wurzeln, denn dann sind sie am zartesten. In der Reifezeit des Sommers werden Samen, Beeren und anderes gesammelt.

Die meisten von uns haben schon einmal bei einem Spaziergang Beeren gepflückt und gegessen. Weißt du aber auch, daß man viele Beeren trocknen und so für lange Zeit haltbar machen kann? Auch manche Wurzeln lassen sich lagern, nachdem sie vorher gebacken oder anderswie zubereitet worden sind.

Die Indianer der Vergangenheit lagerten ihre getrockneten Pflanzen in selbstgemachten Behältern. Die nomadischen Völker der Plains stellten große Vorratsbeutel aus Rohhaut her. Sie schabten das Haar von einem frischen Tierfell ab, schnitten es zu einem großen Rechteck zurecht, falteten es und vernähten die Kanten. Wenn solch ein Behälter eine ordentliche Verschlußkappe hatte und außen gut eingefettet wurde, war er wasserdicht und leicht zu tragen.

Eine andere weit verbreitete Form von Behältern wurde durch das Zusammennähen mehrerer «Tiersocken» hergestellt – das ist das Unterschenkelfell von Hirsch, Büffel oder Wapiti. Die Haut wird direkt über dem Haupthuf abgeschnitten, aber die übrigen Zehenansätze läßt man als Dekoration. Das Haar wird nicht entfernt und bleibt außen. Diese Felle werden nicht gegerbt, manchmal aber mit Steinen geklopft, damit sie etwas weicher werden. Sie werden Seite an Seite zusammengenäht, bis ein rundes Rohr entsteht. Als Boden wird ein Stück Leder eingesetzt und oben eine Lederkrause angenäht, die man mit einer Schnur zuziehen kann. Jedes Huftierfell kann dazu dienen.

Jeder indianische Stamm hatte seine Lieblingspflanzen, die ihm als Nahrung und Medizin dienten. Einige dieser Pflanzen findet man vielleicht nur auf den alten Stammesterritorien, andere mag es auch anderswo geben, aber dann haben sie oft andere Eigenschaften und schmecken anders. Die folgende Liste enthält Pflanzen, die in Nordamerika relativ weit verbreitet vorkommen. Einige der vorgestellten Arten finden sich nirgendwo sonst auf der Welt, dennoch können sie auch dem europäischen Leser mehr bieten als nur den Einblick in einen Bereich des indianischen Lebens: Sie können Anregung sein, sich im eigenen Lebensraum über verwandte Arten oder ähnlich zu verwendende Pflanzen zu informieren. Nimm dazu ruhig eines der Bücher zur Hand, die es heute zu diesem Thema gibt.*

**Balsam root**** (Balsamorhiza deltoidea). Diese Pflanze ist in Amerika besser unter dem Namen «Sunflower» bekannt. Im Frühling kann man ihre noch zarten Stiele roh essen, wenn man sie schält. In der Vergangenheit waren diese Stiele eine Lieblingsknabberei der indianischen Kinder. Die Samen werden heute noch überall gegessen, roh oder gemahlen. Die langen, fleischigen Wurzeln wurden oft ausgegraben, geschält und wie Camawurzeln (s. weiter unten) in Gruben gebacken. Die Flathead in Montana ließen die Wurzeln mindestens drei Tage in der Grube schmoren, damit die zähen Fasern weich wurden. Sie sagen, daß sie danach wie Süßkartoffeln schmecken.

**Bärentraube,** am. *Bearberry* (Arctostaphylos uva ursi). Diese niedrig wachsende Pflanze ist auch als Moosbeere, Rauschbeere, Steinbeere bekannt. Die Indianer nannten sie *Kinnikinnik* und mischten die glänzenden grünen Blätter gern in ihren zeremoniellen Tabak.

Die Beeren dieser Pflanze kann man essen, wenn sie rot und damit reif sind. Das mehlige Fruchtfleisch ist nicht gerade schmackhaft, aber die Beeren können eine willkommene Notnahrung sein, da sie den ganzen Winter über an der Pflanze bleiben. Sie lassen sich auch mit Tierfett mischen und braten, dadurch werden sie etwas süßer und schmecken fast wie Bratäpfel. Man schüttelt die Beeren in der heißen Pfanne, bis sie aufplatzen.

---

* Zum Beispiel Richard Mabey: *Bei der Natur zu Gast,* Heyne Taschenbuch.
** Bei Arten, die nicht in Europa vorkommen, erscheinen im Folgenden die amerikanischen Pflanzennamen zu Beginn des Abschnitts, sonst hinter der deutschen Bezeichnung. (Anm. d. Übers.)

Die Flathead schätzten nach dem Aussehen der Bärentraubenbüsche den kommenden Winter ein; gab es wenig Beeren, so erwarteten sie einen milden Winter, hingen sie aber dicht, so stand eine lange, harte Kälteperiode bevor.

**Breiter Rohrkolben,** am. *Cattail* (Typha latifolia). Diese bekannte Feuchtlandpflanze erkennt man an ihrem dunkelbraunen, pelzigen Kolben, der andere Wasserpflanzen meist um einiges überragt. Dieser Pelz eignet sich gut zum Feuermachen; außerdem wird er als Wärmedämmung in Wintermokassins und als Kissenfüllung benutzt.

Den Blütenstaub kann man roh essen oder zu Mehl vermahlen. Aus solchem Mehl buken viele Stämme Brot und Kuchen.

Die Wurzeln lassen sich kochen oder rösten; zuvor muß man sie säubern, schälen und entfasern. Sie können wie die Camawurzel in einer Grube gebacken oder kleingeschnitten und zu einem Mus verkocht werden. Gedörrt sind sie lange haltbar, und in diesem trockenen Zustand kann man sie auch im Mörser zu Mehl zerstoßen. Auch das Innere des Pflanzenstengels ist eßbar – als gekochtes Gemüse oder im Eintopf.

**Camas,** dt. Camawurzel, am. *Quamassie* (Camassia esculenta). Durch das Aussehen ihrer Wurzel kam diese Pflanze bei den Blackfoot zu dem Namen «mississa» – Kothaufen. Man findet diese Quamassie auf feuchten Wiesen in der Nähe der Rocky Mountains, andere Arten jedoch auch anderswo. Stiel und Blätter erheben sich 30 bis 60 Zentimeter hoch aus einer unterirdischen Knolle. Wenn im Herbst die blauen Blüten abgefallen sind, wird die Wurzel ausgegraben. In den Samenkapseln haben sich die schwarzen Samen gebildet. Die Wurzelknollen sind von sehr unterschiedlicher Größe, aber die Indianer suchten nicht die größten, sondern machten Plätze aus, wo sie besonders süß waren. Die Flathead hatten zum Beispiel an mehreren Stellen ihres ehemaligen Stammesgebietes große Camawurzeln, aber sie holten sich lieber die kleinen, süßen Knollen, die es bei Camas Hot Springs in Montana gab.

War keine Zeit für besondere Zubereitungsformen, dann wurden die frischen Knollen einfach gekocht und gegessen. Wo immer es möglich war, wurden sie jedoch in Gruben gebacken. Solch eine Grube war einen guten halben Meter tief und maß in der Öffnung etwa 120 mal 180 Zentimeter. Zuerst wurde trockenes Feuerholz in die Grube gelegt und dann eine Lage von Steinen. Je nach Lebensraum fanden Flußkiesel oder flache Präriesteine Verwendung. Nun wurde das Holz angezündet, und das Feuer erhitzte die Steine bis zur Rotglut. Die Steine wurden mit einer dicken Lage von frischem Gras oder Holz bedeckt, und darüber legte man dünne Zweige und Laub. Auf dieser Matte wurden die meist geschälten Camawurzeln ausgebreitet und das Ganze wiederum mit frischem Gras abgedeckt oder mit Baumflechten, die vorher in Wasser eingeweicht wurden.

Darüber kam noch einmal eine Matte aus grünen Zweigen und Blättern. Den Abschluß bildete eine 15 Zentimeter dicke Erdschicht. Obenauf wurde ein Feuer gemacht, das zwei oder drei Tage lang brannte, je nachdem, wie viele Knollen in der Grube waren.

Wenn die Grube wieder geöffnet wurde, holten die Kinder sich gern die dünnen Zweige und saugten den süßen Saft heraus, der sich darin gesammelt hatte. Die Knollen konnte man sofort essen, aber die meisten wurden für den Winter an der Sonne getrocknet. Manchmal wurden sie vor dem Trocknen mit einem Steinstößel zerstampft und zu runden Kuchen geformt. Wo heute noch wilde Camawurzeln verwendet werden, gibt man sie meist durch einen Fleischwolf. Oft wurden in dieses Mus vor dem Trocknen noch Beeren hineingemischt. Besondere Behälter aus Rohhaut oder Rinde nahmen die fertigen Camafladen auf.

Gebackene Camaknollen sind süßer als die rohen; sie schmecken etwa wie geröstete Kastanien. Man kann sie zu Suppen oder Eintopfgerichten verwenden. Manche Leute kochen ein süßes Getränk daraus und verwenden es anstelle von Kaffee.

**Chokecherry,** dt. virginische Traubenkirsche, virginischer Pflaumenbaum (Prunus virginiana). Diese Frucht wächst an einem niedrigen Baum und ist in Nordamerika weit verbreitet, wo sie volkstümlich oft «Wildkirsche» genannt wird. Sie muß ganz reif sein, bevor man sie essen kann, und manche sagen, das sei erst nach dem ersten Frost der Fall.

Traubenkirschen waren ein untergeordnetes Nahrungsmittel vieler büffeljagender Stämme, die sich hauptsächlich von Fleisch ernährten. Zur Reifezeit aß man sie gern als Suppe, die mit Fett und Süßmitteln besonders nahrhaft gemacht wurde. Die kleinen Steine können Beschwerden verursachen, wenn man sie mitißt, deshalb werden die Früchte mit ihren Steinen meist vorher zerstoßen.

Die Zubereitung der Früchte ist eine Kunst für sich, und früher wurden indianische Frauen auch danach beurteilt, wie geschickt und gewissenhaft sie bei dieser Arbeit waren. Die Kerne müssen gestoßen werden, bis sie wie feingemahlener Kaffee aussehen.

Das Fruchtmus wird zu kleinen Küchlein geformt und zum Trocknen in die Sonne gelegt. Ein wenig Fett ist beigemischt, damit sie beim Trocknen nicht zu hart werden. Man legt sie auf kleine Zweige oder wendet sie regelmäßig, damit die Unterseite nicht verdirbt. Manchmal werden vor dem Trocknen noch andere Beeren beigemischt. Die getrockneten Kuchen werden in Lagerbeuteln für den Winter aufbewahrt. Diese Beutel waren meist aus den Häuten kleiner Tiere gemacht. Man stopfte die Beine mit Minze aus, so daß die Kuchen nicht herausfallen konnten, andererseits aber für genügend Durchlüftung gegen Schimmelbildung gesorgt war.

Pemmikan, die berühmte indianische Wegzehrung, wurde oft mit Traubenkirschen zubereitet. Wenn jemand sich auf einen weiten Weg machte, bereiteten die Frauen des Haushalts genügend Pemmikan für die ganze Reise zu. Sie brockten die getrockneten Beerenkuchen ins Wasser und ließen sie eine Weile ziehen. Wenn die Beeren weich wurden, seihte man sie ab; das Wasser war im Winter ein beliebtes Getränk.

Pemmikan entsteht, wenn man die eingeweichten Beeren mit Tierfett vermischt. Das Rückenfett des Büffels war am beliebtesten, weil es nicht so fest wird. Später, in den Reservaten, nahm man auch ausgelassenes Schweinefett. Das Fett und die Früchte müssen gut zusammengeknetet und dann zu kleinen Bällchen geformt werden. Als Wintervorrat wurde diese geknetete Masse zu Ziegeln geformt und in Rohhaut eingenäht.

Die Zweige des Traubenkirschbaums fanden bei den Indianern vielfache Verwendung. Es ist ein hartes Holz, das sich nicht leicht mit Wasser vollsaugt, selbst wenn es trocken auf der Erde liegt. Deshalb ist es selbst nach Regen ein gutes Feuerholz.

Es wurde auch für Pfeifenrohre, Bogen und Pfeile und als Griff für mancherlei Geräte und Waffen verwendet. Der Braten wurde oft mit dünnen Zweigen davon gespickt, um ihm ein besonderes Aroma zu geben. Aus der abgeschabten Rinde wurde ein Tee gebraut.

**Cow parsnip,** dt. Herkuleskraut (Heracleum lanatum). Die Kartoffeln und Karotten, die in unseren Gärten wachsen, haben wildwachsende Verwandte, die man ebenfalls ernten kann, wenn man sie zu finden weiß. Diese Art von Herkuleskraut gehört auch dazu. Die Blackfoot nennen es «wilder Rhabarber».

Es ist eine kräftige Pflanze, die bis zu drei Meter hoch wird und breite Blätter hat. Die Indianer sammelten oft die jungen Stengel, schälten sie und verzehrten sie roh. Man kann sie auch schneiden und kochen. Wie bei vielen anderen eßbaren Pflanzen muß man sich vor Verwechslungen mit giftigen Ebenbildern hüten; beim amerikanischen Herkuleskraut ist es der Schierling.

Die Indianer gruben auch die Wurzeln aus, reinigten sie und legten sie geschnitten zum Trocknen in die Sonne. Zur Geschmacksverbesserung wurden die Stücke manchmal vor dem Trocknen in Blut getaucht. Wenn man sie im Winter zubereitete, wurden sie gekocht und gesüßt.

**Löwenzahn,** am. *Dandelion* (Tarxum officinale). Die jungen Löwenzahnblätter geben im Frühjahr ein zartes Gemüse ab. Man kann sie roh als Salat oder auch gekocht essen. Später im Jahr werden die Blätter bitter und müssen länger gekocht werden, wobei das Wasser mehrmals gewechselt werden sollte. Es heißt, daß frischer Löwenzahn 25mal mehr Vitamin A enthält als Tomatensaft.

**Große Klette,** am. *Great burdock* (Arctium majus). Die Wurzeln dieser wohlbekannten Pflanze kann man schälen und ganz oder geschnitten kochen. Wenn man das Wasser wechselt, wird der strenge Geschmack gemildert, und man kann die Wurzeln einem Eintopfgericht beimischen. Auch die jungen Blätter und die geschälten Blattstiele kann man kochen. Das Mark der Blütenstiele ist süß und war eine beliebte Leckerei der Indianerkinder.

**Indian breadroot,** dt. Prärierübe (Psoralea esculenta). Die Indianer nennen diese Wurzel *Mahss* – Rübe. Sie wächst vielerorts, hat einen angenehmen Geschmack und war das Hauptgemüse vieler büffeljagender Stämme der Plains. Volkstümlich wird sie«wilde Rübe» *(Wild turnip)* genannt.

Diese Wurzeln werden kurz vor dem Abfallen der Blüten ausgegraben. Sie wurden geschält und roh gegessen oder über offenem Feuer geröstet oder in der Glut gebacken. Als Wintervorrat wurden sie geschält und auf Schnüre gezogen getrocknet. Oft überzog man die trockenen Wurzeln mit Fett, damit sie während der Lagerzeit nicht zu hart wurden.

**Labrador tea,** dt. Labradortee, grönländischer Tee, breitblättriger Porst (Ledum latifolium). Dieser niedrige, süßschmekkende Strauch wird von vielen Naturvölkern für Tee benutzt, da er weit verbreitet vorkommt. Zahlreiche Arten wachsen in feuchten und kühlen Gegenden, manchmal auch in großer Höhe. Manche Arten sind leicht berauschend, andere schwach giftig.

Für den Tee überbrüht man einige Blätter mit kochendem Wasser. Die Flathead tranken ihn so in großen Mengen. Wenn sie einen milden Tee wollten, wechselten sie mehrmals das Wasser; sollte er stark werden, so ließen sie die Blätter über Nacht im Wasser. Sie sagen, die Stärke des Tees kann man an seiner Farbe erkennen – ein grünlicher Tee ist schwach, ein tiefroter sehr stark. Früher trocknete jede Familie mehrere Pfund für den Winter.

**Lodgepole pine,** eine Kiefernart (Pinus contorta). Diese Kiefer wächst hoch und schlank und eignet sich deshalb besonders zur Herstellung von Tipistangen. Im Frühling kann man die süße und saftige innere Rinde (Bast) dieses Baums essen – frisch oder getrocknet. Eine wertvolle Nahrung für den Notfall. Schlägt man die Bäume, um Tipistangen zu machen, so muß die Rinde entfernt werden. Die noch nicht durchgehärteten Harztropfen auf der Rinde waren als Kaugummi sehr beliebt.

**Mariposa lily,** dt. Grasschöne, Mormonentulpe (Calochortus-Art). Diese weit verbreitete Blütenpflanze hat eine etwa walnußgroße Knollenwurzel. Diese Knollen kann man kochen, rösten oder in größeren Mengen wie Camawurzel in Gruben dämpfen.

**Saskatoon berry,** dt. kanadische Felsenbeere, kanadische Mispel (Gattung Amelanchier, die etliche Arten hat). Die Blackfoot nennen diese weit verbreitete Frucht «Wahre Beere» *(Real berry)*, denn für sie war sie von allen Wildbeeren immer die wichtigste. Zu all ihren religiösen Zeremonien gehörte auch ein Felsenbeerensuppen-Essen.

In guten Jahren sind die Büsche dicht mit den Beeren besetzt. Oft verdirbt jedoch ein später Frühjahrsfrost während der Blüte die ganze Ernte. Die Beeren reifen im Hochsommer, wenn die meisten Stämme ihre uralten heiligen Zeremonien abhalten. Jeden Tag schwärmten die Frauen und Kinder von den Lagern aus und sammelten sie in Säcken und Eimern.

Was man nicht gleich ißt, wird auf Decken und Tüchern zum Trocknen in der Sonne ausgebreitet. Ordentlich durchgetrocknete Beeren halten sich jahrelang. Nachts, wenn es feucht wird, müssen sie nach drinnen gebracht werden, und man muß sie beim Trocknen oft wenden, sonst faulen sie.

Trockene Beeren werden vor dem Gebrauch eingeweicht. Sie werden auch für das oben beschriebene Pemmikan benutzt. Für die Beerensuppe der Blackfoot werden die Beeren zuerst in Wasser gekocht. Sind sie weich geworden, so wird das Ganze gesüßt und mit Mehl eingedickt. Meist wird der Geschmack noch durch Wurzelstücke, Fleisch oder Fett verbessert.

**Roseberry,** dt. wilde Rose, Hagebutte (Rosa camina u. andere). Dies ist der in vielen Ländern bekannte wilde Rosenstrauch. Die Blackfoot nennen die roten Hagebutten «wilde Tomaten». Man sammelt sie meist im Herbst nach dem ersten Frost. Auch sie sind als Notnahrung von Bedeutung, da sie den Winter über am Strauch bleiben.

Man kann die Hagebutten wie Beeren frisch vom Strauch essen oder zubereiten. Man sollte nicht zu viele mit den Samen frisch essen, da sie Afterjucken verursachen können. Für eine Hagebuttenmahlzeit kann man die Früchte zuerst kochen, dann mit Fett zusammenkneten, süßen und in der Pfanne braten. Man kann sie auch mit einer Mischung aus Mehl und Zucker zu einer Süßspeise kochen. In schlechten Beerenjahren wurden als Ersatz Hagebutten zu Pemmikan verarbeitet. Aus den Schalen läßt sich ein schmackhafter Tee bereiten – im Winter eine gute Quelle für Vitamin C. Man kann außerdem Hagebuttenmus oder Gelee aus ihnen machen.

**Skunk cabbage** (Lysichitum camtschatcense). Diese großblättrige Pflanze steht gern an feuchten Stellen. Die Wurzeln können getrocknet und zu Mehl zerstoßen werden. Das Mehl soll sehr streng schmecken, wenn es nicht schon einige Zeit gelagert hat. Manche Indianer buken die Wurzeln wie Camawurzeln in Gruben. Andere nahmen die jungen Blätter als Gemüse; beim

Kochen mußte auch hier das Wasser mehrmals gewechselt werden, um den Geschmack zu mildern.

**Spring beauty,** dt. Claytonie (Claytonia-Art). Eine verbreitet vorkommende Pflanze, die auch als «indianische Kartoffel» bekannt ist. Die Blackfoot nennen die Pflanze wegen der Form ihrer Wurzel «Klumpkopf». Es war oft das erste frische Gemüse, das die Indianer nach dem Winter fanden. Charakteristisch für diese Pflanze sind zwei kurze schmale Blätter, die direkt aus der Wurzel herauswachsen, und die blaßrosa Blüten. Die Wurzeln werden ausgegraben, wenn die Pflanze zu blühen beginnt – gegen Ende April. Man wäscht sie und kocht oder röstet sie anschließend.

**Distel,** am. *Thistle* (Cirsium-Arten). Jedermann kennt diese Pflanze; ihre spitzen Stacheln sorgen meist dafür, daß man sie in Ruhe läßt. Wenige Leute wissen, daß ihre großen Wurzeln eßbar sind. Die Flathead nennen diese Pflanze «indianische Rübe».

Die Wurzeln wurden meist geschält und dann in einer Grube mehrere Stunden lang geröstet. Sie schmecken danach ziemlich süß. Die jungen Stiele können geschält und als zartes Gemüse gekocht werden. Später werden die Stiele zäh und hohl. Manche Arten können auch leicht giftig sein; informiere dich also vor der Ernte bei jemandem, der sich auskennt.

**Brunnenkresse,** am. *Watercress* (Nasturtium officinale). Eine Wasserpflanze mit dunklen, glänzendgrünen Blättern und kleinen weißen Blüten. Die Blätter können wie Salat gekocht oder Salaten und Eintopfgerichten beigegeben werden. Die Stiele kann man wie Stangensellerie essen.

**Wilde Minze** (Mentha-Art), verschiedene Arten. Minze findet man in der Natur an vielen Stellen; sie bevorzugt feuchte Gebiete in der Nähe von Bächen und Teichen. Auf den ersten Blick haben sie für das ungeübte Auge Ähnlichkeit mit Brennesseln, aber am charakteristischen Geruch erkennt man sie schon von weitem. Der Tee aus den Blättern lindert Bauchschmerzen und ist ein breit wirkendes Gesundheitsmittel. Minze kann man auch frisch essen. Die Indianer benutzten Minze gern zum Aromatisieren von Fleisch oder Beeren, die getrocknet und zum späteren Gebrauch verstaut wurden. Die Minze hielt auch Fliegen und andere Insekten von den Vorräten fern.

## Heilpflanzen

Die Blackfoot nennen die Pflanzenheilkunde, wie sie von den Völkern der Erde schon immer angewendet wurde, «Jedermanns-Medizin». Anders ist es mit natürlichen Arzneien, die von Heilern im Rahmen von besonderen Ritualen angewendet werden. Solche Heilrituale, so glauben die Indianer, können nur erfolgreich sein, wenn der Praktizierende über großes spirituelles Wissen verfügt.

Vieles von der alten rituellen Heilkunst ist verlorengegangen, weil den Indianern nicht erlaubt wurde, ihre alte Lebensweise beizubehalten. Die Gesetze des Landes verboten die alten Heilpraktiken und belegten sie mit hohen Strafen. Überdies sind viele im Freien lebende Völker der Ansicht, daß moderne Krankheiten moderne Ursachen haben und ihnen oft nur mit modernen Methoden beizukommen ist. Die alten Indianer sagen, zur Zeit ihrer Vorfahren habe es verhältnismäßig wenige Krankheiten gegeben.

Die folgende Liste beschreibt einige Pflanzen, die «Jedermanns-Medizin» sind. Vielleicht findest du einige von ihnen ganz in der Nähe deiner Wohnung. Wenn du erst mal gelernt hast, wie man sie anwendet, hast du immer eine natürliche Apotheke direkt vor der Haustür. Die meisten dieser Pflanzen kann man trocknen und lagern.

**Alum root,** dt. Alaunwurzel (Heuchera). Eine Pflanze mit blauen Blüten, vielen Wurzeln und vielen Heilanwendungen.

Die Blackfoot nennen sie «trockene Wurzel». Sie kochten die Wurzel und tranken den Sud gegen Magenschmerzen, Krämpfe und Durchfall. Kalt war dieser Tee auch gut gegen brennende Augen und zum Gurgeln. Wenn bei Verdauungsstörungen schnelle Hilfe geboten war, kauten die Indianer die frische geschälte Wurzel. Selbst in der modernen Medizin gilt diese Pflanze als ein wertvolles Adstringens bei schweren Durchfallerkrankungen.

**Verschiedene Beerensträucher.** Bärentraubenblätter wurden nicht nur als *kinnikinnik* in der Pfeife geraucht, sondern auch als Medizin verwendet. Die pulverisierten Blätter wurden auf Verbrennungswunden gelegt und unterstützten die Heilung. Bei Ohrenschmerzen wurden die Blätter geraucht, bis das Pfeifenrohr heiß war; dann nahm man es vom Pfeifenkopf ab und blies den Rauch durch das warme Rohr in das schmerzende Ohr.

Oregon Grape, dt. Hulstsauerdorn (Berberis aquifolium), wurde bei verschiedenen inneren Erkrankungen angewendet. Aus den Wurzeln wurde ein Sud gekocht, der Beschwerden der Geschlechtsorgane heilte. Die moderne Medizin schätzt die Alkaloide dieser Pflanze, die die glatte Muskulatur (etwa des Uterus) anregt. Aus den Beeren wurde ein Tee gegen Nierenbeschwerden gekocht.

Hagebutten wurden in warmem Wasser eingeweicht, als Packung über Verbrühungen gelegt und mit einem Verband abgedeckt. Die Samen trockneten die Brandblase aus und zogen sie mit ab, wenn der Verband entfernt wurde. Aus den Wurzeln läßt sich ein bitterer, roter Tee kochen, der bei Durchfall angewendet wird.

Eine Abkochung von Stachelbeerwurzeln wurde gegen Körpergeruch angewendet. Haar, Füße und Achseln wurden damit gewaschen.

Erdbeerblättertee wurde als Spülung bei schmerzenden Augen verwendet.

**Baneberry,** dt. Christophskraut (Actaea-Art). Aus den Wurzeln kochte man einen Tee, der gern bei Husten und Erkältung benutzt wurde. Die Pflanze kommt in Nordamerika in zwei Arten vor, mit weißen oder schwarzen Beeren, aber die Indianer nannten beide Arten «schwarze Wurzeln» und verwendeten sie medizinisch in gleicher Weise.

**Beargrass** (Yucca glauca). Diese auch als Yucca oder Seifenkraut bekannte Pflanze hieß bei den Blackfoot «scharfe Ranke». Aus den Wurzeln wurde ein Wundantiseptikum gekocht. Knochenbrüche und Verstauchungen hielt man in den Dampf über den brodelnden Wurzeln. Der gleiche Sud wurde auch zur Haarwäsche benutzt, vor allem zu den zeremoniellen Waschungen, die bei den Wüstenstämmen üblich waren.

**Hahnenfuß,** am. *Buttercup* (Ranunculus-Arten). Die ganze Pflanze wurde zerstampft und auf offene Wunden gelegt. Darüber wurde als Verband ein Stück Leder gelegt. Dieser Verband sollte bewirken, daß sich schneller Schorf über der Wunde bildet, damit sie besser heilen kann.

**False hellebore,** dt. grüner Germer, amerikanische Nieswurz (Veratrum viride). Diese Pflanze heißt in vielen indianischen Sprachen «Nieswurz», was auf ihre wichtigste Anwendungsart hinweist. Die Wurzel wurde getrocknet, pulverisiert und dann wie Schnupftabak geraucht. Man niest nach dem Gebrauch heftig, die Nase wird frei und der Schnupfen gelindert.

**Grand fir,** dt. gelbe Oregonkiefer, große Silberkiefer, große kalifornische Weißtanne (Abies grandis). Die Rinde dieses hohen Baums ist mit kleinen Pechkugeln bedeckt. Sie riechen wie Menthol und wurden auch ähnlich verwendet – man rieb sie bei Erkältungen auf Brust und Hals. Gegen brennende Augen wurden manchmal über Nacht kleine Pechstückchen in die Augenwinkel gelegt.

**Honeysuckle,** dt. Geißblatt (Lonicera-Art). Die Beeren dieser hübschen Pflanze sind ein starkes Abführmittel – man braucht nur drei bis vier Beeren. Die Indianerkinder wurden stets ermahnt, sich von dieser Pflanze fernzuhalten.

**Meadow rue,** dt. Wiesenraute (Thalictrum-Art). Die trockenen Samen wurden gesammelt und von ihnen ein Erkältungstee zubereitet. Manchmal wurde Mariengras (am. *Sweetgrass*, s. weiter unten) hinzugefügt, um das Getränk noch wirkungsvoller zu machen.

**Puff balls,** dt. Stäubling, Bovist-Art (Lycoperdon-Art). Viele Indianer nannten diesen sonderbaren Pilz *staubiger Stern*, denn Boviste dieser Art galten als Überbleibsel gefallener Sterne. Der Staub ist leicht entzündbar und gehört zur Ausrüstung fürs Feuermachen. Medizinisch wurde der Pilz bei Nasenbluten und für Schnittwunden an Pferden verwendet. Das gelbe Innere, zu einem Sud gekocht, wurde als Getränk gegen Blutsturz genommen. Eine Kompresse daraus war gut gegen Hämorrhoiden und Menstruationsbeschwerden.

**Fingerkuhschelle,** kleine Küchenschelle, (kleine) Osterblume, am. *Prairie crocus* (Anemone patens). Diese Pflanze wurde bei den Blackfoot «Früher Alter Mann» genannt, weil sie im Frühjahr schnell aufblüht und wieder vertrocknet. Ein Tee aus den kleinen Wurzeln wurde zur Beschleunigung einer Entbindung gegeben. Die zerstampften Blätter wurden auf juckende Körperstellen gelegt.

**Prairie smoke** (Geum triflorum). Manche Völker nannten diese Pflanze «Liegt-auf-dem-Bauch», weil die Wurzeln dicht am Boden entlang wachsen. Die Wurzeln werden gesammelt, abgeschabt und gewaschen. Man zerstampft sie und kocht sie zu einem Sud gegen Halsweh oder geschwollene und schmerzende Augen. Auch als Mittel gegen Schneeblindheit bewährten sie sich. Man kann die zerdrückten Wurzelstücke auch mit

Schmalz mischen und damit wundes Zahnfleisch behandeln. Zusammen mit geschmolzenem Nierenfett entstand ein Mittel gegen Magenbeschwerden, sogar Geschwüre. Das gleiche Mittel wurde auch äußerlich angewendet, zum Beispiel bei aufgesprungenen Lippen, wundgerittenen Beinen oder vom Stillen überstrapazierten Brustwarzen.

Manchmal wurde aus den Blättern ein Tee gebraut, wenn jemand Blut spuckte. Die zerstampften reifen Samen wurden gelegentlich als Parfum benutzt.

**Espe,** Zitterpappel, am. *Quaking aspen* (Populus tremuloides). Eine Abkochung aus der Rinde dieses Baumes soll bei Eingeweidebrüchen helfen. Manche Stämme benutzten denselben Sud gegen Syphilis.

**Beifuß,** am. *Sage brush* (Artemisia-Arten). Es gibt über zweihundert Arten des Beifuß, und mehr als sechzig davon sind von medizinischer Bedeutung als tonisierende, anregende und anästhesierende Mittel usw. Einige Beispiele:

**Western mugwort** (A. ludoviciana). Aus ihm wurde ein Erkältungstee gekocht. Die ersten Siedler behandelten damit das tödliche Rocky-Mountains-Fleckfieber.

Bei den Blackfoot waren vor allem zwei Arten in Gebrauch, die «Mann-Beifuß» und «Frau-Beifuß» genannt wurden. Die eine Art wurde nur von Männern benutzt, die andere nur von Frauen.

Aus beiden Arten ließ sich eine Abkochung gegen Husten zubereiten. Die Blätter wurden gekaut, um den Appetit anzuregen; ins Feuer gelegt, erzeugten sie einen Rauch, der Fliegen und Moskitos vertrieb; man steckte sie in die Nase gegen Nasenbluten; manchmal wurden sie getrocknetem Fleisch als Gewürz beigegeben, vor dem Verzehr des Fleisches jedoch wieder entfernt.

Der «Frau-Beifuß» wurde darüber hinaus als Einlage bei der Menstruation benutzt. Er soll außerdem das Wundscheuern der

Haut verhüten. Wundgerittene Pferde wälzen sich gern in Beifuß. Das Kraut wurde als Tee gegen Sodbrennen und Bergfieber verwendet.

**Gänsefingerkraut,** am. *Silverweed* (Potentilla anserina). Bei Kindern wurden wunde Stellen am Körper mit einer Auflage aus den zerkauten Wurzeln dieser Pflanze behandelt.

**Silvery lupine,** Lupinenart (Lupinus argenteus). Diese Pflanze hatte bei den Blackfoot den Namen «Wolfrübe». Für die Blätter gab es verschiedene Anwendungsarten. Als Tee wurden sie gegen Husten und Blähungen genommen. Auch anhaltender Schluckauf wurde damit behandelt; man nahm einen Schluck, streckte zugleich den Hals und verstopfte die Ohren mit den Fingern. Pferde wurden mit diesem Sud an Stellen besprüht, wo sich Fliegen sammeln und Entzündungen verursachen.

**Snowberry,** Schneebeerenart (Symphoricarpos occidentale). Eine verbreitete Pflanze mit weißen Beeren, von den Blackfoot «weiße Wieselaugen» genannt. Eine Abkochung aus den gelben Wurzeln wurde gegen übermäßige Blutungen während der Regel angewendet. Ein Tee aus den jungen Stengeln beschleunigte die Nachgeburt. Die zerdrückten Beeren beschleunigten als Auflage über verschorften Wunden die Heilung. Aus den Wurzeln wurde manchmal ein starkes Gebräu gegen Geschlechtskrankheiten hergestellt.

**Sorrel,** Ampferart (Rumex occidentale). Eine Abkochung aus den Wurzeln dieser Pflanze wurde gegen Syphilis und Gonorrhoe getrunken. Die Pioniere benutzten diesen Tee äußerlich und innerlich bei Verletzungen und Verbrennungen.

**Brennessel,** am. *Stinging nettle* (Urtica-Arten). Bekannt ist die blutreinigende Wirkung der Brennessel und ihr heilsamer Einfluß auf Kreislaufschwäche. Die Indianer bereiteten gegen Rheumatismus einen Brennesselaufguß als Fußbad.

**Sweet cicely** (Osmorhiza longistylis). Die Wurzeln dieser Pflanze sind eines der bekanntesten Mittel gegen Erkältung und Lungenentzündung. Mit der zerdrückten Wurzel wurden auch schmerzende Zähne behandelt.

**Veilchen, am.** *Violet* (Viola odorata). Die Wurzeln (oder für einen milderen Tee die Blüten) dieser Pflanze waren ein beliebtes Hustenmittel; der Tee wurde vor allem bei erkälteten Kindern angewendet. Die gekochten und zerdrückten Wurzeln wurden als Kompresse bei Mumps verwendet.

**Wild bergamot,** dt. Pferdeminze (Monarda fistulosa). Auch diese Pflanze wurde gern bei Erkältungen aller Art und Fieber angewendet. Bei vielen Stämmen nahm man sie als allgemein tonisierendes Mittel in Form von Tee. Man hat festgestellt, daß die Pflanze antiseptische Eigenschaften besitzt.

**Wild geranium,** Storchschnabelart (Geranium viscosissium). Warzen und Hühneraugen lassen sich entfernen, nachdem sie mit Hilfe dieser Pflanze erweicht wurden. Dazu wird die Wurzel gekocht, bis sich an der Wasseroberfläche ein cremiger Schaum bildet. Diesen Schaum gibt man auf einen Lappen und legt ihn auf die Warze oder das Hühnerauge, wo er mehrere Tage bleiben muß. Manchmal wurde auch der milchige Saft aus den Stengeln in gleicher Weise verwendet.

Stillende Mütter mit Brustentzündung und schmerzenden oder geschwollenen Brüsten wurden mit einer Auflage aus der heißen zerstampften Wurzel behandelt. Über die Kompresse wurde ein Streifen Wildleder oder Tuch gebunden.

**Wilde Minze** (Mentha arvensis). Minztee war ein gebräuchliches Mittel bei Erkältung. Auch gegen Magenbeschwerden fand er Verwendung. Die frischen grünen Blätter wurden um schmerzende Zähne gelegt; das Brennen soll schlimmer sein als die Zahnschmerzen ...

**Weide,** am. *Willow* (Salix-Arten). Weidenrinde wurde zerkaut und auf Wunden gelegt, um die Schmerzen zu lindern und die Heilung zu beschleunigen.

**Schafgarbe,** am. *Yarrow* (Achillea millefolium). Diese Pflanze hat sowohl in der traditionellen indianischen Heilkunde als auch in der modernen Medizin eine ganze Reihe von Anwendungen. Das Kraut wurde für einen bitteren Tee gegen Erkältung benutzt. Bei Halsentzündung wurde ein starker Sud aus den Blättern langsam getrunken. Mehrere Tassen davon beschleunigten eine Geburt. Die Blätter wurden als Heilauflage auf offene Wunden gebracht, ganz oder zerstampft und mit Wasser zu einer Paste gemischt. Die zerkauten Blüten wurden als Kompresse bei Schwellungen benutzt, auch bei Mumps. Einen Tee aus den Blättern gab man bei Leberbeschwerden und Blutsturz.

### Weitere Verwendungsarten für Wildpflanzen

Die Indianer fertigten früher viele Dinge aus den verschiedenen Pflanzen – Körbe, Beutel, Matten, Kleidung, Waffen usw. Die meisten dieser Fertigkeiten muß man bei jemandem erlernen, der sie schon beherrscht. Einige einfache Verwendungsweisen lassen sich jedoch auch so vermitteln und können für jeden wertvoll sein, der viel Zeit im Freien verbringt und sich mit den verschiedenen Pflanzen vertraut macht. Hier nur einige Anregungen:

**Naturfarben:** Die Pueblo- und Navajostämme der südwestlichen Wüste haben vermutlich mehr Erfahrung mit natürlichen Färbemitteln als alle anderen, da sie ihren Lebensunterhalt zu einem großen Teil durch die Weberei bestreiten. Hier einige ihrer wichtigsten Färbemittel:
*Schwarz:* Die Rinde des Sumachbaums (Rhus aromatica, var. trilobata) wurde zusammen mit einer weiteren Zutat etwa zwei

Stunden lang gekocht. Bei den Zuni war das eine bestimmte Sorte von Ton, die Eisen-, Aluminium- und Magnesiumsulfat enthält. Bei den Navajo war es eine gelbe Erdfarbe.

*Blau:* Aus einer bestimmten Sorte dunkler Gartenbohnen wurde ein dunkles Blau gewonnen; ein helles aus einer Ritterspornart, am. *Larkspur* (Dolphinium-Art). Indigo wurde aus Mexiko besorgt und in Kinderurin aufgelöst. Um dunklere Töne zu erhalten, wurde die Lösung zusammen mit Schwarz gekocht.

*Purpurrot* wurde aus Purpurmais gewonnen. Richtig verdünnt, erhielt man ein Rot mit ganz schwachem Blaustich. Der Bogenamarant, am. *Pigweed* (Amaranthus retroflexus) färbte pink. Reines Rot konnten die Indianer erst herstellen, als sie Scharlachtücher von den Spaniern und später von amerikanischen Händlern bekamen. Sie zogen das Gewebe auf und kochten es zusammen mit den Stücken, die rot gefärbt werden sollten.

*Gelb:* Dafür wurde eine Bigelowia-Art verwendet, der *Rabbit brush.*

*Grün:* Was grün werden sollte, wurde zuerst gelb gefärbt und dann kurz in eine Lösung von Blau getaucht.

*Weiß:* Eine sandige, gipshaltige Tonart wurde in Wasser aufgeschwemmt.

In nördlicheren Gegenden wurden andere Pflanzen benutzt. Die Flathead kochten aus der Rinde der Weißerle, am. *Alder tree* (Alnus incana), ein strahlendes Rot, mit dem sie manchmal auch ihrem Haar einen gespenstischen Orangeton gaben. Manche haben diesen Brauch bis in die jüngste Zeit beibehalten.

Die Blackfoot stellten Blau aus Veilchen her; verschiedene Grüntöne aus Flechtenarten; ein weiches Gelb aus den Wurzeln einer Berberitzenart.

**Duftstoffe:** Mariengras, am. *Sweetgrass* (Hierochloe-Art), war das Lieblingsparfum der Indianer. Es war und ist die wichtigste Weihrauchart bei religiösen Zeremonien. Man legte es auch zu den Kleidern, kochte ein Haarwaschmittel daraus und rundete

Kräuterheilmittel damit ab. Die Pflanze kommt überall auf der Welt an feuchten Plätzen vor.

Die *Wiesenraute* (die wir bereits als Heilmittel besprochen haben) war ein anderes beliebtes Parfum. Oft wurde die ganze Pflanze verwendet, aber das beste Parfum ergaben die getrockneten Samen. Sie wurden zerkaut und dann über Körper und Haar gestrichen; das war zugleich ein wirksames Mittel gegen Insekten.

Frische *Schafgarbenblüten* wurden als Deodorant verwendet.

Auch *Beifuß* wurde zerstampft und als Deodorant über den Körper verteilt. Schlechter Geruch ließ sich damit auch aus Kleidung und Schuhen vertreiben.

Die Hopifrauen benutzten die Knospen des *Sumach* als Parfum und Deodorant. Die Männer bereiteten aus *Entenfett, Clematis* und *Apache plume* (Fallugia paradoxa) oder *Yucca*-Absud einen Haarbalsam zu, der zugleich Parfum und Haarwuchsmittel war.

**Haarwaschmittel:** *Yucca*-Sud war überall dort, wo die Pflanze wuchs, das beliebteste Shampoo.

Die Flathead bereiteten ein haarwuchsförderndes Shampoo aus einer *Waldrebenart,* am. *Virgin's Bower* (Clematis columbiana), und *Pine drops* (Pterospora andromedea), einer hohen, geraden Pflanze, die in feuchten Waldgebieten wächst.

Ein weiteres Shampoo wurde aus *Schabenwollkraut* (Verbascum blattaria) gekocht. Dieses Shampoo soll wie Seife schäumen. Es soll außerdem das Haar dunkler machen und besser wachsen lassen. Von der getrockneten Pflanze brauchte man mehr als von der frischen.

**Perlen:** Du weißt wahrscheinlich, daß sich die farbenprächtige Perlenstickerei auf Kleidern und anderen Gegenständen bei den Indianern erst entwickelt hat, nachdem sie die Glasperlen aus Europa bekamen. Sogar die länglichen Perlen aus Knochen, die an Halsketten und am Brustschmuck getragen wurden, wurden für die Handelsposten maschinell gefertigt.

Früher machten die Indianer die Perlen für die Halsketten aus Knochen, Steinen und getrockneten Beeren. Manche waren sehr kunstvoll bearbeitet, andere wiederum wurden nur getrocknet und auf Lederbänder gezogen. Eine althergebrachte Art, Beeren zu verschönern, die man für Halsketten benützen wollte, war das Räuchern. Ein Feuer wurde mit trockenem Holz gemacht und Fett hineingeträufelt. Die Halsketten mit den aufgezogenen Beerenperlen wurden in den fettigen Rauch gehalten, bis sie einen dunklen, fettigen Belag hatten. Dann wurde der Belag abgerieben und die Beeren mit einem weichen Wildlederstück poliert, bis sie schließlich einen dunklen Glanz hatten.

## Nutzen und Eigenart der Tiere

Wenn du draußen in der Natur lebst, sind Vögel und wilde Tiere deine Nachbarn. Für die Indianer der Vergangenheit waren es oft die einzigen Nachbarn im Umkreis von Hunderten von Kilometern. Da mußten sie einander recht gut gekannt haben. Viele alte Geschichten erzählen davon, wie diese Indianer das Leben der Wildnis verstanden – sie wußten, welche Tiere man gut essen konnte, welche die besten Felle hergaben, welche sie vor Gefahren warnen konnten, welche ihnen über Wetter und Jahreszeit Auskunft gaben und welche gefährlich waren.

Leider ist vieles von diesem alten Wissen verlorengegangen. Es heißt, die Menschen hätten damals die Fähigkeit gehabt, sich mit bestimmten Tieren zu verständigen. Oft erhielten sie in solchen Gesprächen Einblick in die geheimen Wunder der Natur. Aber diese Dinge behielten sie für sich und dieses Wissen starb mit ihnen.

Heute suchen wieder mehr Menschen draußen in der Natur die ursprüngliche Beziehung zu der lebendigen Natur. Sie lassen sich nicht davon entmutigen, daß es nicht mehr möglich ist, inmitten unberührter Natur geboren zu werden und zu leben. Dort geboren zu sein, bedingt gewiß ein ganz anderes Naturverständnis, als wir es haben, zumal von diesem Verständnis für die Menschen früherer Zeiten das Überleben abhing.

Dieses frühere Leben, das von der persönlichen Harmonie mit der Natur abhing, wurde gestört, als die ersten Europäer ankamen. Sie brachten Dinge mit, die das Steinmesser, den hölzernen Bogen und das Tierfell verdrängten. Sie brachten Gewehre, mit denen man das Wild erlegen konnte, ohne sich ganz nah heranschleichen zu müssen. Später kamen die Lebensmittelrationen und Geschenke der Regierung als Ersatz für das Leben in der freien Natur. Dann traten Holzhäuser an die Stelle einfacher, natürlicher Behausungen, und schließlich machten die Reservate dem früheren Wanderleben der Indianer ein unwiderrufliches Ende. Die Väter hatten keinen Grund mehr, ihre Söhne in das Leben in freier Natur einzuführen, und die Söhne sahen nicht mehr ein, weshalb sie dergleichen lernen sollten.

Es ist heute vielleicht kaum mehr möglich, sich das alte Wissen über die Natur zu erarbeiten, aber wir können uns die Erkenntnisse aneignen, die seitdem gemacht wurden. Es gibt viele Bücher mit Informationen, von denen die Indianer noch nichts wissen konnten. Sie hatten weder Ferngläser noch beringten sie Vögel, um ihre Wandergewohnheiten kennenzulernen, noch konnten sie Filme von Tieren drehen, um ihr Verhalten genau zu analysieren. Dieses neue Wissen kann vielleicht unseren Erfahrungsmangel überbrücken.

Wenn in früheren Zeiten ein Indianer besonders viel über die Natur wußte, so wurde er zu einem Berater für die anderen. Oft waren sie Medizinmänner oder Medizinfrauen und die Hüter alter Bündel und Zeremonien. Bei den Blackfoot zum Beispiel waren diese Menschen die Hüter der heiligen Biber-Medizinbündel, die Bälge und Felle von praktisch allen Tieren des alten Stammesterritoriums enthielten. Für alle gab es besondere Lieder und Tänze, die wiederholt wurden, sooft sie das Bündel öffneten. Während dieser langen Zeremonie, so heißt es, wurden an die 500 Lieder gesungen. Als die Menschen im Lauf der Zeit immer mehr den vielen Aspekten der Natur entfremdet wurden, die in ihren Zeremonien dargestellt waren, nahm auch die Zahl der Lieder in gleicher Weise ab.

**Adler:** Bei vielen Stämmen galt der Adler als Häuptling aller Vögel. Der weißköpfige Adler ist zwar das Nationalsymbol Amerikas, doch die Indianer bewunderten den Steinadler am meisten. Er ist der Jäger und Kämpfer. Der weißköpfige Adler ist mehr auf Fisch und Aas aus, und das beeindruckt die Naturvölker nicht sonderlich.

Federn des Steinadlers sind ein kostbarer Besitz, denn sie repräsentieren Stolz und Geschicklichkeit des «Häuptlings aller Vögel». Krieger durften sie tragen, und die heiligen Männer des Stammes benutzten sie bei Zeremonien oder in Medizinbündeln. Die Klauen trug der mutige Mann am Halsband, und der Heiler verwendete sie als Instrument bei seiner Arbeit. Die Flaumfedern, besonders die am Schwanzansatz, reagieren auf den leisesten Lufthauch und wurden oft als Symbol für die Wolken verwendet. Die Hopi opferten sie zu ihren Gebeten um Regen. Andere trugen sie als Zeichen der Reinheit.

Als es auf diesem Kontinent noch viele Adler gab, wurden sie oft mit der Hand gefangen. Das konnte nur jemand tun, dem eine besondere spirituelle Kraft für diese gefährliche Aufgabe verliehen war. Er hob dazu auf einem Hügel oder an einer Felsenkante eine Grube aus. Er deckte diese Grube mit belaubten Zweigen ab und band daran ein Kaninchen als Köder fest. Dann stieg er in die Grube und rief seine spirituellen Helfer an.

Wurde das alles richtig ausgeführt, so stellte sich bald ein Adler ein und kreiste einige Male, um die Beute zu beäugen. Der Mann in der Grube beobachtete ihn genau und hielt die Hände nah beim Körper. Stieß der Adler dann herab, so packte der Mann ihn an den Beinen. Mit einem Ruck zog er ihn gewaltsam durch die Tarnung und brach ihm mit dem Fuß das Genick. Besaß er nicht genügend Macht, so konnte er vorher gebissen werden. Hatte er aber die spirituellen Kräfte dieses

Unternehmens ganz mißverstanden, so kam es auch vor, daß die riesigen, bakterienverseuchten Krallen seine Haut zerfetzten und er die Qualen des gefürchteten «schwarzen Todes» erleiden mußte. Auch konnte ein Bär die Beute vor dem Adler entdecken und arglos in die Grube stolpern, in der es dann sicher recht eng wurde . . .

Wer keine besonderen spirituellen Kräfte besaß und doch eigene Adlerfedern haben wollte, mußte ein erreichbares Nest suchen und die Jungvögel einfangen, bevor sie flügge wurden. Oft arbeiteten zwei Männer zusammen – einer ließ den anderen an einem Rohhautseil am Felsen hinunter. Der untere hatte mit erbarmungslosen Angriffen der Adlereltern zu rechnen, wenn sie ihn beim Nest entdeckten.

Junge Adler wurden in stabilen Weidenkäfigen gehalten, damit man ihre Federn sammeln konnte, die regelmäßig ausfallen und wieder nachwachsen. Bei den umherziehenden Völkern der Plains hatten manche Männer ein besonderes Pferd, das nur für den Transport der Adler da war. Wurde das Lager verlegt, so spannten sie dieses Pferd vor den Travois, und auf diesem wurde der Adlerkäfig befestigt. Die Pueblostämme im Südwesten der Vereinigten Staaten hielten die gefangenen Adler angebunden auf den Dächern.

Nur der noch nicht ausgewachsene Steinadler hat die herrlichen schwarz-weißen Federn, die den Indianern so wertvoll sind. Die Federn der ausgewachsenen Vögel sind braun. Wenn die schwarz-weißen Federn eines Jungvogels groß genug waren, wurde er zeremoniell getötet. Aus den Flügelknochen wurden die Pfeifen geschnitten, deren Klang beim Sonnentanz und anderen Zeremonien zu hören ist.

**Eule:** Sie war für die Indianer früher oft der Wundervogel, denn sie fand in der Nacht, wenn Menschen praktisch blind sind, zielsicher seinen Weg. Die Blackfoot gaben ihr den Namen «Nachtschreier». Ihren Balg hatten viele Stämme in ihren heiligen Bündeln.

Obgleich die Indianer die Eulen mochten, hatten sie es nicht gern, wenn sie in die Nähe ihrer Lager kamen. Bei vielen galten die Eulen als Todesboten oder als Träger der Geister Verstorbener. Landete bei den Blackfoot eine Eule auf einem Tipipfahl, so wurde sie erschossen, damit der Tod nicht in dieses Tipi kam.

**Enten:** Am Verhalten der Enten und Gänse konnte man am sichersten den Wechsel der Jahreszeiten ablesen, da sie vor dem Winter nach Süden ziehen und bei Anbruch der warmen Jahreszeit wieder nach Norden. Noch heute läßt sich der Wechsel der Jahreszeiten am Vogelzug verläßlicher ablesen als am Kalender. Flogen die Gänse hoch, so sagten die indianischen Wetterbeobachter einen milden Winter voraus, hielten sie sich aber nah am Boden, so sagten sie: «Wir sollten uns ordentlich Vorräte anlegen, denn es wird viel Schnee geben.»

Enten und Gänse wurden von den Stämmen gejagt, die Boote besaßen, denn meist gelangt man nur auf dem Wasser überhaupt in Schußweite. Manche Stämme benutzten auch Fallen für diese Vögel. Manchmal befestigten sie Schlingen auf treibenden Balken und legten Mais oder andere Köder aus. Die Kootenays in der Nähe der Rocky Mountains hatten eine ausgeklügelte Methode, bei der etliche Männer zusammenarbeiten mußten. Aus Hölzern und Riemen bauten sie eine Art Volleyballnetz und legten sich damit in der Nähe der Futterplätze auf die Lauer. Eine zweite Gruppe scheuchte die Vögel aus der Gegenrichtung auf und in die blitzschnell aufgerichteten Netze. Kinder wurden während der Brutzeit oft losgeschickt, um die Ufer der Seen nach Eiern abzusuchen.

**Rabe:** Er galt bei vielen Stämmen als der weiseste aller Vögel; man beobachtete ihn und versuchte aus seinem Verhalten Schlüsse zu ziehen. Landete ein Rabe nah beim Lager und krächzte, so erwartete man, daß bald wichtiger Besuch kommen werde. Saßen zwei Raben leise miteinander brabbelnd am Weg, den eine Abteilung von Kriegern nahm, so glaubte man, sie unterhielten sich über das Schicksal der Männer. Meistens gaben die Krieger ihr Vorhaben dann sofort auf und kehrten um. Krächzten die Raben den Männern jedoch laut entgegen und flogen ihnen dann langsam voraus, so folgte man ihnen, denn dann galt der Erfolg des Unternehmens als sicher.

**Büffel:** Dieses Tier war die wichtigste Nahrungsquelle der Präriestämme. Ein erlegter Büffel war für die Indianer ein ganzer «Supermarkt», so viele verschiedene Dinge konnte man aus ihm gewinnen. Vor allem das Lieblingsfleisch der Indianer – zentnerweise –, das sie entweder gleich kochten oder brieten oder in dünne Scheiben schnitten und zum Trocknen aufhängten. Auch Nieren, Leber, Herz und Zunge wurden gegessen. Der dünnwandige Herzbeutel und die Blase wurden entleert, aufgeblasen, zugebunden und getrocknet. Diese Beutel ölte man ein, damit sie weich blieben, und dann waren sie wasserdichte Behälter für allerlei wertvolle Dinge, zum Beispiel die Utensilien zum Feuermachen. Die Därme wurden entleert, gewaschen und mit kleingeschnittenem Fleisch, Fett, Beeren und Wurzelstücken gefüllt, danach verschlossen und gekocht oder in der Glut geröstet – indianische Würste. Aus Büffelhäuten gewann man das Leder für Tipiwände, Mokassinsohlen und große Behälter; die Felle fanden in den Schlafstellen und als Umhänge Verwendung. Aus den Hörnern wurden Tassen und Löffel geschnitten. Die Sehnenfasern entlang der Wirbelsäule wurden getrocknet und zu Nähgarn verarbeitet.

**Wapiti:** Dieser große Hirsch war für die Präriestämme das zweitwichtigste Tier und für andere das wichtigste. Bei vielen Völkern galt er als das edelste aller jagdbaren Tiere. Der Wapiti hat einen sehr anmutigen Gang und hält Körper und After sehr sauber. Natürlich wurde der Wapitibulle mit seinem überaus schnell wachsenden, mächtigen Geweih am meisten bewundert.

Enthaarte und gegerbte Wapitihäute waren damals, bevor die Händler mit Decken von unterschiedlicher Dicke kamen, eine beliebte Sommerkleidung. Aus den Kopffellen wurden große

Behälter zum Beerensammeln oder für die Lagerung von Lebensmitteln genäht. Die Rippen des Wapiti sind lang und glatt und eignen sich vorzüglich als Kufen für Kinderschlitten. Die Kinder sollen damit sogar im Sommer grasbewachsene Hänge hinuntergerodelt sein.

Jeder Wapiti hat ein Paar Eckzähne, die nicht in den Kieferknochen eingewachsen sind und sich deshalb leicht herausnehmen lassen. Sie werden zuweilen «Elfenbeinzähne» genannt. Die Indianer der Vergangenheit schätzten sie wie Perlen. Sie wurden an der besten Kleidung getragen und manchmal an Arm- und Halsbändern. Heute bekommt man sie nicht unter zehn Dollar das Stück.

Bei den Reiterstämmen wurde die Reitpeitsche aus der Haupt-Geweihsprosse des Wapiti gemacht. An beiden Enden wurden Löcher gebohrt, durch das untere eine Lederschlaufe gezogen und durch das obere einige Peitschenriemen aus Rohhaut.

Eine besondere Delikatesse war bei vielen Stämmen der Enddarm des Wapiti. Bei den Blackfoot war es das «Häuptlingsmahl». Das Rektum wurde gewaschen, mit frischen Beeren und Fett gefüllt und dann in die Glut des Feuers gelegt. Danach bedeckte man es mit Asche und baute darüber ein kleines Feuer aus dünnen Zweigen. Der Mann des Hauses lud besonders gute Freunde zum Essen ein. Während der Braten aus dem Feuer genommen und gesäubert wurde, erzählte er, wie er diesen Wapiti erlegt hatte. Das äußerste Ende wurde abgeschnitten und den Hunden vorgeworfen, der Rest in kleine Stücke geschnitten. Das Ganze ist sehr fettig und süß – eine Delikatesse.

**Bären:** Früher waren Bären für die Indianer eher furchteinflößend als nützlich. Zu der Zeit war der riesige Grisly noch in ganz Nordamerika zu Hause, während er heute nur noch in den Rocky Mountains zu finden ist. Nur die mutigsten Männer wagten den Kampf mit diesem Tier, meist mit Pfeil und Bogen. Die ganz furchtlosen stellten den Bär mit dem Messer in der Hand. Manch einer konnte nicht mehr von dieser Begegnung erzählen. Die riesigen Klauen des Grisly konnten einen Menschen mit einem einzigen Schlag zerfetzen. Nur ein Mann, der solch ein Tier selbst erlegt hatte, durfte diese Klauen tragen. Solch ein Mann war bei Freund und Feind hochgeachtet. Bei manchen Stämmen wie etwa den Blackfoot wurde Bärenfleisch niemals gegessen, und Bärenfelle wurden nur zu religiösen Zwecken benutzt. Der abgehäutete Bär sieht einem Menschen sehr ähnlich, und die alten Indianer empfanden Bären als ihre entfernten Verwandten.

**Biber:** Die Indianer bewunderten den Biber wegen seiner Beharrlichkeit, seiner Fähigkeiten beim Hausbau und seiner geschickten Täuschungsmanöver, mit denen er trotz seiner scheinbaren Unbeholfenheit allen Feinden entkam. Manche Leute schliefen auf Biberbauen, weil sie auf magische Weise Rat von dessen Bewohnern zu erhalten hofften. Ein Blackfootmann soll vor sehr langer Zeit einen ganzen Sommer lang bei den Bibern gewohnt und dabei eine Zeremonie erlernt haben, die für seinen Stamm große Bedeutung gewann.

Früher wurden Biberfallen aufgestellt, wenn man die Felle im Haushalt brauchte. Man nähte gern Winterkleidung daraus. Das Schnee und Wasser abweisende Fell wurde nach außen getragen. Männer und Frauen trugen hohe Gamaschen aus diesen Fellen. Große Biberhäute wurden als Satteldecken benutzt; kleine eigneten sich gut zu Hüten, Fäustlingen und als Nackenschutz. Bei einigen Stämmen wurden Halsbänder aus den Schneidezähnen gemacht und Armbänder aus den Klauen. Bibergalle war gut für Wunden, die nicht heilen wollten. Biber-Kastor war ein beliebtes Parfum.

Viele Stämme leisteten den frühen Trappern Widerstand, die auf der Suche nach Biberpelzen in ihr Land kamen. Die Blackfoot und andere Stämme töteten die Pelzjäger lange Zeit, wo sie sie nur fanden. Wenn dann aber Händler folgten und ihnen die vielen nützlichen und begehrenswerten Dinge zeigten, die sie für Felle geben würden, verfolgten die Indianer die Tiere oft ebenso rücksichtslos, wie die Weißen es taten. Biber sind deshalb wie die Büffel beinah ausgestorben.

**Stachelschwein:** Diese wehrhaften Tiere hatten in der Vergangenheit als Notnahrung große Bedeutung, denn sie waren jederzeit und überall zu finden. Manchmal hatten die Männer bei ihren Kriegszügen oder auf der Jagd großes Pech und standen plötzlich ohne Waffen und Pferde da, weit von daheim. Stachelschweine laufen nicht weg, weil sie sich auf ihren Stachelschutz verlassen. Man kann sie mit einem Knüppel erschlagen und ihnen den Bauch mit einem scharfen Stein aufschneiden. Das mit Fett überzogene Fleisch soll sehr gut schmecken.

Aus Stachelschweinschwänzen wurden Haarbürsten gemacht. Man zog die stachelige Haut vom Fleisch ab und nähte sie über einem Stockende wieder zusammen; sie schrumpft beim Trocknen und zieht sich fest um das Holz. Um das dickere Ende wird als Griff ein Stück Leder genäht. Die Schwanzspitze wird bürstenartig zurechtgestutzt. Solche Bürsten verwendeten auch die Heiler, wenn sie schmerzende Stellen am Körper behandelten. Man beklopfte damit ordentlich das Gebiet um die schmerzende Stelle, um die Abwehrkräfte anzuregen. (Der Schwanz ist übrigens mit Haar bewachsen, nicht mit Stacheln.)

**Hund:** Die Indianer haben schon seit langem Hunde. Man nimmt an, daß sie von gezähmten Wölfen abstammen. Diese frühen Hunde waren recht groß. Bevor es Pferde gab, wurden sie für den Transport der Habseligkeiten nomadisierender Völker benutzt. Solch ein Hund konnte einen Travois ziehen, der mit etwa 35 Kilogramm beladen war. Eine normale Familie hielt zwölf Hunde zu Transportzwecken. Sie paarten sich oft mit Wölfen oder Kojoten und waren manchmal kaum zu bändigen. Sie lieferten sich wilde Kämpfe, rissen das zum Trocknen aufgehängte Fleisch herunter oder rannten vollbeladen ins Wasser. Aber sie waren für die Stämme, die den Büffelherden nachzogen, so wichtig, daß viele Indianer sich noch einige

Hunde hielten, als es schon Pferde gab – für den Fall, daß die Pferde an Krankheiten starben oder gestohlen wurden.

**Pferd:** Die ersten Pferde sollen im 16. Jahrhundert mit den spanischen Entdeckern nach Nordamerika gekommen sein. Vielfach wird jedoch angenommen, daß es schon vor der Ankunft der Spanier kleine Pferde gab. Der berühmte indianische Mustang war sicherlich eine kleine, zähe Rasse, die für die zerklüfteten und trockenen Prärien wie geschaffen war. Mustangs sind jetzt fast ausgestorben, weil die Regierung die Zucht größerer Pferde bevorzugte, die sich für die Arbeit der Farmer und Rancher eigneten.

Zu den Blackfoot der nördlichen Plains kamen die Pferde erst Mitte des 18. Jahrhunderts. Die langen Beine und der Gang des Pferdes erinnerte die Blackfoot an den Wapiti, ihre Fähigkeit, Lasten zu tragen, an den Hund. So nannten sie das Pferd «Wapiti-Hund». Binnen eines Jahrhunderts veränderte das Pferd das Leben dieser Menschen vollständig. Eine um 1850 vorgenommene Zählung ergab, daß der Stamm pro Kopf ein Pferd besaß, also viele tausend. Ein Oberhäuptling besaß über hundert Pferde, von denen er viele an seine Anhänger verlieh. Die Indianer kannten kein Geld; ihre Währung beim Tauschhandel war das Pferd.

Der Ruf der Blackfootreiter verbreitete sich über die ganzen Plains; sie waren so geschickt, als wären sie seit langem ein Reitervolk. Alles wurde durch das Pferd anders: die Büffeljagd, die Kriegszüge, das Wanderleben und selbst die Spiele. Alle Erleichterungen, die die Pferde mit sich brachten, hatten ihren Preis – die Menschen verloren ihr zurückgezogenes, ruhiges Leben. Feinde konnten blitzschnell da sein und wieder verschwinden, und oft kamen sie nur, um die allerbesten Pferde zu stehlen, wenn sie gerade unbewacht waren.

# Jahreszeiten und Gestirne

Unsere Kalender und Uhren sind für das moderne Leben gewiß sehr wertvoll, doch auch die Natur gibt uns viele Hinweise auf die Tageszeit und die Jahreszeiten. Wenn du viel Zeit draußen in der Natur verbringst, lernst du bald, dich nach dem Stand der Sonne zu orientieren – sie sagt dir die Tages- und die Jahreszeit. Nachts kannst du zu diesem Zweck den Mond beobachten und mit etwas Erfahrung auch die Sterne. Im übrigen gibt dir das Verhalten bestimmter Tiere Hinweise auf das Wetter und den Wechsel der Jahreszeiten.

Für die Indianer der Vergangenheit hatte das Jahr zwei Jahreszeiten – Sommer und Winter. Ein Jahr endete mit dem Fallen der Blätter, und das neue Jahr begann mit dem ersten Schneefall. Bei vielen Stämmen gab es Zeremonien für die Mitte des Sommers – zur Zeit der Tagundnachtgleiche –, und das war die schönste und fröhlichste Zeit des ganzen Jahres.

Die Jahreszeiten waren in Monde unterteilt; die Monde sind etwas kürzer als unser Monat, da der Mond ja im Lauf von zwölf Monaten dreizehnmal seine Phasen durchläuft. Jeder Mond hatte seinen eigenen Namen, und diese Namen hingen mit charakteristischen Ereignissen in der Natur oder mit wichtigen Aktivitäten innerhalb des Stammes zusammen; es waren von Gruppe zu Gruppe, ja von Person zu Person unterschiedliche Namen in Gebrauch, je nachdem, was für besonders wichtig erachtet wurde. So konnte «derselbe» Monat von Jahr zu Jahr anders benannt werden, wenn die wichtigsten Umstände des Lebens anders waren. Der Oktober wurde zum Beispiel oft

«Mond der fallenden Blätter» genannt. Kam aber in einem Jahr der erste Schneefall sehr früh, so hieß er «Mond des ersten Sturms» oder «Mond des Winteranfangs», Namen, die in anderen Jahren dem November gegeben wurden. Der März hieß meist «Mond, in dem die Gänse zurückkehren», der April war der «Mond, in dem das Eis auf den Flüssen bricht». Der Mai hieß «Blätter kommen heraus», der Juni «Mond des grünen Grases», und der Juli war der Mond der Blumen oder Gewitter.

Vielfach waren einfache Kalender im Gebrauch: Lederriemen, in die Knoten gemacht wurden, Kerbstöcke, bunte Perlen, die – eine pro Tag – von einem Beutel in den anderen wanderten. Bestimmte Menschen waren als Beobachter der Zeit bekannt, und an sie wendete man sich mit Fragen über andere Abläufe in der Natur. Hier einige der Zeichen, die Prognosen erlaubten:

Wenn die Bisamratte ihren Bau im Spätsommer nah am Ufer baute, wurde ein milder Winter erwartet. Lag der Bau ein Stück weit vom Ufer entfernt, so konnte man mit einem durchschnittlichen Winter rechnen. Lag er aber mitten im See, so stand ein strenger Winter bevor, denn die Bisamratte baut ihr Haus da, wo das Wasser den ganzen Winter über offen bleibt.

Der Winter steht kurz bevor, wenn die Kaninchen sich weiß färben, die Singvögel anfangen, Schwärme zu bilden, und die Felle aller Tiere dichter werden. Schneestürme kündigten sich durch bestimmte Wolkenbewegungen, das Verhalten der Tiere und das strahlende Nordlicht an.

Gegen Winterende wurden die Erdhörnchen beim Graben ihrer Baue beobachtet. Wühlten sie große Erdhaufen aus dem Boden, so sagte man, daß sie tief graben, weil das Gras in dem Jahr nicht gut wachsen würde – die Tiere würden nicht allzuviel Fett ansetzen.

Gruppen, die nicht viel wanderten, beobachteten die Schatten feststehender Dinge, um sich über die Zeit zu informieren. Nachts gab der Große Bär den besten Anhaltspunkt für die Zeit. Die Kootenay nannten ihn Grislybär. Sie glaubten, der

Polarstern sei ein Pfahl, an dem der Grislybär festgebunden war. Jede Nacht dreht er sich einmal um diesen Pfahl.

Eine alte Legende der Blackfoot berichtet, der Große Bär werde von sieben Brüdern gebildet, die vor langer Zeit die Erde verließen. In den Tagen des Büffels war oft die Frage zu hören: «Wohin zeigt der letzte Bruder?» Und das hieß: «Wie spät ist es?» Hier ist die alte Legende:

### Die Legende von den sieben Brüdern

Vor langer, langer Zeit lebte ein Witwer, der sechs erwachsene Söhne, einen kleinen Sohn und zwei Töchter hatte. Die jüngere Tochter paßte auf den kleinen Jungen auf. Um seine Familie zu versorgen, ging der Mann jeden Morgen mit seinen großen Söhnen auf die Jagd. Waren die Jäger aufgebrochen, so ließ die ältere Tochter ihre beiden kleinen Geschwister allein und ging Feuerholz suchen.

Die Zeit verging, und die jüngere Tochter begann sich zu fragen, weshalb die ältere Schwester immer so lange brauchte zum Feuerholzsuchen und warum sie nur ging, wenn die Männer fort waren. Eines Tages schlich sie der älteren Schwester ins Unterholz nach. Sehr verwundert sah sie, daß ihre Schwester sich mit einem großen Bären traf und mit ihm schlief. Hastig und sehr verwirrt lief sie zum Tipi zurück.

Als Vater und Brüder am Abend heimkehrten, wartete sie auf eine Gelegenheit, um allein mit ihnen zu sprechen. Die Männer waren ohnehin schon etwas ungehalten über die ältere Tochter, denn sie hatte bereits einige gute Männer des Stammes abgelehnt, die sie zur Frau haben wollten. Als sie nun hörten, daß sie heimlich einen Bären zum Mann hatte, wurden sie sehr böse. Sie griffen augenblicks zu den Waffen und stellten dem Bären nach.

Als die ältere Tochter hörte, daß ihr Liebhaber tot war, wurde sie sehr traurig. Sie ging zu der Stelle, wo er lag, nahm einen bestimmten Teil seines Körpers, wickelte ihn ein und trug ihn bei sich an ihrem Körper. Als die Geschichte sich im Lager verbreitete, wurde das Mädchen überall ausgelacht, bis sie sehr wütend wurde. Sie betete zum Geist ihres Liebhabers um Hilfe, und dann verwandelte sie sich selbst plötzlich in eine riesenhafte Bärin. Sie lief durchs Lager, riß die meisten Hütten ein und tötete die Menschen, die ihr in den Weg kamen. Nach einer Weile verließ der Geist sie, und sie war wieder sie selbst.

Als die kleine Schwester sah, was geschah, bekam sie große Angst. Sie nahm den kleinen Bruder auf den Rücken und lief in den Wald, um sich zu verstecken. Auf dem Pfad stieß sie auf ihre heimkehrenden Brüder, die den Vater betrauerten, der einem Jagdunfall zum Opfer gefallen war. Als sie hörten, was im Lager geschehen war, wurden sie noch bekümmerter. Sie sagten ihrer Schwester, sie solle ins Lager zurückgehen und heimlich Ersatzmokassins und Nahrungsmittel einpacken, damit sie gemeinsam zu einem fernen Ort wandern könnten. Sie sagten, sie würden vor dem Tipieingang Dornen in die Erde stecken und nur einen schmalen Pfad freilassen, den sie nehmen mußte. Die ältere Schwester würde sich an diesen Dornen verletzen und könnte sie dann nicht verfolgen.

So ging sie mit ihrem kleinen Bruder zum Tipi und fing an, die Vorräte einzupacken. Als die ältere Schwester merkte, was geschah, wurde sie wieder sehr wütend. Schnell nahm die kleine Schwester ihr Brüderchen wieder auf den Rücken, packte die Vorräte und lief aus dem Tipi – unverletzt gelangte sie durch die Dornen. Die ältere Schwester rannte ihr nach, aber ihre Füße waren sogleich voller Dornen. Als sie da stand und vor Schmerz schrie, kam wieder der Geist ihres Liebhabers über sie, und sie verwandelte sich in eine Bärin. Dann jagte sie den anderen nach.

Nun hatte aber einer der Brüder selbst große magische Macht. Als er sah, daß die Bärin ihnen dicht auf den Fersen war, spuckte er über die Schulter, und hinter ihnen bildete sich ein großer See. Die Bärin mußte das Wasser umgehen und blieb weit zurück. Aber sie kam wieder näher, und da nahm der Bruder seine Stachelschweinhaarbürste und warf sie hinter sich.

Sofort bildete sich ein Dickicht, und die Bärin hatte große Mühe hindurchzukommen. Als die Bärin sie schließlich doch wieder einzuholen schien, beschlossen sie, auf einen hohen Baum zu klettern. Die Bärin stand unten und brummte: «So, jetzt werde ich euch alle töten.» Der große Bruder, der magische Macht besaß, nahm Bogen und Pfeil zur Hand, während die Bärin anfing, den Baum zu schütteln. Vier der Brüder fielen herunter und waren so gut wie verloren, als ein Pfeil die Bärin zwischen die Augen traf. In diesem Augenblick verwandelte sie sich wieder in die ältere Schwester, aber sie war tot.

Der junge Mann war traurig, weil er seine eigene Schwester getötet hatte. Er sagte zu den anderen: «Jetzt haben wir niemanden mehr hier auf der Erde; da können wir ebensogut woandershin gehen.» Die anderen stimmten zu und fragten ihn, wohin sie denn gehen würden. Er sagte ihnen, sie sollten die Augen schließen, und dann schoß er einen Pfeil hoch in den Himmel. Als sie die Augen wieder öffneten, schwebten sie alle am Himmel.

So entstand nach der Blackfoot-Legende der Große Bär. Die vier Brüder, die vom Baum fielen, sind die vier Sterne des Wagens, während die übrigen drei Brüder die Deichsel bilden. Manche sagen, der kleine Stern neben der Deichsel sei die kleine Schwester, während andere glauben, sie habe einen der Sterne des kleinen Wagens geheiratet und sei der Polarstern geworden. Sie nennen ihn den «Stern, der sich nie bewegt». Er war früher ein verläßlicher Nachtkompaß.

Dem gleichen Zweck diente damals der Jupiter, der überall «Morgenstern» genannt wurde. In alten Legenden ist er der Sohn von Sonne und Mond, weshalb er in der kurzen Zeit zwischen Nacht und Tag so hell leuchtet.

Solche Legenden über wichtige Naturphänomene, die es bei allen Stämmen gab, waren für die Indianer das Mittel, mit dem sie ihr Wissen von einer Generation an die nächste weitergaben. Die älteren Indianer kennen heute noch manche dieser alten Legenden, aber sie fügen meist hinzu, das moderne Leben habe die Dinge so sehr verändert, daß das alte Wissen nicht mehr von großem Nutzen sei. Sie machen sich Sorgen über das Durcheinander, das die Zivilisation im Haushalt der Natur anrichtet, wenn sie ihre Gedanken auch meistens nur untereinander aussprechen. Wer sie jedoch über das natürliche Leben befragt, wird fast ohne Ausnahme zu hören bekommen, daß er sich das Wissen aneignen soll, das noch lebendig ist, daß er zumindest die persönliche Harmonie mit seiner Umwelt suchen soll.

# Legenden zu den Abbildungen auf dem Vorsatz

1. *Tin-tin-meet-sa, der achtzigjährige Häuptling des Umatilla-Stammes aus Oregon, in der zeremoniellen Kleidung eines Kriegers und Stammesführers. (Foto: Rodman Wannamaker, Good Medicine Foundation)*
2. *Zwei junge Cree-Indianer gegen 1890 in ihrem Waldlager am Rande der kanadischen Prärie. (Foto: Mathers, Good Medicine Foundation)*
3. *Umapine, der Häuptling des Cayuse-Stammes, auf der Großen Häuptlingsversammlung. Das Wolfsfell über seinem Arm, die Otterfelle an den Zöpfen, die Adlerfedern des Kopfschmuckes sowie Wieselfelle, Pferdehaar und Stachelschweinborsten in der Kleidung symbolisieren verschiedene Kräfte der Natur. (Foto: Good Medicine Foundation)*
4. *Apikunni, der «weiße Indianer» James W. Schultz, im Jahre 1930 bei seiner Rückkehr zu den indianischen Freunden und Verwandten seiner Jugendzeit. (Foto: Peter Redhorn Collection)*
5. *Big Belly, Oberhäuptling und Medizinmann des kanadischen Sarcee-Stammes. Von seinen Nachfahren, mit denen der Autor über seine Ehefrau Beverly verwandt ist, lernte er viel über das traditionelle Leben der Indianer.*
6. *Mountain-Chief, der gefürchtetste Krieger der Blackfoot-Indianer zur Zeit der Großen Häuptlingsversammlung. Sein Hemd und sein Kopfschmuck sind heilige Gegenstände, die man nur nach einer zeremoniellen Einweihung tragen durfte. (Foto: Rodman Wannamaker, Good Medicine Foundation)*
7. *Ein Indianer vom berühmten «Volk des Friedens», den Hopi, in zeremonieller Bekleidung, zu der Halsbänder gehören, an denen heilige Gegenstände und Medizinbündel befestigt sind. (Foto: Good Medicine Foundation)*
8. *Vier alte Blackfoot-Krieger zur Zeit von Benjamin Calf Robes Jugend vor einem mit heiligen Symbolen bemalten Tipi. Das Recht, solch ein heiliges Tipi zu benutzen, mußte zeremoniell von einem Besitzer auf den nächsten übertragen werden. (Foto: Good Medicine Foundation)*
9. *Kakapti, ein Hopi aus dem Walpi-Dorf, im Jahre 1897 am Eingang zur Antilopen-Kiva. An seinem mit Blitzstrahlen bemalten Körper sieht man, daß er sich für den Schlangentanz bereitgemacht hat. (Foto: G. Wharton James, Good Medicine Foundation)*